T0348815

Las 4 Disciplinas de la Ejecución

Las 4 Disciplinas de la Ejecución

Cómo alcanzar sus principales objetivos estratégicos

CHRIS MCCHESNEY
SEAN COVEY
JIM HULING

Prólogo a la edición española de Christian H. Tydén
Traducción de Hipatia Argüero

CONECTA

Los libros de Conecta están disponibles para promociones y compras
por parte de empresas, en condiciones especiales para grandes cantidades.
Existe también la posibilidad de crear ediciones especiales, incluidas ediciones con
cubierta personalizada y logotipos corporativos para determinadas ocasiones.

Para más información, póngase en contacto con:
ediciones especiales@penguinrandomhouse.com

Papel certificado por el Forest Stewardship Council®

MIXTO
Papel | Apoyando la
silvicultura responsable
FSC® C117695

Penguin
Random House
Grupo Editorial

Título original: *The 4 Disciplines of Execution*

Primera edición: septiembre de 2017
Séptima reimpresión: mayo de 2024

© 2012, FranklinCovey Company
© 2017, Penguin Random House Grupo Editorial, S. A. U.
Travessera de Gràcia, 47-49. 08021 Barcelona
© 2013, Hipatia Argüero, por la traducción
Franklin Covey y su logo son marcas registradas de Franklin Covey Co. y su uso requiere permiso.

Printed in Spain – Impreso en España

ISBN: 978-84-16883-13-4
Depósito legal: B-12.032-2017

Compuesto en M. I. Maquetación, S. L.
Impreso en Black Print CPI Ibérica
Sant Andreu de la Barca (Barcelona)

CN 8 3 1 3 C

*A ti, Jim Stuart, amigo, compañero y el inspirador de este texto,
por tu inteligencia, visión y entrega ante la ejecución.
Dios te bendiga en tu nuevo camino.*

1946-2006

Índice

PRIMERA PARTE
Las 4 Disciplinas de la Ejecución

SEGUNDA PARTE
Cómo aplicar las 4DX en su equipo

TERCERA PARTE
Cómo aplicar las 4DX en su organización

Prólogo a la edición española

El 70 % de los fracasos estratégicos se deben a
una mala ejecución... Raramente se producen
por falta de inteligencia o visión.

Ram Charan,
Ejecución: La disciplina
para conseguir resultados

¿Cuántos directivos diría usted que realmente saben institucionalizar con éxito la claridad de sus objetivos y desplegar un proceso de ejecución que garantice la consecución de los resultados estratégicos? Ejecutar los objetivos estratégicos, aquellos de cuya consecución depende la sostenibilidad del negocio, el liderazgo en el mercado o la ventaja competitiva es el mayor desafío al que se enfrentan hoy en día organizaciones y directivos tanto en España como en Europa.

FranklinCovey ha estudiado el proceso de la ejecución durante los últimos quince años analizando miles de equipos y cientos de organizaciones. ¿Se han preguntado alguna vez por qué resulta tan difícil poner en práctica estrategias cuidadosamente diseñadas que, al menos sobre el papel, parecen efectivas e innovadoras?

La ejecución se desmorona a causa del conflicto entre el enorme esfuerzo requerido para mantener la organización en funcionamiento (el «trabajo diario», o lo que en FranklinCovey llamamos el «torbellino») y el que se requiere para alcanzar los objetivos que la proyectan hacia nuevos escenarios estratégicos. Si bien ambas fuerzas son necesarias, no funcionan de la misma manera, y además no se llevan bien. La primera tiene que ver con lo rutinario, con nuestra «zona de confort». La segunda está relacionada con la incertidumbre y el cambio. Torbellino y estrategia compiten por el tiempo, la energía y la atención de las personas. Piense en los objetivos o estrategias que ha visto morir. ¿Cómo lo hicieron? ¿Se estrellaron con un gran estruendo o murieron en silencio, sofocadas por el «torbellino»?

El desafío de la ejecución real no reside en ejecutar un objetivo o determinado KPI (*Key Performance Indicator*, indicador clave), sino en la puesta en marcha de una meta estratégica ¡en medio del torbellino! Lo que hace que este desafío de la ejecución sea aún más difícil está asociado a cuatro hechos clave que la mayoría de las empresas comparten: 1) no conocen las prioridades organizativas; 2) no están motivadas o comprometidas con su consecución; 3) no dedican tiempo a dichas prioridades, y 4) no saben qué hacer para alcanzarlas.

Superar estas barreras no es fácil. Al contrario. Si bien hoy en día la mayoría de los empleados tienen a su disposición niveles suficientes de autonomía, talento y tecnología, muy pocos saben cómo navegar a través de todas las prioridades que se les asignan, para ejecutar con éxito sus objetivos estratégicos clave. Así pues, alinear a directivos y mandos de una organización, así como a sus equipos de trabajo, con los Principales Objetivos Estratégicos (POEs), es el reto más importante de cualquier organización.

Recuerdo una reunión con el Comité Ejecutivo de una filial de un importante grupo asegurador español donde presenté el modelo de *Las 4 Disciplinas de la Ejecución*. Les pareció que este era fruto del sentido común e intentaron implantarlo a su manera sin el rigor que se requiere o la suficiente convicción del equipo directivo. Como lo trataron como «otra iniciativa más», me consta que siguen luchando en el torbellino intentando mejorar sus indicadores históricos mientras consumen una cantidad ingente de energía y sin conseguir realmente sostenibilidad en sus resultados.

En otra ocasión tuve una conversación con el director general de una multinacional europea que había invertido mucho tiempo y una importante suma de dinero en el desarrollo de las habilidades de sus directivos pero que, a pesar de todo, aún no conseguía que remaran en la misma dirección. Le expliqué el modelo de *Las 4 Disciplinas de la Ejecución* y me respondió: «¡Es que todo eso ya lo hacemos!». Sin embargo, cuando empezamos a profundizar, acabó descubriendo que realmente no compartían un objetivo común y que la rendición de cuentas se basaba más en la resolución de problemas del día a día que en centrarse en lo que realmente era estratégico. A diferencia de lo que él pensaba, no había conseguido crear una cultura orientada a la ejecución de lo que es estratégicamente importante.

Entonces la cuestión clave es: ¿Se puede crear una cultura de ejecución? Peter Drucker decía que «la cultura se come a la estrategia para desayunar». Con esto se refería a la resistencia que oponen nuestros hábitos diarios a los cambios estratégicos, es decir, la distancia que existe entre una gran idea y su puesta en práctica, algo que todo directivo con experiencia ha aprendido a la fuerza. Una de las barreras más importantes para obtener mejores resultados en cualquier organización es la denominada «inconsistencia crónica», la variación en el desempeño entre divisiones, departamentos y personas de un mismo turno. Peter Drucker sabía que la implantación de la estrategia, en particular de las que requieren un cambio de comportamiento en las personas, representa uno de los mayores desafíos de cualquier directivo. Sin embargo, son precisamente dichas estrategias las que pueden desarrollar ventajas competitivas realmente útiles para una organización. La competencia puede copiar productos, servicios, procesos, sistemas de información o estructuras. Pero no puede copiar lo más importante: la cultura. Esta es, sin duda, el alma de toda organización, y en ella se consolidan voluntades y se define el éxito de cualquier visión y propósito.

En toda gran organización existen medias de desempeño generadas por colectivos con ratios de producción muy dispares entre los que encontramos a la vez ejemplos de alto, medio y bajo rendimiento, de acuerdo con una distribución tipo campana de Gauss. Está comprobado que existe una relación entre el nivel de rendimiento operativo y el nivel de implicación y compromiso de las personas. Por ello el desafío consiste en mover la media de desempeño hacia la zona de alto rendimiento, pues una mejora en esta magnitud no produce resultados incrementales, sino más bien significativos y sostenibles. Y para ello es clave mantener a los empleados, a todos los niveles, comprometidos y centrados en los objetivos de máxima prioridad.

Así, las 4 Disciplinas de la Ejecución articulan un proceso por el que los directivos de cualquier organización (empresas privadas, públicas, ONG, etc.) facultan al personal de la línea operativa, para que ejecute de forma sostenida, las acciones que conducen al logro de los resultados clave. Están basadas en principios de actuación universales y, una vez entendidas y aprendidas, su puesta en práctica genera en las personas una competencia sólida de ejecución, lo que sienta las bases de una cultura basada en esta última.

La metodología de *Las 4 Disciplinas de la Ejecución* permite además que la alta dirección pueda desplegar las máximas prioridades organizativas hasta los niveles más operativos para que, a su nivel, cada empleado y equipo construya compromisos semanales de ejecución de abajo arriba. Ahora bien, todos y cada uno de nosotros nos movemos en nuestro torbellino particular, con lo que esto conlleva: el gran dilema entre dedicar tiempo a lo urgente o a lo importante. Sin embargo, las 4 Disciplinas de la Ejecución nos enseñan que existen reglas para ejecutar en el medio del torbellino. Jim Rohn, un gran experto en liderazgo, decía: «Hay dos precios a pagar en esta vida: el de la disciplina o el del arrepentimiento». Por ello aplicar las 4 Disciplinas de la Ejecución requiere de método y constancia. Para conseguir los resultados esperados, necesitamos un liderazgo claro y coherente que faculte a las personas, para que estas dispongan de una línea de visión clara que conecte su contribución personal con las prioridades a alcanzar.

Las 4 Disciplinas de la Ejecución se basan en la aplicación de un conjunto de principios fundamentales: claridad, enfoque, compromiso, traducción en acción, seguimiento de aquello sobre lo que podemos influir y predice el logro del objetivo, la sinergia y la rendición de cuentas. Al aplicarlos de manera integral y con la participación activa de todos los empleados, se capitaliza la fuerza de dichos principios. Este libro proporciona un proceso muy específico y herramientas muy concretas que funcionan de manera consistente. Aplicando las 4 Disciplinas de la Ejecución con efectividad y decisión, las organizaciones consiguen enfocar toda la energía y el compromiso de sus empleados en una única dirección, aquella que marcará la diferencia. Las personas, los equipos y la organización en su conjunto conseguirán resultados extraordinarios, pero lo más importante es que crearán una cultura que puede convertir intangibles como la estrategia, el potencial y la visión en una realidad concreta… y eso no tiene precio.

CHRISTIAN H. TYDÉN,
Director General FranklinCovey España

Prólogo

Las 4 Disciplinas de la Ejecución ofrecen mucho más que teorías para introducir cambios estratégicos en las organizaciones. No solo explican qué se necesita para lograr una ejecución eficaz, sino también cómo alcanzarla. Los autores refieren numerosos ejemplos de empresas que lo han logrado, no una, sino varias veces. Todo directivo debería leer este libro.

CLAYTON CHRISTENSEN,
profesor de la Escuela de Negocios de Harvard
y autor de *La solución de los innovadores*

Andy Grove, quien ayudó a fundar Intel y ejerció como consejero delegado y presidente de dicha empresa durante años, me enseñó algunas cosas extraordinarias. Una de ellas la aprendí en una reunión en la que él y varios de sus directores estaban planificando el lanzamiento del microprocesador Celeron, a la que asistí en calidad de consultor. Gracias a la teoría de la innovación disruptiva, habían identificado una amenaza para Intel: dos empresas, AMD y Cyrix, habían entrado en el mercado de microprocesadores de bajo coste y vendían chips a empresas que fabricaban ordenadores de nivel básico a un precio más bajo que ellos. Tras hacerse con una parte significativa del mercado, estas empresas empezaban a crecer. Intel tenía que actuar.

Durante un receso Grove me preguntó:

—¿Cómo lo hago?

De inmediato respondí que tenía que reorganizar su empresa como una unidad de negocio autónoma, con un organigrama diferenciado y que contara con un servicio de ventas independiente.

Andy me contestó con su voz ronca:

—Eres el clásico académico ingenuo. Te he preguntado cómo hacerlo y me has dicho qué debo hacer. —Soltó una de sus maldiciones y luego continuó—: Ya sé lo que tengo que hacer; solo que no tengo ni idea de cómo.

Me sentí como si estuviera en presencia de una deidad. No sabía dónde meterme. Grove tenía razón, por supuesto; mi respuesta estaba llena de ingenuidad académica. Le acababa de demostrar que no conocía la diferencia entre el qué y el cómo.

Mi investigación se ha centrado, desde luego, en el qué de los negocios, lo que nosotros llamamos «estrategia», y ha sido muy productiva. La mayoría de los investigadores, consultores y autores en materia de estrategia nos han ofrecido visiones estáticas sobre este tipo de cuestiones: fotografías sobre la tecnología, las empresas y los mercados. Estas imágenes fijas describen las características y prácticas de compañías de éxito comparadas con las de otras en dificultades. O bien, de los ejecutivos cuyo desempeño era mejor que los de otras compañías en el momento en que se hizo la foto. Ya sea de manera explícita o implícita, ellos aseguran que, si usted quiere alcanzar el desempeño de los mejores, debería hacer lo mismo que las empresas de mayor éxito y los mejores directivos.

Mis compañeros y yo queremos evitar convertirnos en fotógrafos. En lugar de eso, hemos estado filmando «películas» sobre la estrategia. Sin embargo, no se trata de las mismas que se ven en el cine, no son como las ficciones concebidas por los guionistas y los productores. Las películas poco convencionales que hacemos en Harvard son «teorías»; describen qué hace *que las cosas ocurran* y *por qué*. Estas teorías equivaldrían a la «trama» de nuestras películas. A diferencia de las películas cinematográficas, repletas de suspense y sobresaltos, las tramas de las nuestras son perfectamente predecibles.

¿Que si son aburridas? Probablemente sí, para aquellos que buscan entretenimiento. Por otro lado, las personas que ocupan puestos directivos, que necesitan saber si su estrategia, el qué de su trabajo, es adecuada o no, necesitan tanta certeza como sea posible. En este sentido, si la teoría es la trama, uno puede ver la película una y otra vez, si lo desea, para entender qué causa qué y el por qué en un punto concreto. Otra característica de las películas de este tipo es que se puede anticipar el futuro. Uno puede cambiar sus planes de acuerdo con las diferentes situaciones en las que se encuentra, y ver en la película cuáles serían los resultados.

Sin intención de presumir, creo que es justo mencionar que nuestra investigación sobre estrategia, innovación y crecimiento ha resultado útil para los directivos que han invertido su tiempo en leer y entender estas teorías, o películas de estrategia, con el fin de obtener y mantener el éxito con mayor frecuencia que lo que antes era lo habitual.

Sin embargo, aún falta el «cómo» dirigir una empresa en tiempos de cambio y, hasta la aparición de la presente obra, esta ha sido una cuestión muy poco estudiada. La razón por la que un buen libro acerca del «cómo» ha tardado tanto en publicarse es que requiere otro tipo de escala de investigación. Las teorías causales de la estrategia, el qué, muchas veces surgen del examen profundo de una empresa, como fue el caso de mi estudio sobre las unidades de discos duros. El «cómo» del cambio estratégico, en contraste, nunca deja de ser necesario en ninguna empresa. Desarrollar una teoría del «cómo» significa que no se puede estudiar este fenómeno solo una vez en cada empresa. Es imposible sacar fotografías del «cómo». En lugar de esto, hay que estudiar varias empresas en detalle una y otra vez a lo largo de muchos años. La dimensión de esta tarea es la razón por la que otros académicos y yo habíamos dejado de lado el «cómo» del cambio estratégico. Simplemente no podíamos hacerlo; se requería de la perspectiva, la visión y el tamaño de una empresa como FranklinCovey para lograrlo.

Por eso este libro me emociona tanto; no es una obra llena de anécdotas de empresas que tuvieron éxito una vez, sino que contiene la teoría de la causalidad de cómo lograr una ejecución de éxito. Los autores no nos han dado simples fotografías de ella, sino películas que podemos ver y estudiar tantas veces como queramos, y en la que usted, como directivo, puede incorporar a su empresa y a sus empleados como actores. De esta forma podrá ver cómo será su futuro. Este libro es producto del estudio de varias compañías a lo largo del tiempo, de la forma en que han desplegado nuevas maneras de ejecutar el cómo, tienda por tienda, hotel por hotel, departamento por departamento.

Espero que disfruten con este libro tanto como lo he hecho yo.

CLAYTON CHRISTENSEN,
Escuela de Negocios de Harvard

Estrategia y ejecución

Existen dos aspectos principales sobre los que un líder puede ejercer su influencia para conseguir resultados: la estrategia (o plan) y la capacidad de ejecutarla.

Deténgase un momento y pregúntese: ¿cuál de estas cosas le resulta más complicada a los directivos?, ¿diseñar la estrategia o ejecutarla?

Cada vez que plateamos esta cuestión a directivos de empresas de cualquier parte del mundo, su respuesta es inmediata: «¡La ejecución!».

Ahora pregúntese lo siguiente: cuando usted obtuvo su MBA o recibió formación en gestión, ¿en qué se concentró más, en la ejecución o en la estrategia?

Si plantea esto mismo a los directivos, la respuesta, de nuevo, es inmediata: «¡En la estrategia!».

Quizá no debería sorprendernos el hecho de que aquello que los directivos encuentran más difícil de realizar sea precisamente sobre lo que menos se han formado.

Después de trabajar con miles de directivos y equipos en todo tipo de empresas, escuelas e instituciones gubernamentales en todo el mundo, esto es lo que he aprendido: una vez que haya decidido qué hacer, el reto más grande estará en lograr que las personas lo ejecuten con el nivel de excelencia requerido.

¿Por qué la ejecución resulta tan difícil? Después de todo, si la estrategia es clara y usted la lidera, ¿no sería natural que el equipo se comprometiera a seguirla? La respuesta es no, y es posible que usted mismo haya tenido varias experiencias que así lo demuestren.

El libro que tiene en sus manos contiene las ideas más impactantes y útiles de todo lo que hemos aprendido. En él descubrirá una serie de disciplinas que han permitido que miles de directivos y cientos de miles de empleados obtengan resultados extraordinarios.

Una carta

Ese día, cuando reparé en la reunión de tres horas marcada en mi agenda, me sentí escéptico. Como nuevo vicepresidente de la filial estadounidense de Eli Lilly and Company, estaba desbordado de trabajo. Decidí asistir porque uno de mis directivos organizaba la reunión.

Jamás me arrepentiré de haber acudido a esa reunión. Desde los primeros minutos me di cuenta de que presenciaba algo especial. Observé a un equipo comunicar los resultados extraordinarios que había alcanzado tras implantar una nueva serie de prácticas conocidas como las 4 Disciplinas de la Ejecución. Estas personas no solo habían logrado sus objetivos, sino que actuaban y caminaban como ganadores, con la cabeza bien alta. Como directivo, estaba satisfecho con esos resultados, pero, sobre todo, anhelé que toda mi organización adquiriera esa actitud.

Lanzamos las 4 Disciplinas en nuestro programa de asistencia médica con dos objetivos básicos: facilitar al máximo el acceso de los clientes a nuestros medicamentos y, al mismo tiempo, aumentar la rentabilidad final. Durante este mismo período, hubo una iniciativa más grande en Lilly para reorganizar operaciones de forma más efectiva. No pudimos haber escogido un escenario más difícil para crear compromisos. Al final alcanzamos nuestros dos objetivos, y con un margen significativo, pero ese no fue nuestro mejor resultado.

El mayor beneficio que logramos fue fortalecer nuestra cultura al aumentar el nivel de compromiso de nuestros equipos. A pesar de estar en una etapa de alta demanda generalizada con una reorganización que supuso cambios importantes, el índice de compromiso subió.

Con frecuencia pienso en el momento en que decidí asistir a aquella reunión y, en algo más importante, en el viaje que hemos emprendido no solo para conseguir excelentes resultados de negocios, sino para generar una cultura de alto desempeño. Para mí, fue una decisión fundamental que cambió para siempre mi estilo de dirección.

ALEX AZAR,
Presidente de Lilly USA, LLC

El verdadero problema de la ejecución

B.J. Walker se enfrentaba al mayor reto de su carrera. Después de que en 2004 la nombraran delegada del Departamento de Servicios Sociales del estado de Georgia, en Estados Unidos, se percató de que sus 20.000 empleados estaban completamente desmotivados. El departamento había tenido seis delegados en cinco años, y se encontraba bajo el escrutinio de los medios de comunicación por el número de fallecimientos y accidentes entre cuyas víctimas había niños bajo la tutela del Estado. Durante meses, los empleados trabajaron con el miedo constante de cometer un error, lo cual solo empeoraba la productividad, que ya era baja. Esto condujo al departamento a uno de los retrocesos más grandes en la historia del país. B.J. Walker necesitaba encontrar una forma de abordar y dirigir al equipo, y sabía que el tiempo se agotaba.

En menos de dieciocho meses, B.J. y su equipo lograron una sorprendente reducción del 60 % de los casos de maltrato infantil.

Uno de los hoteles cercanos a las oficinas principales de Marriott International, el Bethesda Marriott, hizo un esfuerzo por mejorar sus resultados, en parte obligado por estar tan cerca de los directivos de la empresa. Brian Hilger, el director general, su equipo y los dueños del hotel trabajaron juntos en una remodelación de 20 millones de dólares que incluyó la renovación de las habitaciones, una recepción impresionante y un nuevo restaurante, mejoras necesarias para lograr un mayor nivel de satisfacción entre los clientes.

Lector de código de Android
iPhone-Red Laser

http://www.4dxbook.com/qr/CaseStudies

Escanee la imagen superior para ver el vídeo del caso de estudio de Eli Lilly, el estado de Georgia y el hotel Marriott.

El cambio fue sorprendente: el hotel tenía un aspecto fantástico. Pero la satisfacción de los huéspedes no había alcanzado el nivel deseado... aún.

La segunda parte de la ecuación incluye la forma en que los empleados interactuaron con los clientes para ejecutar una estrategia basada en un cambio en el comportamiento de los trabajadores.

Después de un año, Brian y su equipo celebraron con orgullo haber obtenido los ratios más altos de satisfacción del cliente en los treinta años de historia del hotel.

—Antes detestaba ir a la oficina los viernes, que es el día en que llegan los resultados de satisfacción de los clientes. Ahora todos los viernes me levanto de la cama emocionado —dice Brian.

Los casos de Eli Lilly, el estado de Georgia y el hotel Marriott parecen ser muy diferentes entre sí, pero no lo son. Para cada uno de los tres directivos el reto fue exactamente el mismo; también la solución.

¿Cuál era el reto común? Ejecutar una estrategia que requería un cambio de comportamiento significativo de muchos miembros (o incluso todos) de un equipo u organización.

¿Cuál fue la solución? Poner en práctica las 4 Disciplinas de la Ejecución (4DX).

Todos los directivos tienen que afrontar este reto, incluso si no lo saben. Si usted dirige a un equipo, es probable que ahora mismo esté intentando lograr que sus miembros hagan algo diferente. Ya sea un equipo de trabajo pequeño, una empresa, una familia o una fábrica, es imposible alcanzar resultados significativos sin que las

* Los códigos y enlaces remiten a materiales complementarios disponibles actualmente solo en inglés. (*N. del E.*)

personas involucradas modifiquen su comportamiento. Sin embargo, para tener éxito no basta con conseguir que cumplan sus funciones: necesitará que se comprometan. Y como todo directivo sabe, obtener un compromiso emocional y racional, del tipo del que perdura en la rutina diaria, no es fácil.

Hemos realizado más de 1.500 implantaciones de las 4 Disciplinas antes de estar listos para escribir este libro. ¿Por qué? Porque queríamos probar y perfeccionar las 4 Disciplinas ante cientos de retos del mundo real, como los que afrontaron Alex Azar, B. J. Walker y Brian Hilger.

Cuando usted ejecuta una estrategia que requiere un cambio permanente en el comportamiento de otros, está enfrentándose a uno de los retos de liderazgo más grandes. Con las 4 Disciplinas de la Ejecución no está experimentando con una teoría interesante, sino implantando una serie de prácticas probadas que permiten superar dichos desafíos con éxito en todos los casos.

El verdadero reto

No importa si la llama estrategia, objetivos o, simplemente, un proyecto de mejora, cualquier iniciativa que usted impulse como directivo para que su equipo u organización avance, entrará en alguna de estas dos categorías: la primera requiere básicamente «el poder de la firma»; para la segunda es necesario un cambio de comportamiento.

Las estrategias tipo «el poder de la firma» son aquellas que se ejecutan mediante una simple orden u autorización. En pocas palabras, si usted tiene el dinero y la autoridad, puede aplicarlas. Puede tratarse desde una inversión de capital, pasando por un cambio en el sistema de retribución, la reasignación de roles y responsabilidades o la contratación de personal, hasta una nueva campaña publicitaria. Aunque ejecutar estas estrategias requiere planificación, consenso, resolución, inteligencia y dinero, uno puede estar seguro de que al final lo logrará.

Las estrategias de cambio de comportamiento son muy diferentes: no se puede simplemente ordenar que se lleven a cabo, pues ejecutarlas significa hacer que las personas —en ocasiones muchas personas— hagan algo de manera diferente. Si alguna vez ha intentado conseguir que alguien modifique sus hábitos sabrá lo complicado que puede ser esto. De hecho, introducir cambios en el comportamiento de uno mismo ya resulta bastante difícil.

Esto ocurre, por ejemplo, cuando usted necesita que sus empleados saluden a cada cliente en los primeros treinta segundos después de que este haya entrado a la tienda; o si tiene que conseguir que todo el equipo de ventas utilice un nuevo programa CRM (*Customer Relationship Management*, administración basada en los clientes) de gestión de relaciones con clientes; o si quiere lograr que el equipo de desarrollo de productos colabore con el de marketing. Como Alex Azar y B. J. Walker, el reto que usted tiene que afrontar podría implicar cambiar rutinas arraigadas durante décadas. ¡Eso sí que es difícil!

PODER DE LA FIRMA Estrategia	CAMBIO DE COMPORTAMIENTO Estrategia
Inversión de capital	Mejora de la experiencia de los clientes
Contratación de personal	Aumento de la calidad
Cambio en los procesos	Reducción del tiempo de respuesta
Adquisición estratégica	Consistencia operacional
Compra de espacios publicitarios	La venta consultiva
Cambio en la oferta de productos	Reducción de sobrecostes

Ejemplos de iniciativas estratégicas que requieren cambios de comportamiento comparadas con otras que pueden ejecutarse por «el poder de la firma».

Añadiremos que no es extraño encontrar muchas estrategias del tipo «el poder de la firma» que, una vez que han sido aprobadas, evolucionan hacia una que requiere introducir cambios de comportamiento significativos.

Jim Stuart, compañero nuestro, resumió este reto con las siguientes palabras: «Para alcanzar un objetivo al que nunca has llegado, debes empezar por hacer cosas que jamás has hecho».

Podría tratarse de un nuevo enfoque comercial, un esfuerzo por mejorar la satisfacción de los pacientes, una mejor gestión de los proyectos o la implantación de un nuevo proceso de fabricación. Si para ello es necesario que las personas actúen de manera distinta, se trata de una estrategia de cambio de comportamiento, y no será fácil aplicarla.

Pregúntese si se ha visto usted alguna vez camino al trabajo preguntándose algo como: «Cielo santo, ¿terminaremos algo aunque sea por una vez?».

Si su respuesta es afirmativa, recuerde qué se siente cuando la impotencia de conseguir que las personas cambien es el único obstáculo que se interpone entre usted y los resultados que desea. Y no es usted el único.

En un estudio clave sobre el cambio organizacional, Bain and Company, empresa global de consultoría de gestión, concluyó lo siguiente: «El 65 % de las iniciativas precisan un cambio de comportamiento significativo por parte de los empleados de nivel operativo, aquellos que conforman la base de la pirámide organizacional. Este es un hecho que los directivos suelen pasar por alto o no planifican con antelación».[1]

A pesar de la importancia de este problema, los directivos pocas veces lo reconocen. No es habitual oírles decir: «Desearía mejorar mi capacidad para liderar estrategias que requieran que las personas hagan las cosas de manera distinta». Es mucho más común oír: «¡Ojalá no tuviera que lidiar con Pedro, Pablo y María!».

Es natural para un directivo que el problema esté en los demás. Después de todo, las personas nunca hacen lo que se necesita que hagan. Esto es falso: ¡las personas no son el problema!

W. Edwards Deming, el padre del movimiento de la calidad total, enseñaba que cuando la mayoría de las personas se comportan de cierta manera la mayor parte del tiempo, ellas no son el problema, sino que este es inherente al sistema.[2] Como directivo, usted es responsable del sistema. Es verdad que un individuo en particular puede representar un problema, pero si usted suele culpar a los demás, debería recapacitar.

Cuando comenzamos a estudiar este fenómeno hace varios años, nuestro primer objetivo fue entender el origen de la falta de consistencia en la ejecución. Realizamos una encuesta internacional de empleados y examinamos cientos de empresas y agencias gubernamentales. En las primeras etapas de la investigación detectamos problemas por todas partes.

Nuestro primer sospechoso de la inconsistencia en la ejecución era la falta de claridad del objetivo: es decir, las personas simplemente no entendían la meta que se suponía debían alcanzar. De hecho, gracias a nuestro sondeo inicial descubrimos que solo uno de cada siete empleados era capaz de citar los objetivos más importantes de su organización. En efecto, solo un 15 % podían mencionar uno de los tres objetivos importantes que sus directivos habían identificado, y el 85 % restante decían lo que creían que era el objetivo, aunque con frecuencia ni siquiera se parecía a lo establecido por sus directivos. Cuanto más nos alejábamos de la cúspide de la organización, menos claridad encontrábamos. Y este tan solo fue el primero de todos los problemas que descubrimos.

Otro era la falta de compromiso con el objetivo. Incluso aquellas personas que sí podían mencionarlo, carecían del compromiso suficiente para cumplirlo. Solo el 51 % aseguraron sentirse entusiasmados con respecto a las tareas del equipo, lo cual significa que a la mitad le bastaba con dejarse llevar por la corriente.

La rendición de cuentas también era una cuestión clave. Resulta alarmante que el 81 % de los encuestados dijeran no ser responsables del seguimiento periódico de los objetivos de la organización. Estos últimos nunca se tradujeron en acciones específicas: el 87 % no tenían una idea clara de lo que debía hacer para alcanzarlos. No es extraño entonces que la ejecución fuese tan inconsistente.

En resumen: las personas no tienen claro el objetivo, no están comprometidas con él, no saben qué tareas específicas les corresponden y no hay rendición de cuentas para supervisar que todos cumplen con sus responsabilidades.

Estas son las explicaciones más evidentes de la inconsistencia de la ejecución. En un segundo nivel existen otros problemas como la falta de confianza, sistemas de retribución poco coherentes, desarrollo de procesos poco eficientes y toma de decisiones poco sólida.

Lo primero que pensamos fue recomendar lo siguiente: «¡Primero arreglen todo esto! Después les será posible ejecutar la estrategia». Era como pedirles que hicieran un milagro.

Conforme seguimos investigando, comenzamos a ver las causas esenciales de la inconsistencia en la ejecución. Es verdad que todos los problemas que hemos señalado arriba (falta de claridad, de compromiso, de colaboración y de rendición de cuentas) aumentan la dificultad para ejecutar una estrategia. Sin embargo, en un principio nos distrajeron del problema subyacente. Quizá usted haya oído la expresión: «Los peces son los últimos en ver el agua», una máxima que resume nuestras conclusiones a la perfección. Como un pez que descubre el agua en la que ha nadado toda su vida, al final nos dimos cuenta de que el problema fundamental de la ejecución siempre había estado delante de nuestras narices. No lo habíamos visto porque estaba a nuestro alrededor, a la vista de todos.

El torbellino

El verdadero enemigo de la ejecución es el trabajo diario. Lo llamamos el «torbellino». Es la enorme cantidad de energía que se necesita simplemente para hacer que la organización funcione a diario. De forma irónica, es lo que a la vez hace tan difícil ejecutar cualquier cosa nueva. El torbellino le resta la concentración requerida para conseguir que su equipo avance.

En general, los directivos nunca ven la diferencia entre el torbellino y los objetivos estratégicos porque ambos son necesarios para la supervivencia de la organización. Sin embargo, la diferencia es clara y, aún más importante, ambos compiten de manera constante por el tiempo, los recursos, la energía y la atención. Huelga decir cuál de los dos suele salir victorioso en esta lucha.

El torbellino es lo urgente, y actúa sobre usted y sus colaboradores, cada minuto del día, todos los días. Los objetivos que usted ha planteado para avanzar son importantes, pero cuando lo importante compite con lo urgente, lo urgente siempre gana. Una vez que sea consciente de esta lucha verá que se repite en todas partes, en todos los equipos que intentan ejecutar algo nuevo.

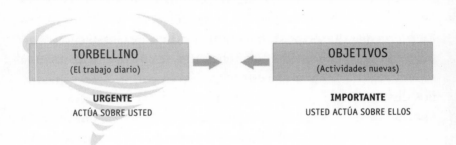

Los objetivos importantes requieren que usted haga cosas nuevas y diferentes, pero estas entran en conflicto con el torbellino, el trabajo diario formado por asuntos urgentes que consumen su tiempo y su energía.

Considere su propia experiencia. ¿Recuerda alguna iniciativa importante que haya implantado con éxito al principio y que con el tiempo haya fracasado? ¿Cuál fue la causa? ¿Desapareció con un gran estruendo o se extinguió lentamente por el trabajo del día a día? Hemos hecho esta pregunta a miles de directivos y la respuesta siempre es la misma: «Muerte lenta por asfixia». Es como encontrar una vieja camiseta en el fondo de un cajón y decir: «¡Ah, sí, Operación Cumbre! Me pregunto qué fue de ello». Pues murió, y ni siquiera le hicieron un funeral.

Ejecutar a pesar del torbellino no solo implica superar una distracción muy poderosa, sino también la inercia del «siempre lo hemos hecho así». No queremos decir que el torbellino sea malo. No lo es. Mantiene viva a su empresa y no debe ignorarlo. Tratar los asuntos urgentes con negligencia puede resultar fatal hoy. Pero también es cierto que ignorar lo importante puede resultar fatal más adelante. En otras palabras, si usted y su equipo únicamente actúan desde el interior del torbellino, nunca habrá progreso; toda su energía se consumirá en intentar mantener el barco a flote. El reto consiste en ejecutar los objetivos más importantes sin dejar de atender aquello que es urgente.

Todos los directivos viven el torbellino de distinta manera. Un directivo de una empresa dedicada a la venta de artículos para reformas y decoración del hogar lo describe de la siguiente manera: «No nos enfrentamos a dragones que llegan para destruir nuestras prioridades, sino a pequeños mosquitos que nos distraen. Cuando miramos hacia atrás nos damos cuenta de que durante seis meses no hemos logrado ninguno de los objetivos que nos propusimos».

Es muy posible que usted se haya enfrentado al torbellino mientras intentaba explicar un nuevo objetivo o estrategia a sus empleados. ¿Recuerda esa conversación? Se concentra en el objetivo y lo explica en términos fáciles de entender. Sin embargo, mientras usted habla, la mente de la persona a la que se lo está explicando comienza a alejarse lentamente, sale del despacho y regresa a lo que llamaría «su trabajo real», es decir, el torbellino. Y esto a pesar, incluso, de que esa persona haya estado asintiendo para expresar que lo entendía durante toda la conversación. ¿Cree que ese empleado se siente comprometido con tal objetivo? Ni en broma. ¿Acaso intenta sabotear sus objetivos o menospreciar su autoridad? No. Simplemente está intentando sobrevivir dentro de su propio torbellino.

A modo de ejemplo, uno de nuestros compañeros nos refirió lo siguiente:

Yo era el director del consejo del instituto local de secundaria, y nos pusimos el reto de mejorar sustancialmente los resultados en los exámenes. Mi tarea consistía en orientar a los profesores con respecto a este nuevo objetivo y me cité con algunos para explicarles lo que queríamos hacer y cómo comenzar.

Al principio me quedé perplejo; parecían no escucharme. Al poco descubrí por qué. En el escritorio de una profesora había una pila de papeles que parecía contener miles de hojas. Eran los ejercicios de un solo día, pendientes de leer y calificar. Además de esto, ella debía asistir a una reunión con los padres de sus alumnos y preparar la clase del día siguiente. Se veía un poco resignada mientras yo no paraba de hablar; en realidad, no me estaba escuchando. No había espacio en su cerebro para eso, y no la culpo.

Resumamos lo que hemos dicho hasta ahora. Primero, si usted busca lograr resultados significativos, en algún momento tendrá que ejecutar una estrategia de cambio de comportamiento, pues las operaciones que se basan en «el poder de la firma» solo funcionan hasta cierto punto. Segundo, cuando emprenda una estrategia de cambio de comportamiento estará luchando contra el torbellino: un adversario feroz, acostumbrado a ganar en muchas organizaciones.

Las 4 Disciplinas de la Ejecución fueron diseñadas para enseñarle a lidiar con su torbellino. Se trata de un conjunto de reglas para ejecutar su estrategia más crítica en medio del mismo.

Las 4 Disciplinas de la Ejecución

Tim Harford, autor de *El economista camuflado*, dijo: «Muéstrenme un sistema complejo que funcione y yo les mostraré uno que ha evolucionado gracias al proceso de prueba y error».[3] En el caso de las 4 Disciplinas de la Ejecución tiene toda la razón. Se han creado mediante mucha investigación, pero han evolucionado por su puesta en práctica.

Durante nuestra investigación inicial con Harris Interactive realizamos encuestas a más de 13.000 personas en todo el mundo de 17 sectores diferentes, y evaluaciones internas en 500 empresas. Durante años hemos fortalecido nuestras bases al encuestar a casi 300.000 directivos y empleados. Esta investigación fue valiosa porque ayudó a sentar las bases de los principios y a esbozar nuestras conclusiones iniciales. Sin embargo, el verdadero conocimiento no surgió al investigar, sino al trabajar con personas como usted en más de 1.500 implantaciones. Este esfuerzo nos permitió desarrollar principios y métodos que sabemos que funcionarán sin importar el sector o el país en el que se pongan en práctica.

En este sentido, hay una noticia buena y una mala. La buena es que existen reglas para ejecutar en medio del torbellino. ¿La mala? Las consecuencias de romper estas reglas son inmediatas.

Aunque las disciplinas pueden parecer simples a primera vista, no son simplistas; cambiarán por completo la forma en que usted enfoca sus objetivos. Una vez que las adopte, nunca volverá a dirigir como antes, da igual si es el coordinador de un proyecto, el director de un pequeño equipo de ventas o el presidente de una empresa de la lista «Fortune 500». Estamos seguros de que las disciplinas representan un gran paso adelante para mejorar la ejecución en equipos de trabajo y organizaciones.

A continuación, presentamos un resumen general de las 4 Disciplinas.

DISCIPLINA 1: CENTRARSE EN LO ESTRATÉGICAMENTE IMPORTANTE

Es simple: cuantas más cosas intente usted hacer, menos podrá lograr. Es un principio básico e ineludible con el que todos convivimos. En algún momento del camino, la mayoría de los directivos olvidan esto. ¿Por qué? Porque los directivos inteligentes y ambiciosos no quieren hacer menos, sino más, incluso cuando saben que no pueden. ¿No le parece muy difícil tener que decir no a una idea, y aún más si la idea es genial? Hay que aceptarlo, hay tantas ideas buenas que nunca ni usted ni su equipo tendrán la capacidad suficiente para ejecutarlas. Por eso, el primer reto consiste en Centrarse en lo Estratégicamente Importante.

La concentración es un principio natural. Separados, los rayos del sol son muy débiles para causar un incendio, pero concentrados con una lupa son capaces de prender una hoja de papel en segundos. Se puede decir lo mismo de los seres humanos: hay muy poco que no podamos lograr cuando concentramos nuestra energía colectiva en un único objetivo.

La Disciplina 1: Centrarse en lo Estratégicamente Importante significa ir en contra del instinto básico de todo directivo; si se centra en menos, podrá lograr más. Para implantar la Disciplina 1 debe comenzar por seleccionar uno (o máximo dos) objetivos relevantes, en vez de querer introducir mejoras significativas en todos ellos a la vez. Lo llamaremos Principal Objetivo Estratégico (POE) para que el equipo siempre tenga presente que debe darle prioridad. No alcanzar este objetivo deja cualquier otro logro alcanzado en segundo plano, o incluso lo convierte en irrelevante.

Si ahora mismo está usted intentando ejecutar cinco, diez o incluso veinte objetivos importantes, su equipo no podrá concentrarse en ninguno. La falta de enfoque incrementa la intensidad del torbellino, diluye los esfuerzos y hace que alcanzar el éxito sea casi imposible. Esto es problemático sobre todo cuando hay demasiados objetivos en los niveles más altos de la organización, los cuales en algún momento se filtran, bajan por los demás niveles y se multiplican, convirtiéndose en docenas y, en última instancia, en cientos de objetivos a medida que descienden por la organización, creando una red de complejidad.

Por el contrario, si usted reduce el enfoque de su equipo a uno o dos objetivos estratégicos, será capaz de diferenciar lo que es verdaderamente prioritario de lo que forma parte del torbellino. Se pasará de un conjunto de objetivos mal definidos y difíciles de entender a una pequeña serie de metas que se pueden alcanzar. La Disciplina 1 es la disciplina de la concentración. Sin ella, nunca podrá lograr los resultados que desea. Esto es apenas el principio.

Disciplina 2: Actuar sobre Indicadores Predictivos

Esta disciplina aborda el principio de la palanca. Se basa en algo muy simple: no todas las acciones son iguales. Algunas tienen más impacto que otras para conseguir un objetivo. Y es este tipo de acciones las que necesita identificar, para actuar sobre ellas y alcanzar su objetivo.

No importa la estrategia que desee implantar, su progreso y su éxito se basa en dos tipos de indicadores: históricos y predictivos.

Los indicadores históricos permiten medir y realizar el seguimiento de los Principales Objetivos Estratégicos y suelen ser aquellos por los que uno se pasa el tiempo rezando. Ingresos, beneficios, cuota de mercado o satisfacción del cliente son ejemplos de indicadores históricos, con lo que esto quiere decir: para cuando se conocen, las acciones que los generaron forman parte del pasado. Por eso las personas rezan; una vez obtenidos los indicadores históricos, no hay forma de arreglarlo: ya es historia.

Los indicadores predictivos son muy diferentes porque se centran en las cosas de mayor impacto que su equipo tiene que hacer para alcanzar su objetivo. En esencia, estos miden los nuevos comportamientos que ayudarán a que los indicadores históricos mejoren, no importa si el cambio de comportamiento es tan simple como ofrecer una muestra a cada cliente en una panadería, o tan complejo como cumplir con los niveles de calidad en el diseño de motores para aviones.

Un buen indicador predictivo tiene dos características básicas: puede prever la consecución del objetivo y los miembros del equipo pueden ejercer influencia sobre él. Es posible ejemplificar estos dos atributos con un objetivo muy simple: bajar de peso. Mientras que el indicador histórico es la cantidad de kilos perdidos, los indicadores predictivos podrían ser ingerir una cantidad limitada de calorías por día y realizar un número concreto de horas de ejercicio a la semana. Estos indicadores son predictivos, pues al llevar a cabo las acciones que miden, uno puede prever lo que la báscula (el indicador histórico) le dirá la próxima semana. Usted puede influir sobre ellos porque ambos comportamientos están bajo su control.

Actuar según los indicadores predictivos es uno de los secretos mejor guardados de la ejecución. La mayoría de los directivos, incluso algunos de los más experimentados, están tan concentrados en los indicadores históricos que la disciplina de fijarse en los indicadores predictivos parece ir en contra de su intuición.

Pero no nos equivoquemos. Los indicadores históricos en última instancia representan los cambios más importantes que se desea lograr. Sin embargo, los indicadores predictivos —como deja bien claro su nombre— son el camino hacia un mejor rendimiento. Cuando usted haya identificado sus indicadores predictivos, se convertirán en los puntos clave de acción para lograr su objetivo.

DISCIPLINA 3: MANTENER UN CUADRO DE MANDO CONVINCENTE

Las personas juegan de otra forma cuando siguen el marcador. Si no lo cree, observe a cualquier grupo de adolescentes jugando al baloncesto y mire cómo cambian cuando empiezan a contar los puntos. Cabe añadir que la verdad de este argumento se revela de manera más clara cuando se enfatiza una palabra: las personas juegan de otra forma si son «ellas» las que siguen el marcador. No se trata de que usted lo haga por ellas.

La Disciplina 3 parte del compromiso. En principio, el nivel más alto de desempeño siempre proviene de personas emocionalmente conectadas porque siguen el marcador: es decir, saben en todo momento si están ganando o perdiendo. Es así de simple. Jugar a los bolos a ciegas puede ser divertido al principio, pero si no puede verlos caer se aburrirá al poco tiempo, por mucho que le guste jugar.

Si ha concentrado su enfoque en la Disciplina 1 (su POE con un indicador histórico) y ha definido los indicadores predictivos fundamentales que lo mantendrán en el camino hacia el objetivo en la Disciplina 2, cuenta con los elementos de un juego en el que se puede ganar. El siguiente paso es captar este juego en un Cuadro de Mando de Resultados simple y convincente.

El tipo de cuadro de mando que llevará a su equipo al nivel más alto de compromiso es el que ha sido diseñado exclusivamente para los jugadores (y muchas veces por ellos mismos). Este cuadro de mando difiere mucho de los marcadores complejos que a directivos y entrenadores les encanta llevar. Debe ser sencillo; tanto, que los miembros del equipo puedan determinar al instante si están ganando o perdiendo. ¿Por qué es importante? Si el marcador no es claro, el juego que quiere que desarrollen sus jugadores será abandonado en medio del torbellino de las actividades diarias. Si su equipo no sabe que puede ganar el juego, es posible que esté más cerca de perderlo.

DISCIPLINA 4: CREAR UNA CADENCIA DE RENDICIÓN DE CUENTAS

La Disciplina 4 es propiamente aquella en la que ocurre la ejecución. Las tres primeras disponen el juego, pero hasta que usted no aplica la Disciplina 4 su equipo no entra realmente en acción. Está basada en el principio de rendición de cuentas; si usted no hace que su equipo se rinda cuentas a sí mismo de manera sistemática, será inevitable que el objetivo se disperse en medio del torbellino.

La Cadencia de Rendición de Cuentas consiste en establecer un ritmo sistemático y periódico de reuniones del equipo con un Principal Objetivo Estratégico. Estas deben llevarse a cabo al menos cada semana e, idealmente, no durarán más de 20 o 30 minutos. En ese tiempo, los miembros del equipo rendirán cuentas unos a otros respecto a los resultados que han obtenido a pesar del torbellino.

¿Por qué es tan importante la Cadencia de Rendición de Cuentas? Considere la experiencia de alguien con quien hemos trabajado.

Él y su hija adolescente acordaron que ella podría usar el coche de la familia si lo lavaba cada sábado por la mañana. Él se reuniría con ella todos los sábados para asegurarse de que lo había lavado.

Se encontraron varios fines de semana y todo salió bien hasta que el padre tuvo que salir de la ciudad dos sábados seguidos. Cuando regresó se dio cuenta de que el coche no estaba lavado y le preguntó a su hija por qué no lo había hecho.

—Ah —dijo ella—, ¿todavía seguimos con eso?

Bastó con que el sistema de rendición de cuentas se interrumpiera durante dos semanas. Si esto sucedió en un tema entre dos personas, imagine lo que pasaría con un equipo de trabajo o con toda una organización. La clave está en la cadencia. Los miembros de un equipo deben ser capaces de rendir cuentas los unos a los otros de manera sistemática y según un ritmo establecido. Cada semana todos los miembros deberán responder una pregunta muy sencilla: «¿Qué cosa (una o dos) puedo hacer esta semana, fuera del torbellino, capaz de impactar en el cuadro de mando?». Los jugadores deberán informar de si cumplieron con los compromisos de la semana anterior, cómo han avanzado en los indicadores históricos y predictivos en el cuadro de mando, y mencionar sus compromisos para la semana siguiente, todo resumido en pocos minutos.

El secreto de la Disciplina 4, además de la cadencia, es que los miembros del equipo creen sus propios compromisos. Es muy común encontrar equipos en los que los individuos esperan, e incluso desean, que les digan qué hacer. Sin embargo, al establecer sus propias responsabilidades, los miembros las hacen más suyas. Las personas siempre se comprometerán más con sus propias ideas que con las órdenes que reciben de arriba. Aún más importante: comprometerse ante sus compañeros, y no solo con el jefe, convierte un reto profesional en algo personal. En pocas palabras, los compromisos van más allá del desempeño laboral y se convierten en promesas ante el resto del equipo.

Al comprometerse el equipo con una nueva serie de objetivos cada semana, esta disciplina genera un plan de ejecución semanal *«just in time»*, capaz de adaptarse a retos y oportunidades que nunca podrían haberse previsto en un plan estratégico anual. En este sentido, el plan tendrá la capacidad de adaptarse con rapidez a los cambios que experimente la empresa. ¿El resultado? El equipo podrá dedicar una enorme cantidad de energía al Principal Objetivo Estratégico sin ser interrumpido por los cambios que ocurran en el torbellino y a su alrededor.

Cuando los miembros del equipo comiencen a ver mejoras en los indicadores históricos como resultado directo de su esfuerzo, sabrán que están ganando. Y no hay nada que suba tanto la motivación y el compromiso de un equipo como saber que está ganando.

Un ejemplo ilustrativo es el de la cadena de hoteles de lujo que estableció un POE con un indicador histórico del 97 % de retención de clientes. Su lema era: «¡Si un cliente se hospeda aquí una vez, queremos que regrese!». Así, ejecutaron ese objetivo con excelencia.

Los hoteles eligieron alcanzar su objetivo a través de indicadores predictivos de servicio personal individualizado.

Lector de código de Android
iPhone-Red Laser

http://www.4dxbook.com/ar/17Overview

Escanee la imagen superior para ver una explicación general de las 4DX.

¿Qué es lo que cambiaron?

Cada miembro del personal desempeñó un papel para alcanzar ese objetivo. Las camareras de planta, por ejemplo, registraron en el ordenador las preferencias de cada huésped para ofrecerle el mismo servicio cada vez que regresara. Un cliente pidió a una de ellas que dejara en el cenicero el puro a medio fumar porque se lo terminaría al regresar a la habitación. Cuando volvió, había un puro nuevo, de la misma marca, en el cenicero. En ese momento le pareció un bonito gesto, pero ¡nunca se imaginó que volvería a encontrar un puro de la misma marca esperándolo en otro hotel de la cadena meses después! Su comentario fue: «Ahora tengo que regresar solo para ver si el puro estará allí. ¡Me han cautivado!».

Además de su torbellino habitual, las camareras de planta tenían pocas cosas nuevas que hacer: anotar las preferencias del cliente, copiarlas y buscarlas en el ordenador, y, finalmente, cumplirlas. Está claro que no hubieran hecho todo esto de no saber que:

- El objetivo de retener a los clientes era su prioridad.
- Bastaba con cumplir con unas pocas actividades esenciales para alcanzar ese objetivo.
- Realizarían un seguimiento meticuloso de esas actividades.
- Rendirían cuentas de sus compromisos diariamente.

En otras palabras:

- Conocían el objetivo (Disciplina 1).
- Sabían qué hacer para alcanzarlo (Disciplina 2).

- Conocían el marcador en todo momento (Disciplina 3).
- Se rindieron cuentas sobre los resultados unas a otras de manera sistemática (Disciplina 4).

Estas son las características de las organizaciones que practican las 4 Disciplinas de la Ejecución.

La gente quiere ganar. Desea hacer una contribución que sirva para algo. Sin embargo, muchísimas organizaciones carecen de este tipo de disciplina, que es el método consciente y consistente que necesitan para ejecutar objetivos clave con excelencia. El impacto económico de una brecha en la ejecución puede ser enorme, pero es solo una de las consecuencias. Otra de ellas es el coste que representa para las personas que quieren dar lo mejor de sí mismas y ser miembros de un equipo ganador. En cambio, nada motiva más que formar parte de un equipo de personas que conoce el objetivo y está decidido a alcanzarlo.

Las 4 Disciplinas funcionan porque están basadas en principios, y no en prácticas. Estas últimas son situacionales y subjetivas, y están en evolución constante. Los principios no caducan y se prueban a sí mismos, pues pueden aplicarse en cualquier lugar. Son leyes naturales, como la gravedad. No importa si uno los entiende, ni siquiera si está de acuerdo con ellos: siempre pueden aplicarse.

Uno de los libros empresariales más vendidos es *Los 7 hábitos de las personas altamente efectivas*, escrito por Stephen R. Covey. En este libro el autor identificó algunos de los principios fundamentales que gobiernan el comportamiento humano y su eficacia. Entre ellos se encuentran: responsabilidad, visión, integridad, entendimiento, colaboración y renovación.

Así como existen principios que rigen el comportamiento humano, también hay otros que establecen cómo trabajan los equipos, cómo ejecutan. Creemos que los principios de ejecución siempre han sido concentración, influencia, compromiso y rendición de cuentas. ¿Existen otros más que participan en la ejecución? Sí. ¿Hay algo especial en estos cuatro factores y en la forma en la que están secuenciados? Por supuesto. No es algo que hayamos inventado, y aceptamos abiertamente que entenderlos nunca ha sido el problema. El reto para los directivos ha sido encontrar una forma de implantarlos, en especial cuando el torbellino está desatado.

Cómo está organizado este libro

El libro de *Las 4 Disciplinas de la Ejecución* está dividido en tres partes para facilitar el entendimiento progresivo y profundo de cada disciplina y su aplicación en cualquier equipo de trabajo.

La primera parte, «Las 4 Disciplinas de la Ejecución», presenta una explicación detallada de cada una de ellas. En ella también se aborda la pregunta de por qué estos sencillos conceptos son tan difíciles de aplicar y por qué son fundamentales para alcanzar con éxito los mayores retos de cualquier directivo.

La segunda parte, «Cómo aplicar las 4DX en su equipo», está diseñada como una guía que ofrece instrucciones paso a paso para implantarlas en su propio equipo. En esta parte también hay un capítulo dedicado a cada disciplina. El capítulo final de esta parte presenta una aplicación web para dar soporte a la gestión de las 4 Disciplinas en su equipo.

En la tercera parte, «Aplicar las 4DX en su organización», encontrará algunas de las reglas que han evolucionado en cientos de implantaciones que hemos realizado en la última década. Conocerá las reflexiones de directivos de importantes empresas que utilizan las 4DX con éxito para llevar a cabo su estrategia y alcanzar resultados sin precedentes en su organización. Esta parte también responde a muchas preguntas que surgen al ejecutar estrategias en una gama amplia de sectores, y que nosotros hemos contestado a partir de nuestra propia experiencia.

A lo largo del libro encontrará enlaces a la página web de ejecución de FranklinCovey, donde podrá ver vídeos de muchos de los ejemplos citados.

Incluimos al final un capítulo de preguntas frecuentes y un breve capítulo sobre cómo las 4 Disciplinas pueden ayudarlo a cumplir incluso los objetivos de su vida personal.

Este libro es distinto de otros libros de negocios que usted haya podido leer. La mayoría de ellos incluyen muchas ideas y teorías útiles, pero pocos ejemplos de su aplicación. Este libro se centra en la aplicación y explica con exactitud qué tiene que hacer usted para implantar estas disciplinas: los pasos a dar, los consejos, las advertencias, los imperativos. Compartiremos todo lo que sabemos. La primera parte le explicará las 4 Disciplinas de la Ejecución. Las partes segunda y tercera le enseñarán en detalle cómo aplicarlas. Esperamos que este método le parezca novedoso.

Antes de empezar…

Hemos aprendido que hay tres cosas con las que debemos tener cuidado al comenzar a estudiar las 4 Disciplinas:

4DX parece fácil, pero cuesta. Primero, las disciplinas son engañosas por su simplicidad. Es cierto que son sencillas, pero implantarlas requiere un trabajo continuo. Uno de nuestros clientes dijo: «Suena fácil, pero cuesta hacerlo». No se deje engañar por la simplicidad: las 4 Disciplinas son en parte útiles porque son fáciles de entender. Sin embargo, aplicarlas con éxito requiere un gran esfuerzo durante un período continuado. Necesita un compromiso a largo plazo. Si el objetivo que busca alcanzar no le parece absolutamente esencial, es posible que carezca del compromiso necesario. Por otro lado, el beneficio no solo será haber alcanzado el objetivo, sino que habrá ejercitado el músculo organizacional que capacitará a su equipo para lograr objetivos uno tras otro.

Las 4DX van en contra de nuestra intuición. Segundo, cada una de las 4 Disciplinas implica un cambio de paradigma, e incluso podrían ir completamente en contra de nuestra intuición. Tal vez su instinto le diga que intentar conseguir muchos objetivos es mejor; sin embargo, cuantos más tenga, menos posibilidades tendrá de cumplirlos con excelencia. Si quiere alcanzar un objetivo concreto no debería centrarse en este en sí, sino en los indicadores predictivos que lo acercarán a él. A medida que implante cada disciplina, al menos en las primeras etapas, estará haciendo cosas que a simple vista parecerán carecer de sentido o ir en contra de su instinto. Permítanos subrayarlo: las 4 Disciplinas son el resultado de múltiples experimentos y pruebas de nuestras hipótesis a lo largo de muchos años. Todo lo que usted aprenda a partir de este libro ha sido evaluado a conciencia. La buena noticia es que una vez que tenga experiencia con las 4 Disciplinas, algo que al principio le parecía extraño, le resultará más llevadero y efectivo.

4DX es un sistema operativo. Tercero, las 4 Disciplinas son un compendio, no un abanico de opciones. Cada una tiene su propio valor; sin embargo, su verdadera fuerza reside en cómo trabajan juntas de manera secuencial: cada una establece el escenario de la siguiente. Si pasa una disciplina por alto, obtendrá un resultado mucho menos efectivo. Debe pensar en las 4 Disciplinas como el sistema operativo de un ordenador: una vez que está instalado, lo puede utilizar para llevar a cabo casi cualquier estrategia que elija, pero necesita que esté completo para que pueda funcionar. A lo largo de los capítulos, el porqué de todo ello irá apareciendo más claro.

PRIMERA PARTE

Las 4 Disciplinas
de la Ejecución

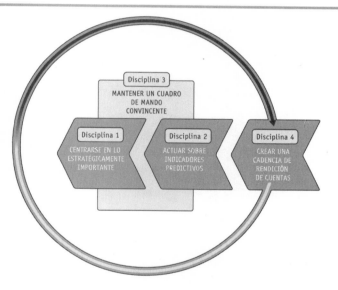

Las 4 Disciplinas de la Ejecución sirven para producir grandes resultados. Las 4 Disciplinas apuntan de derecha a izquierda para representar la secuencia de ejecución de los mejores equipos: se rinden cuentas sobre su desempeño con respecto a los indicadores predictivos, lo cual deriva en el cumplimiento de los Principales Objetivos Estratégicos.

El Cuadro de Mando de Resultados, Disciplina 3, está en el centro porque en él se muestran, a la vista de todos, los indicadores de éxito para lograr los objetivos.

La Cadencia de Rendición de Cuentas, Disciplina 4, rodea las demás porque es lo que las mantiene unidas. La flecha en círculo simboliza la práctica regular de la rendición de cuentas para registrar el avance de los indicadores en el cuadro de mando.

Disciplina 1

Centrarse en lo Estratégicamente Importante

La primera disciplina consiste en centrar su esfuerzo en uno o dos objetivos que marcarán la diferencia, en lugar de intentar alcanzar de manera mediocre docenas de ellos.

La ejecución comienza con la concentración. Sin ella, las otras tres disciplinas serán inútiles.

¿Por qué a la mayoría de los directivos les cuesta determinar en qué tienen que concentrarse? No es porque crean que no es necesario hacerlo. Cada semana trabajamos con docenas de equipos de

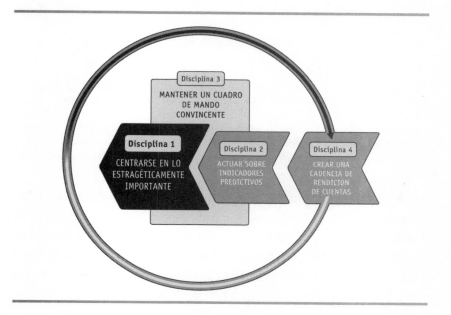

directivos de todo el mundo y, casi sin excepción, reconocen que deberían mejorar su concentración. A pesar de desearlo, no dejan de tener demasiadas prioridades que compiten entre sí y que empujan a su equipo en direcciones distintas. Una de las primeras cosas que queremos decirles es que no están solos. La dificultad que tienen los directivos para concentrar su enfoque es generalizada.

Asimismo, queremos dejar claro que cuando hablamos de «concentrar su enfoque» en la Disciplina 1, no significa que usted deba reducir el tamaño y la complejidad de su torbellino, aunque, con el tiempo, concentrarse en los Principales Objetivos Estratégicos (POE) pueda tener ese efecto. El torbellino incluye todas las actividades urgentes que se requieren para mantener la operativa diaria de su empresa. Concentrarse en los Principales Objetivos Estratégicos implica reducir el número de objetivos que intenta alcanzar más allá de las demandas diarias de su torbellino.

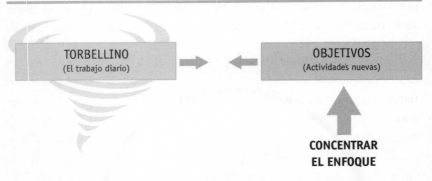

Practicar la Disciplina 1 implica concentrar el enfoque solo sobre algunos objetivos importantes. Así, será posible alcanzarlos estando dentro del torbellino del trabajo diario.

En pocas palabras, la Disciplina 1 busca asignar más energía a menos objetivos, pues cuando se trata de establecer metas, la ley de los rendimientos decrecientes es tan real como la ley de la gravedad.

Si un equipo se concentra en dos o tres objetivos más allá de las exigencias de su torbellino, la probabilidad de que los cumplan es alta. Por el contrario, si se fijan de cuatro a diez objetivos, la experiencia nos dice que solo alcanzarán uno o dos. Es decir, su ejecución ¡irá en regresión! Y si el equipo tiene de once a veinte objetivos además del torbellino, perderá toda su concentración. Al enfrentarse a tantas metas diferentes el equipo dejará de escuchar, y no digamos de ejecutar.

NÚMERO DE OBJETIVOS (además del torbellino)	2-3	4-10	11-20
OBJETIVOS LOGRADOS CON EXCELENCIA	2-3	1-2	0

Las probabilidades de alcanzar dos o tres objetivos con excelencia son altas, pero cuantos más persiga usted a la vez, menores serán sus posibilidades de triunfar.

¿Por qué sucede esto?

El principio fundamental en la Disciplina 1 es que los seres humanos están diseñados genéticamente para hacer una sola cosa a la vez con excelencia. Quizá ahora mismo piense, con orgullo, que usted es muy bueno haciendo muchas cosas a la vez, que es una persona multitarea, pero para alcanzar un objetivo estratégico necesita dedicarle todo su esfuerzo. Steve Jobs, de Apple, dirigía una empresa gigante, y pudo haber lanzado al mercado muchos más productos; sin embargo, decidió concentrarse en un reducido número de productos estratégicos. Su concentración fue legendaria, al igual que sus resultados. La ciencia ha demostrado que el cerebro humano solo puede concentrarse al 100 % en un único objeto a la vez. Ni siquiera podemos concentrarnos al 100 % en conducir un coche mientras hablamos por teléfono o comemos una hamburguesa. Imagine tener que maniobrar con múltiples objetivos empresariales al mismo tiempo.

Earl Miller, experto en neurociencia del MIT, dice: «Intentar concentrarse en dos tareas sobrecarga la capacidad procesal del cerebro [...]. Esto sucede en especial cuando intentamos desempeñar tareas similares al mismo tiempo, como escribir un correo electrónico y hablar por teléfono. Estas actividades compiten entre sí por utilizar la misma parte del cerebro. Al querer hacer demasiado, el cerebro simplemente se ralentiza».[1] Si esto es cierto en tareas sencillas como procesar correos y llamadas, piense en el impacto que tendría perder la concentración en los objetivos que podrían transformar su empresa.

La corteza prefrontal, la puerta de entrada al cerebro, no puede gestionar la marea de información que nos llega a diario, simplemente porque está diseñada para lidiar con pequeñas dosis a la vez.

De acuerdo con el profesor Clifford Nass, de la Universidad de Stanford, en nuestra cultura multitarea «los circuitos neuronales dedicados a escanear, a la lectura rápida y a hacer varias tareas simples a la vez, se están expandiendo y fortaleciendo, mientras que los que permiten la lectura y el análisis profundo, y la concentración sostenida en el tiempo, comienzan a debilitarse y erosionarse».

¿Qué consecuencias produce esto? «Las personas acostumbradas a la multitarea suelen sacrificar la calidad de desempeño en la tarea principal. Sienten atracción por lo irrelevante.» («Tarea principal» es otra manera de llamar al POE.)

Jordan Grafman, del Instituto Nacional de Trastornos Neurológicos e Infarto Cerebral de Estados Unidos, dice: «Mejorar nuestra habilidad para hacer muchas cosas a la vez en realidad daña la creatividad y el pensamiento profundo. Hacer más tareas simultáneamente implica menos deliberación, es decir, se pierde la capacidad de pensar y razonar un problema».[2]

Por supuesto, no es necesario que sobresature su cerebro. Usted puede equilibrar su capacidad cerebral para concentrarse a la perfección en un POE a la vez, y estar al tanto de otras prioridades. No hay mejor ejemplo para este principio que la torre de control de los aeropuertos. Ahora mismo, hay más de cien aviones aproximándose, despegando o preparándose para hacerlo, y todos ellos son muy importantes (¡en especial si usted está a bordo!). Sin embargo, para un controlador aéreo su POE es solo un avión: el que está aterrizando en ese preciso instante.

El controlador es consciente de los demás aviones que aparecen en el radar. No ha dejado de observarlos; pero en este momento todo su talento y experiencia se concentran en un único vuelo. Si no consigue que ese avión toque tierra de forma segura y óptima, nada de lo que logre después importará. Se concentra en hacer aterrizar un avión cada vez.

Los POEs son así. Son los objetivos que usted debe lograr con excelencia más allá de las prioridades que rodean su trabajo diario. Para tener éxito deberá estar dispuesto a tomar las decisiones difíciles que separan el Principal Objetivo Estratégico del resto de metas importantes que están en su radar. Después, deberá aproximarse a su POE con concentración y diligencia hasta que logre lo que se había planteado, y de forma óptima, con excelencia.

Esto no significa que deba abandonar los demás objetivos importantes, pues aún siguen en su radar. Sin embargo, estos no requieren de todo su esfuerzo y atención en este momento. (Recuerde que también hay objetivos que no son dignos de su esfuerzo y diligencia; es decir, ¡que ni siquiera deberían haber despegado!)

Las personas que intentan abarcar muchos objetivos a la vez suelen obtener un resultado mediocre en todos ellos. Usted puede ignorar el principio de la concentración, pero este no lo ignorará a usted. O también puede apoyarse en este principio para lograr sus objetivos prioritarios, uno por uno, una y otra vez.

PENSAMIENTO CONVENCIONAL	PRINCIPIO DE LAS 4DX
Todos nuestros objetivos son la prioridad número uno. Podemos trabajar en modo multitarea para lograr con éxito cinco, diez o quince objetivos importantes. Lo único que tenemos que hacer es trabajar más duro y durante más tiempo.	Muchos de nuestros objetivos son importantes, pero solo uno o dos son estratégicamente importantes. Los llamaremos los POEs, las metas que debemos alcanzar. Nuestro mejor esfuerzo solo puede concentrarse en uno o dos Principales Objetivos Estratégicos a la vez.

El reto del directivo

Hemos llegado a la gran pregunta: ¿por qué hay tanta presión por ampliar, en vez de reducir, la cantidad de objetivos? Si entendemos la importancia de concentrarse, ¿por qué resulta tan difícil hacerlo?

Como directivo, quizá piense que se debe a que cada día puede ver docenas de cosas que requieren mejora, y docenas de oportunidades que le gustaría aprovechar. Además de eso, hay otras personas (con una agenda propia) que pueden aumentar los objetivos, en especial si pertenecen a los niveles más altos de la organización.

No obstante, más allá de todas estas fuerzas externas, con frecuencia el primer culpable de la mayoría de estos problemas es usted. En palabras de la vieja tira cómica *Pogo*: «Sabemos finalmente quién es el enemigo: nosotros».

Aunque la tendencia que le empuja a ir a por todo sea bien intencionada, en realidad muchas veces usted mismo es su peor enemigo. Ser consciente de esta predisposición es un buen punto de partida. Analicémosla entonces.

Una de las razones por las que su equipo puede llegar a tener demasiadas tareas que cumplir es que usted, como directivo, sea muy ambicioso y creativo. En ese caso, usted es el tipo de persona a la que las organizaciones desean incentivar. El problema es que las personas creativas y ambiciosas siempre quieren hacer más, no menos. Si este es su caso, entonces usted está prácticamente predispuesto a saltarse la Disciplina 1 de la Ejecución.

Una segunda razón que podría llevar a los directivos a fijar demasiados objetivos a su equipo es intentar ir sobre seguro. Es decir, si el equipo se dedica a perseguirlo todo, aparentemente aumenta la posibilidad de que consiga algo. Esto también asegura que nadie podrá cuestionar el esfuerzo del equipo en caso de que fracase. Incluso si se es consciente de que más no es necesariamente mejor, también es cierto que sí lo aparenta (en particular ante su jefe inmediato). En este sentido, es posible que se resista a reducir la cantidad de objetivos para obtener mejores resultados en la rendición de cuentas, y confíe solo en la cantidad total del esfuerzo que su equipo les dedica.

El mayor reto que deberá afrontar al reducir sus objetivos es muy sencillo: decir «no» a muchas y buenas ideas. De hecho, las 4DX pueden llevarlo a renunciar a grandes ideas, por lo menos a corto plazo. Nada atenta más contra la intuición de un directivo que negarse a perseguir un buen proyecto, pero nada destruye tanto la concentración como decir «sí» a todo.

Lo más difícil de esto es que las buenas ideas nunca se presentan al mismo tiempo, envueltas con un bonito papel de regalo para que uno pueda escoger entre ellas fácilmente, sino que van llegando una a una. Casi siempre, cuando una idea se presenta sola es mucho más atractiva, lo cual hace que rechazarla sea casi imposible para usted, lo que le llevará a cavar su propia tumba.

Creemos que todo directivo que se enfrente a este reto, debería tener colgada la siguiente frase en su despacho:

> HAY TANTAS IDEAS BUENAS
> QUE NUNCA TENDREMOS
> CAPACIDAD SUFICIENTE PARA
> EJECUTARLAS TODAS

Es esencial subrayar la importancia de concentrarse en solo uno o dos POEs al mismo tiempo. Puede parecer contrario a la intuición, pero debemos hacerlo así.

Antes de que Apple fuese nombrada en Estados Unidos como la empresa de la década,[3] el entonces jefe de Operaciones (ahora consejero delegado) Tim Cook dijo a sus accionistas lo siguiente:

> Somos la compañía más centrada de las que todas las que conozco, sobre las que haya leído o de las que tenga conocimiento. Cada día decimos «no» a grandes ideas para mantenernos centrados en un número reducido de temas.

De ese modo podemos destinar una ingente cantidad de energía a los temas que seleccionamos. De hecho, podríais poner juntos sobre vuestra mesa de trabajo todos los productos que fabrica Apple. Sin embargo los ingresos de Apple el año pasado fueron de 40.000 millones de dólares.[4]

La decisión de Apple de rechazar buenas ideas tuvo consecuencias devastadoras para la competencia. En una ocasión trabajamos con una de las empresas cuyos productos competían con el iPhone de Apple; cuando nos reunimos con el responsable de la creación de un nuevo terminal nos dimos cuenta de que estaba un poco desanimado (imagínese el reto). Decepcionado, nos comentó: «En realidad, no es justo —dijo—. Fabricamos más de 40 terminales diferentes entre operaciones internacionales y nacionales. Ellos solo fabrican uno».

No habríamos podido expresarlo mejor.

Como afirma Stephen R. Covey: «Usted debe decidir cuáles son sus prioridades y tener el valor de decir "no" a otras cosas, sin sufrir, con una sonrisa en el rostro y sin tener que disculparse con nadie. La forma de lograrlo es estar comprometido con un "sí" más grande que le apasione».

Cuando entienda la importancia de rechazar buenas ideas para reducir los objetivos de su equipo, podrá evitar la primera de las dos trampas de la concentración. La segunda, intentar convertir todas las tareas del torbellino en un POE, es mucho más frecuente. Una vez que le atrape, usted intentará hacer que todas las actividades diarias sean un objetivo.

En el torbellino se encuentran todos los indicadores que le permiten dirigir el día a día de su organización. En la ilustración aparecen representados como contadores. Es perfectamente adecuado que su equipo dedique el 80 % de su tiempo y energía a sostener y mejorar el torbellino paulatinamente. Mantener el barco a flote tiene que ser la tarea número uno, pero si emplea el 100 % de su energía en intentar mejorar significativamente el funcionamiento de todos los contadores a la vez, habrá perdido su concentración.

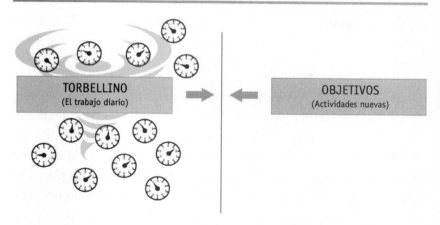

En el torbellino organizacional las personas tienen que llevar el registro de miles de cifras: contabilidad, índice de satisfacción del cliente, ciclo de vida de los productos, etc. No es difícil que un nuevo objetivo estratégico se pierda en la tormenta.

Otorgar el mismo nivel de prioridad a todos estos contadores es como querer hacer agujeros en una hoja de papel presionando todos los dedos al mismo tiempo y de manera uniforme. Así no se puede aplicar suficiente presión sobre uno de los contadores para provocar una modificación real en el comportamiento humano. Muchos de los contadores requieren docenas de cambios en el comportamiento de las personas para mover sus manecillas. Centrarse en un POE es como hacer un agujero con un dedo en la hoja de papel: toda su fuerza se concentra en atravesar ese punto.

A menos que pueda alcanzar su objetivo con «el poder de la firma», para tener éxito necesitará que su equipo modifique su comportamiento. Es imposible cambiar muchos hábitos al mismo tiempo, no importa cuánto desee lograrlo. Intentar mejorar de forma significativa todos los indicadores del torbellino, consumirá casi todo su tiempo y le quedará muy poco con el que hacer algo.

Ahora bien, más allá de eludir estas dos trampas —negarse a rechazar buenas ideas e intentar hacer que todos los elementos del torbellino se conviertan en objetivos—, ¿qué debe hacer? Reduzca sus objetivos a uno o dos Principales Objetivos Estratégicos y haga que el equipo invierta regularmente tiempo y energía en ellos. En otras palabras, si quiere un alto nivel de concentración y desempeño de los miembros del equipo de trabajo, deles algo estratégicamente importante en lo que concentrarse.

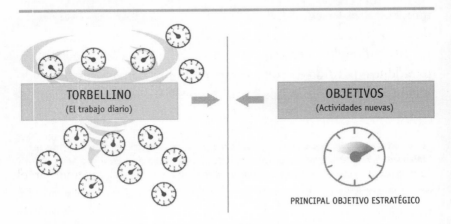

A la vez que sigue los indicadores del torbellino, la Disciplina 1 requiere una intensa concentración en un único indicador: la medida de éxito del Principal Objetivo Estratégico.

Identifique su Principal Objetivo Estratégico

Un POE es aquel que marca la diferencia. En vista de que se trata del punto crítico de su estrategia, tendrá que comprometerse a dedicarle una mayor cantidad de energía: toda la que no se usa en el torbellino, es decir, el 20 %. ¿Cómo decidir cuál de todos los objetivos posibles deberá ser el POE?

En ocasiones es evidente qué POE debe elegirse, pero en otras, no tanto. Si intenta seleccionar su POE preguntándose qué es lo más importante, es posible que termine corriendo en círculo. ¿Por qué? Las prioridades urgentes del torbellino siempre están compitiendo entre sí por ser lo más importante, y con frecuencia resulta fácil argumentar en favor de alguna de ellas.

Para ilustrar este problema, imagine la siguiente conversación entre miembros del equipo de dirección de una planta industrial:

—Les digo que la calidad es lo más importante y debería ser nuestro POE —dice el primero.

—No olviden que la producción es lo que paga las facturas —advierte el segundo.

—Perdón, pero yo discrepo —interviene el tercero—. Lo más importante es la seguridad. ¿Alguno de sus colaboradores ha sufrido un accidente? Si fuera así, estarían de acuerdo conmigo.

El resultado es frustrante y confuso, y conlleva una inevitable (y paradójica) pérdida de concentración. El problema de esta conversación es que los directivos están respondiendo a la pregunta incorrecta.

Al determinar su Principal Objetivo Estratégico no se pregunte: ¿qué es lo más importante? Al contrario, comience por plantearse lo siguiente: si todas las demás áreas de la empresa mantuvieran el mismo nivel de desempeño, ¿cuál de ellas generaría el mayor impacto si hiciera cambios? Esta pregunta introduce una nueva forma de pensamiento y permite identificar con claridad el objetivo que podría marcar la diferencia.

Recuerde: el 80 % de la energía de su equipo siempre estará dedicada a gestionar el torbellino, así que no caiga en la tentación de creer que su equipo dejará de prestarle atención para dar prioridad a los dos Principales Objetivos Estratégicos. Solo cuando deje de preocuparse por todo lo que puede ir mal, podrá empezar a avanzar con su POE. En términos de la Disciplina 1, podrá centrarse en el Principal Objetivo Estratégico.

Su Principal Objetivo Estratégico puede surgir desde una de las dos siguientes categorías: dentro del torbellino o fuera del torbellino.

Dentro del torbellino podría encontrar cosas que están tan deterioradas que no queda más remedio que repararlas, o podría tratarse de un elemento clave de su propuesta de valor que se está cumpliendo. Retrasos en la ejecución de un proyecto, costes fuera de control o un servicio de atención al cliente deficiente pueden ser buenos ejemplos. Sin embargo, también puede surgir de una cuestión en la que el desempeño de su equipo es elevado pero, si se invirtiera en dicha fortaleza, se obtendría un mayor impacto. Por ejemplo, aumentar la satisfacción del paciente en un hospital del 85 al 95 % podría incrementar sus ingresos de manera determinante.

Fuera del torbellino, las decisiones suelen inclinarse más hacia el reposicionamiento estratégico. Lanzar un nuevo producto o un servicio, ya sea para combatir la amenaza de la competencia o para aprovechar una gran oportunidad, puede ser un POE que marque la diferencia. Recuerde que este tipo de POE requerirá un cambio de comportamiento todavía mayor, pues será completamente nuevo para su equipo.

No importa si su POE procede de dentro o de fuera del torbellino, su verdadero objetivo no solo es alcanzarlo, sino también hacer que el nuevo nivel de desempeño se convierta en una parte natural del rendimiento del equipo. En esencia, una vez que se alcanza un POE, este regresará a su lugar en el torbellino. Siempre que esto ocurre, el torbellino cambia. De esta forma, el caos disminuye, los problemas crónicos se resuelven y se mantienen los nuevos niveles de desempeño. En pocas palabras, se convierte en un torbellino de alto rendimiento. En última instancia, esto le permitirá a su equipo adoptar el siguiente POE con mejores cimientos.

En ocasiones, escoger un POE va más allá de seleccionar el ámbito de la empresa donde se desean mejorar los resultados. Se trata de un POE tan fundamental para el núcleo de su misión que lograrlo definirá su existencia como organización.

Tuvimos la oportunidad de trabajar con el nuevo presidente de una gran cadena de tiendas de artículos de segunda mano para la beneficencia. Nos reunimos con él justo cuando comenzaba a hacerse estas preguntas. Su antecesor había dejado la empresa sobre terreno firme en cuestiones financieras y operativas, pues había actualizado las estrategias de marketing y publicidad, así como el aspecto de las tiendas y los procesos de contabilidad. Cuando comenzamos a discutir cuáles serían los POEs, algunos empleados pensaban que estas últimas tareas deberían continuar. Otros, por el contrario, quería que se hiciera más énfasis en la contratación de mayor número de empleados con discapacidad. Sin embargo, algunos argumentaban que el principal objetivo estratégico debería ser el crecimiento. La gama de opciones era desconcertante.

Para ayudarlos a encontrar un objetivo común, el nuevo presidente les pidió a todos que reflexionaran sobre la misión de la empresa: «Promover la autonomía entre las personas con discapacidad». En vista de que la compañía se encontraba en una situación financiera y operativa sólida, se preguntaron si el área en la que querían obtener mejores resultados estaba directamente relacionada con su misión.

Poco a poco, un POE surgió de esta experiencia, uno que ni siquiera habían considerado: «Ayudar a los empleados con discapacidad a encontrar un trabajo fuera de la organización que les permita mantenerse a sí mismos». A pesar de que les era imposible contratar a todas las personas con discapacidad que había en la región, sí tenían la capacidad operativa para especializar a miles de ellos en el negocio minorista y así ayudarles a encontrar mejores trabajos que a su vez favorecerían su autonomía. ¿Cuál sería el nuevo indicador de éxito de la empresa? «Aumentar el número de personas con discapacidad con un trabajo sostenible.»

Este POE transformó la organización. Ayudó a miles de personas a ser independientes y a fortalecer su autoestima, a la vez que sostuvo los resultados financieros y operativos del trabajo diario que hacían realidad su misión como organización.

Enfocar la organización

Hasta este momento hemos hablado bastante sobre reducir objetivos y concentrar el enfoque en relación con usted y su equipo. Esto representa un gran reto en sí mismo. Sin embargo, concentrar el enfoque para una organización entera o incluso para una parte de esta es un reto aún mayor. Aunque explicaremos esto con más detalle en la página 278, queremos que conozca en profundidad las reglas para aplicar la Disciplina 1 en toda una organización antes de pasar a la Disciplina 2.

Regla núm. 1: ningún equipo deberá centrarse en más de dos POEs a la vez. Esta regla funciona como el regulador de un motor. Una vez que se haya sumergido por completo en las 4 Disciplinas de la Ejecución, es muy posible que su organización emprenda docenas o incluso cientos de POEs al mismo tiempo. La clave es no sobrecargar nunca a ninguno de los directivos, equipos o individuos. Recuerde que todos ellos tienen que enfrentarse a las demandas incesantes del torbellino. Tenga esta regla en mente mientras reflexiona sobre las siguientes tres. Si se salta la primera, su organización habrá perdido el enfoque.

Regla núm. 2: las batallas que elija deberán ganar la guerra. Ya sea en un conflicto militar o en la lucha contra el hambre, el cáncer o la pobreza, siempre hay una relación entre la parte y el todo. La única razón por la que debería emprender una batalla es para ganar la guerra. El propósito exclusivo de los POEs en los niveles más bajos de la organización es ayudar a alcanzarlos en los más altos. No basta con que los POEs de los empleados de todos los niveles apoyen o se alíen con los de los directivos, los objetivos del nivel inferior serán los que aseguren el éxito de las metas superiores.

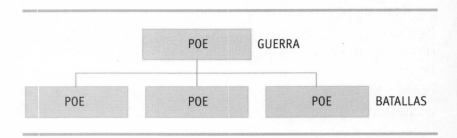

Por ejemplo, trabajamos con una empresa proveedora de servicios financieros por internet que necesitaba incrementar sus ingresos de 160 a 200 millones de dólares al final del año fiscal para cumplir con las expectativas de los inversores. Un equipo nuevo de ventas externas se comprometió a obtener 8 millones de nuevas fuentes de ingresos y la división comercial se comprometió a conseguir los 32 millones restantes.

¿Qué hay de la otra división, la del equipo de tecnología?

¿Qué papel desempeñó en este POE de ingresos, si es que hizo algo? Es cierto, al principio los miembros de dicha división sintieron que los habían dejado fuera de esta meta. Tras una cuidadosa investigación, determinaron que el objetivo complementario que podrían establecer para ellos mismos y que tendría mayor impacto sería mejorar su récord de servicio continuo y sin interrupciones. Este es uno de los criterios más importantes que los clientes suelen considerar antes de contratar a sus proveedores; quizá incluso sea el más relevante. Al final, este grupo libró la batalla decisiva que permitió alcanzar el POE, lo cual a su vez abrió el camino para otras divisiones.

Después de que los niveles más altos definan el POE, la siguiente pregunta se volverá fundamental. En lugar de preguntar: «¿Qué podemos hacer para ganar esta guerra?», un error común que deriva en una larga lista de cosas pendientes, pregúntese cuál es el número mínimo de batallas que deberá librar para ganar. La respuesta determina cuáles y cuántos POEs necesitará en todos los niveles para alcanzar el POE adecuado. Su estrategia se volverá más clara y simple conforme defina las batallas que requiere para ganar la guerra. Este proceso se explicará con mayor profundidad en la página 127.

Regla núm. 3: la alta dirección puede vetar, pero no imponer. Resulta imposible alcanzar el mejor nivel de ejecución cuando los directivos que encabezan la organización formulan la estrategia y se limitan a comunicarla a los líderes de los equipos de niveles más bajos. Si estos no se involucran, no podrán generar el compromiso que la ejecución requiere. No cabe duda de que la alta dirección es la encargada de determinar el POE general; sin embargo, deben permitir que los directivos de cada nivel definan los POEs de sus propios equipos. Esto no solo posibilita aprovechar al máximo los conocimientos de cada líder, sino que también aumenta su capacidad de involucrarse e influir. En términos simples, les será más fácil comprometerse con un objetivo que ellos mismos han elegido para apoyar un objetivo de la organización que todos consideran valioso. Se debe tener en cuenta que los directivos pueden ejercer su derecho a vetar las batallas que no ayuden a ganar la guerra.

Al implantar la Disciplina 1 la organización transformará una estrategia general en una serie de POEs bien definidos para cada nivel. Solo se trata de un proceso que va de arriba abajo, pero no funciona igual a la inversa. Mediante este proceso, la selección que hacen los directivos con respecto al POE general aporta claridad (de arriba abajo) y permite a los directivos de los equipos en todos los niveles elegir su propio POE (de abajo arriba) para generar compromiso. Así, la organización se moverá en torno al enfoque más importante y cumplirá con sus propias responsabilidades para llegar al resultado.

Regla núm. 4: todos los POEs deben contar con un objetivo formulado como «De X a Y para Cuándo». Los POEs de todos los niveles deberán presentar resultados que se puedan medir, así como establecer una fecha límite para su cumplimiento. Por ejemplo, se podría plantear un POE orientado a los ingresos de la siguiente manera: «Aumentar el porcentaje de ingresos anuales por productos nuevos del 15 al 21 % para el 31 de diciembre». La fórmula «De X a Y para Cuándo» contempla el punto de inicio y aquel al que se quiere llegar, así como la fecha límite para alcanzar el objetivo. La simplicidad de esta fórmula puede ser engañosa, pues muchos directivos tienen problemas para traducir conceptos estratégicos en los términos de «De X a Y para Cuándo». Sin embargo, una vez que lo hayan hecho, ellos y sus equipos verán su POE con mucha mayor claridad.

Es muy común que los objetivos carezcan de este tipo de precisión. Muchas veces pensamos que es imposible alcanzar el nuestro porque no hay una línea de meta definida, y no hay forma de saber si el objetivo ha sido cumplido ni cuál es nuestra situación en los diferentes momentos del proceso:

- Importante empresa global de ventas al por menor: «Mejorar procesos para llevar el inventario».
- Editorial británica: «Desarrollar nuevas relaciones con los clientes y fortalecer las actuales».
- Agencia de Turismo australiana: «Influir de manera efectiva

en el desarrollo de la fuerza de trabajo del sector turístico de Queensland».

• Empresa europea de inversiones: «Convertir nuestra cartera de clientes en una estrategia de un ciclo de vida».

• Empresa de producción agraria internacional: «Identificar, reclutar y capacitar a los mejores empleados».

Estos objetivos carecen de indicadores que permitan al equipo saber si ha ganado la partida. «¿Mejorar procesos para llevar el inventario?» ¿Cuánto hay que mejorar? «¿Fortalecer nuevas relaciones con los clientes?» ¿Cómo se mide el «fortalecimiento»? «¿Convertir nuestra cartera de clientes en una estrategia de un ciclo de vida?» ¿Cómo saber si se ha logrado?

Como indicadores históricos efectivos, estos objetivos se formularían de la siguiente manera:

• «Mejorar procesos para llevar el inventario al incrementar la rotación de 8 a 10 para el 31 de diciembre.»

• «Elevar la puntuación de relaciones con clientes de 40 a 70 en la escala de lealtad en un intervalo de dos años.»

• «Trasladar el 40 % de nuestros clientes de categorías fijas a categorías de inversión de ciclo de vida en un período de cinco años.»

• «Lanzar un programa de gestión de relación con los clientes con el 85 % de calidad beta antes de que termine el año fiscal.»

Si un objetivo es el Principal Objetivo Estratégico usted debería saber si lo ha alcanzado. La fórmula «De X a Y para Cuándo» lo hace posible.

Al establecer la línea de meta solemos oír la siguiente pregunta: «¿Cuánto tiempo es necesario para alcanzar un POE?». Nuestra respuesta siempre es la misma: «Depende». Ya que la mayoría de las organizaciones y equipos suelen medir sus resultados según el calendario fiscal, un buen intervalo inicial podría ser de un año. Dicho esto, no olvide que el POE no es una estrategia. El POE es un objetivo estratégico que depende de un marco de tiempo limitado. Hemos conocido POEs que tardan dos años y otros que solo necesitan seis meses. El tiempo de un POE relacionado con un proyecto específico en general se adecua al tiempo establecido para el mismo; por ejemplo: «Terminar la nueva página web dentro del presupuesto antes del 1 de julio». Decida por sí mismo. Solo recuerde que deberá establecer un período para su POE que mantenga un equilibrio entre la necesidad de generar una visión convincente y la de crear un objetivo que le sea posible alcanzar.

Apuntar a la Luna

En 1958 la Administración Nacional de Aeronáutica y del Espacio de Estados Unidos (NASA) tenía objetivos tan importantes como: «Ampliar el conocimiento humano sobre los fenómenos atmosféricos y del espacio». Esta frase se parece a muchos de los objetivos que oímos hoy en día: «Ser una empresa de clase mundial» o «Liderar el sector». A pesar de que los directivos de la NASA contaban con herramientas para medir varios de los aspectos de su objetivo, no tenían una línea de meta clara. Tampoco estaban produciendo los resultados que la Unión Soviética había alcanzado.

En 1961 el presidente John F. Kennedy sacudió los cimientos mismos de la NASA cuando ordenó: «Llevad a un hombre a la Luna y traedlo de vuelta a la Tierra a salvo antes de que termine la década». De pronto la NASA tuvo que enfrentarse a un nuevo reto formidable, la guerra que libraría durante los siguientes diez años, y lo planteó exactamente como se debe formular un POE: «X» es en la Tierra; «Y» es a la Luna y de regreso, y «el Cuándo» es el 31 de diciembre de 1969.

Basta con mirar el cuadro[5] de la siguiente página para entender la diferencia entre los objetivos convencionales de una organización y un verdadero POE.

OBJETIVOS DE LA NASA EN 1958	OBJETIVO DE LA NASA EN 1961
1. Ampliar el conocimiento humano sobre los fenómenos atmosféricos y del espacio. 2. Mejorar la funcionalidad, el desempeño, la rapidez, la seguridad y la eficiencia de los vehículos aeronáuticos y espaciales. 3. Diseñar vehículos capaces de transportar al espacio instrumentos, equipo, suministros y organismos vivos. 4. Plantear estudios de largo alcance sobre los beneficios potenciales derivados de las oportunidades y los problemas de utilizar actividades aeronáuticas y espaciales con propósitos pacíficos y científicos. 5. Preservar el papel de Estados Unidos como líder en ciencia aeronáutica y espacial, y en tecnología aplicada a actividades pacíficas dentro y fuera de la atmósfera. 6. Poner a disposición de agencias involucradas con la defensa nacional información relacionada con los descubrimientos que tengan valor militar, y otra información a disposición de agencias civiles dedicadas a dirigir o controlar actividades aeronáuticas y espaciales de acuerdo con las necesidades de cada una de ellas. 7. Cooperar con otras naciones o grupos de naciones en relación con el trabajo realizado de acuerdo con la ley y en aras de la aplicación con fines pacíficos de los resultados. 8. Usar de la forma lo más eficiente posible los recursos científicos y de ingeniería del país, y cooperar con todas las agencias interesadas de Estados Unidos para no duplicar innecesariamente el trabajo, las instalaciones y el equipo.	«Creo que esta nación debería comprometerse a cumplir el objetivo de llevar un hombre a la Luna y traerlo de regreso a la Tierra sano y salvo antes de que termine la década.» JOHN F. KENNEDY

Revise los objetivos de 1958:

- ¿Son claros? ¿Se pueden medir?
- ¿Cuántos son?
- ¿Hay una línea de meta definida para alguno de ellos?

Considere lo anterior y pregúntese: ¿qué tipo de resultados obtendría la NASA de estos objetivos? La URSS logró llegar al espacio, primero con satélites y luego con cosmonautas, mientras las naves de Estados Unidos seguían explotando antes de despegar.

Compare los objetivos de 1958 con el de 1961, un POE claro y medible.

La reputación de la NASA estaba en juego, y por ello tenía que definir cuáles eran las pocas batallas clave que le permitirían ganar la guerra.

Al final se escogieron tres batallas críticas: navegación, propulsión y sistema de soporte vital. La navegación significó el reto extraordinario de dirigir una nave espacial hasta un punto específico de la Luna a casi 39 kilómetros por segundo. A todo esto hay que añadir el movimiento de traslación de la Luna, la cual orbita alrededor de la Tierra a una velocidad considerable. La propulsión no representó un reto menor, pues nunca se había logrado que una nave tan pesada para transportar un módulo lunar alcanzara la velocidad necesaria para escapar de la fuerza de gravedad de nuestro planeta. Por último, el sistema de soporte de vida fue la batalla más importante porque requería desarrollar una cápsula y un módulo de alunizaje que mantuviera vivos a los astronautas durante el viaje hacia y desde la Luna, y cuando exploraran su superficie.

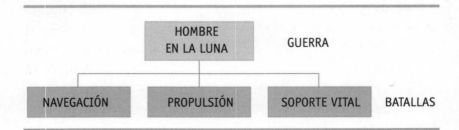

El discurso del presidente Kennedy incluyó otro aspecto funda-mental de la Disciplina 1, decir no a buenas ideas, cuando reconoció que había muchos otros objetivos relevantes que el país no podría atender para cumplir esa meta. Él mismo dijo: «¿Por qué la Luna, me preguntan? ¿Por qué debería ser nuestro objetivo? Porque ayu-dará a organizar y medir nuestra energía y nuestras habilidades, porque representa un reto que deseamos emprender, que no estamos dispuestos a posponer y respecto al cual tenemos todas las intencio-nes de ganar».[6] De esta forma redujo el enfoque de la NASA a una línea de meta que se convertiría en una de las hazañas más impor-tantes de la historia de la humanidad.

¿Qué pasó con la rendición de cuentas dentro de la NASA cuando se hizo público el reto de poner a un hombre en la Luna? Subió a ni-veles inauditos. Esto es todavía más sorprendente al recordar la nave que usaron, pues apenas contaba con una pequeña fracción de la tec-nología de procesamiento que posee hoy su *smartphone*. Aún peor, los ingenieros y científicos no disponían de la tecnología operativa para ganar estas tres batallas indispensables. Si mira hacia atrás quizá pien-se que los seres humanos no deberían haber llegado a la Luna en 1969.

Ahora considere una pregunta distinta: después de que se incre-mentara la rendición de cuentas, ¿qué sucedió con la motivación y el compromiso de los miembros de la NASA? Se dispararon hacia arriba. La mayoría de los directivos se sorprenden ante este hecho. Tendemos a pensar que cuando la rendición de cuentas es alta, la presión hace que la motivación disminuya. En realidad, funciona al revés. Concentrar el enfoque incrementa ambas cosas: la rendición de cuentas y el nivel de compromiso del equipo.

Cuando un equipo pasa de tener una docena de objetivos del tipo «ojalá que se pueda» a tener uno o dos a cumplir «no importa lo que pase», hay un profundo efecto en la motivación. Es como si todos los miembros del equipo tuvieran un botón de encendido con la etiqueta «¡Sí se puede!». Si usted logra activar ese botón habrá establecido los cimientos de una ejecución extraordinaria. Cuando el presidente Kennedy dijo «a la Luna y de regreso antes del final de la década», apretó ese botón.

¿Recuerda qué se siente al ser parte de un equipo cuando ese botón está activado? Es una experiencia sin igual. Incluso si aún debe lidiar con el torbellino y su miríada de exigencias, también tiene una línea de meta que cruzar, algo claro e importante que puede alcanzar. Que los miembros de un equipo puedan ver que su contribución marcó la diferencia es todavía más gratificante. Todos queremos sentir que estamos ganando y que nuestra contribución será relevante. Cuando los tiempos se tornan difíciles, lo deseamos con mayor ahínco.

Cuando comenzamos este viaje hace muchos años, no teníamos la intención de concentrarnos, definir o incluso refinar la estrategia. No obstante, pronto aprendimos que la línea que separa esta de la ejecución es muy delgada. Aplicar la Disciplina 1 le ayudará a pulir su estrategia más de lo que cree. Sin embargo, el verdadero cambio consiste en que la transformará en algo ejecutable.

Piénselo de esta forma: sobre su cabeza hay un globo de pensamiento, y dentro de él se encuentran varios aspectos de su estrategia, incluyendo las oportunidades que desearía perseguir, nuevas ideas y conceptos, problemas que sabe que necesita solucionar, y un montón de qués y cómos para realizar todo esto. Este globo es complicado y caótico, y no se parece en nada a los que están sobre la cabeza de los demás directivos.

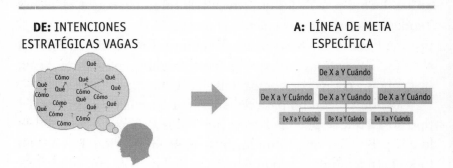

DE: INTENCIONES ESTRATÉGICAS VAGAS

A: LÍNEA DE META ESPECÍFICA

Tener demasiados objetivos organizativos conlleva imprecisión y confusión; los integrantes del equipo solo pueden preguntarse qué se supone que deberían hacer y cómo deberían hacerlo. La Disciplina 1 ofrece líneas de meta claras e inconfundibles para que las personas sean capaces de reconocer el éxito.

Por eso, para implantar la Disciplina 1 necesita traducir su estrategia de conceptos en objetivos, de intenciones estratégicas vagas a líneas de meta específicas. Las cuatro reglas descritas anteriormente para poner en marcha la Disciplina 1 posibilitan que una organización entera plantee un marco para alcanzar sus objetivos con éxito. (Para ver más ejemplos y pasos del proceso, vea las partes segunda y tercera de este libro.)

Por último, recuerde que las cuatro reglas del enfoque son implacables. Es posible que en algún punto usted desee quebrantarlas, aunque sea un poquito. Lo entendemos; muchas veces hemos querido hacer lo mismo en nuestra organización. Sin embargo, hemos aprendido que las reglas que rigen el enfoque son como las de la ley de la gravedad. No importa lo que usted piense o los detalles de su circunstancia particular; es muy sencillo: los resultados que producen siempre son predecibles.

Si lo piensa, el principio de centrarse tan solo en los pocos objetivos importantes es algo de sentido común, pero por alguna razón no es una práctica universal. Una de las fábulas de Esopo cuenta la historia de un niño que mete la mano en un tarro lleno de avellanas e intenta coger tantas como puede. Cuando quiere sacar el puño, se da cuenta de que el cuello del tarro es demasiado estrecho. Como no está dispuesto a soltar las avellanas, le es imposible sacar la mano y no puede hacer más que lamentar su decepción entre amargas lágrimas.

Al igual que ese niño, usted podría resistirse a rechazar muchos objetivos interesantes hasta que logre dedicarse a un bien superior. Steve Jobs solía decir: «Estoy igual de orgulloso de lo que no hacemos como de lo que hacemos».[7]

La Disciplina 1 trata de definir ese objetivo superior. Como su nombre indica, esto requiere disciplina. Le daremos más información sobre el proceso exacto que debe seguir para definir el POE de la organización en la segunda parte de este libro.

Disciplina 2
Actuar sobre Indicadores Predictivos

La Disciplina 2 consiste en invertir más energía en las actividades que impulsan los indicadores predictivos. Esto le permitirá mejorar los indicadores históricos al ejercer un efecto de palanca.

La Disciplina 2 trata de la influencia. Los indicadores predictivos son la forma de «medir» las actividades que tienen mayor influencia sobre el objetivo.

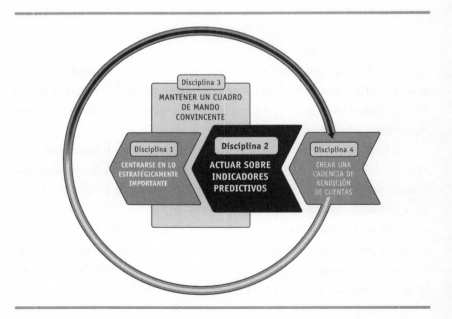

La Disciplina 1 se encarga de establecer el Principal Objetivo Estratégico de una empresa y desglosarlo en una serie de metas específicas y medibles hasta que cada equipo tenga una propia sobre la cual pueda actuar. La Disciplina 2 define las acciones que en conjunto pueden ejercer la fuerza para alcanzar el objetivo. La imagen de abajo muestra la relación entre los indicadores históricos y los predictivos al nivel del equipo.

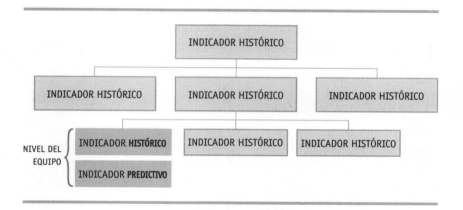

Mientras los indicadores históricos le muestran si ya se ha alcanzado el objetivo, los indicadores predictivos le permiten saber la probabilidad que hay de que se llegue hasta él. Por ello, usted puede controlar este tipo de indicadores casi por completo.

Por ejemplo, quizá no pueda controlar con cuánta frecuencia se avería su automóvil (indicador histórico), pero sí las veces que le hace a su coche una revisión rutinaria (indicador predictivo). En este sentido, cuanto más actúe sobre lo segundo, su coche será menos propenso a averiarse en carretera.

Cuando ya haya definido el Principal Objetivo Estratégico lo natural, incluso intuitivo, sería crear un plan detallado con una lista de todas las tareas principales y subordinadas específicas que se requieren para alcanzar el objetivo en un cierto período. No obstante, la Disciplina 2 no tiene ese propósito.

Los planes a largo plazo establecidos por la mayoría de las empresas suelen ser demasiado rígidos; carecen de la capacidad de adaptarse a las necesidades y los ambientes cambiantes del mundo de los negocios. No es sorprendente que después de unos meses estos planes terminen olvidados y cubiertos de polvo sobre un estante en su oficina.

La Disciplina 2 consiste en algo muy diferente, pues deberá definir actividades diarias o semanales que le acercarán a su objetivo. Esto significa que su equipo identificará las acciones más influyentes para impulsar dichos indicadores predictivos cada día de la semana. De esta forma, el equipo de trabajo creará un plan *«just in time»* que le permitirá adaptarse con rapidez y mantenerse centrado en el POE.

MENTALIDAD CONVENCIONAL	PRINCIPIO 4DX
Centrarse en los indicadores históricos: los resultados trimestrales, los índices de venta, los kilos perdidos. Estar siempre estresado. Morderse las uñas para soportar la espera.	Centrarse en los indicadores predictivos: acciones que actúan como palancas para hacer que se muevan los indicadores históricos.

Indicadores históricos *vs.* indicadores predictivos

Exploremos en profundidad las diferencias entre los indicadores históricos y los predictivos. Un indicador histórico es la medida de un resultado que usted quiere alcanzar. Los llamamos así porque, en el momento de obtener los datos, los resultados ya no se pueden cambiar: son historia. La fórmula «De X a Y para Cuándo» de un POE da lugar a un indicador histórico, pero los POEs no son las únicas medidas de este tipo que tiene a su alrededor. El torbellino está repleto de indicadores históricos como ingresos, cuentas pendientes de pago, inventario, tasas de hospitalización, capital empleado, entre otros.

Los indicadores predictivos son diferentes: anticipan el resultado. Cumplen con dos características primordiales. La primera es que son predictivos, es decir, es posible prever que si cambian, los indicadores históricos también lo harán. La segunda es que se puede influir en ellos; el equipo puede ejercer influencia directa sobre ellos. Esto implica que un grupo de trabajo puede establecer un indicador predictivo sin depender de otros equipos.

INDICADOR HISTÓRICO	INDICADOR PREDICTIVO
MIDE EL OBJETIVO	PREDICTIVO: Mide acciones que lo acercan al objetivo INFLUENCIABLE: Son acciones en las que podemos influir

En la Disciplina 2 usted creará indicadores predictivos. Si actúa sobre ellos se convertirán en la fuerza de propulsión que necesita para alcanzar el POE. En los meses siguientes su equipo invertirá una cantidad constante de energía para mover estos indicadores y, como ya hemos visto en cientos de empresas, esta inversión será clave para tener éxito.

Estamos convencidos de que comprender los indicadores predictivos es una de las lecciones más importantes que extraerá de este libro.

Exploremos en profundidad las dos características de un buen indicador predictivo. Primero imaginemos que su POE es «Incrementar la producción de maíz de 200 a 300 toneladas para el 1 de septiembre». El «X a Y» de las toneladas de maíz representan el indicador histórico. Como usted sabe que la lluvia es un elemento importante en la producción de maíz, esta podría ser un factor predictivo para la cosecha. No obstante, debe preguntarse si la lluvia constituye un buen indicador predictivo. La respuesta es no, porque es imposible influir en la cantidad correcta de precipitaciones para la producción de maíz. Es decir, es un elemento predecible, pero no puede ser modificado. La lluvia no cuenta como indicador predictivo porque ambas características deben tener la misma importancia. Otras medidas como la calidad de la tierra y la fertilización podrían ser buenas opciones.

Considere un segundo ejemplo con el que muchas personas se identifican: el POE de bajar de peso. Resulta evidente que el indicador histórico será su peso tal y como lo indique la báscula. Si formula bien este POE podría plantearlo como «bajar de peso de 86 a 79 kilos para el 30 de mayo» («De X a Y para Cuándo»). Es un buen comienzo, pero ¿cuáles serán los indicadores que le permitirán predecir si alcanzará el objetivo y sobre cuáles de ellos podrá influir? Quizá usted escogería dieta y ejercicio, y, por supuesto, tendría razón.

Estas dos medidas cumplen la primera característica: reducir las calorías consumidas y aumentar las quemadas indican con seguridad que perderá peso. Es igualmente importante que usted podrá ejercer su influencia directa sobre ambas. Si logra cumplirlas en medio de su torbellino diario, al subirse a la báscula verá un cambio en el indicador histórico.

Los indicadores predictivos van en contra de la intuición

Existe un problema asociado a los indicadores predictivos: ¿con qué suelen obsesionarse los directivos, ¿con los indicadores históricos o con los predictivos? Es posible que en su carrera como directivo se haya centrado en los resultados, incluso cuando no podía hacer nada para modificarlos. No está solo. Piense en su última reunión con los otros directivos de su organización. ¿Sobre qué discutieron, analizaron y planificaron? Sobre los indicadores históricos y la imposibilidad de mejorarlos.

Por ejemplo, los maestros de escuela pueden evaluar los niveles de lectura de sus alumnos con una sencilla prueba. Es común que se obsesionen con estos indicadores históricos. Sin embargo, es más difícil plantear los indicadores predictivos que les permitirán saber con anticipación cuáles serán los resultados del examen. La escuela puede contratar tutores o dedicar más tiempo a la lectura. En cualquier caso, es probable que la institución mejore si registra datos relacionados como el tiempo que los alumnos invierten en la lectura o en tutorías (indicadores predictivos), en vez de rezar y esperar que las calificaciones de lectura (indicadores históricos) suban por arte de magia.

Presenciamos este síndrome todos los días en todo el mundo y en muchos aspectos de la vida. El directivo de ventas se obsesiona con los ingresos netos, el de servicios con la satisfacción de los clientes, los padres con las calificaciones de sus hijos y las personas que está a dieta con la báscula. En casi todos los casos, centrarse únicamente en los indicadores históricos no produce buenos resultados.

Hay dos razones por las que la mayoría de los directivos lo hacen. La primera es que los indicadores históricos señalan el éxito; son los resultados que se deben alcanzar. La segunda es que los datos de este tipo de indicadores son fáciles de obtener y son más visibles que los de los indicadores predictivos. Es muy sencillo subirse a una báscula para conocer el peso exacto comparado con el esfuerzo que implica llevar la cuenta de las calorías consumidas en un día y de las quemadas en una sesión de ejercicio. Estos datos son difíciles de obtener, y se requiere auténtica disciplina para seguir extrayéndolos.

Advertencia: quizá en este momento se sienta tentado a simplificar demasiado lo que estamos planteando.

Si está pensando algo parecido a: «¿Me quieren decir que para bajar de peso debería hacer dieta y ejercicio? ¿Qué hay de nuevo en eso?», entonces no ha captado lo esencial de la Disciplina 2.

Existe una enorme diferencia entre simplemente entender la importancia de la dieta y el ejercicio, y llevar la cuenta de cuántas calorías ha consumido y cuántas ha quemado. Cualquiera sabe que para lograr ese objetivo es necesario hacer dieta y ejercicio, pero solo aquellos que cuentan cuántas calorías comen y cuántas queman cada día son los únicos que están perdiendo peso.

Al final, los datos basados en los indicadores predictivos marcan la diferencia; es aquello que le permitirá cerrar la brecha entre lo que sabe que su equipo debería hacer y lo que de hecho está haciendo. Si no cuenta con indicadores predictivos, no le quedará otra que intentar trabajar a partir de los indicadores históricos, una aproximación que difícilmente produce resultados significativos.

W. Edwards Deming, el gurú de la gestión de calidad, no lo pudo haber dicho mejor cuando explicó a los ejecutivos de una empresa que intentar dirigir una organización solo con los resultados económicos (indicadores históricos) era como «conducir un coche con la mirada fija en el espejo retrovisor».[1]

Los indicadores predictivos también sirven para reducir el elemento sorpresa que un enfoque exclusivo en los indicadores históricos suele implicar. Imagine el siguiente escenario. Usted y su equipo han trabajado mucho en el objetivo de aumentar el nivel de satisfacción de sus clientes, índice que representa su tarea más importante y del cual depende su beneficio. Cuando los resultados llegan por fin, su reacción será una de estas dos (en palabras de nuestros clientes): «¡Fantástico!» o «¡Qué mal!». Al final, no importa cómo reaccione, no hay nada que pueda hacer para cambiar los resultados. Son cosa del pasado. Ese mismo cliente señaló: «Si la suerte juega un papel fundamental en su carrera, entonces está obsesionado con los indicadores históricos».

No podríamos estar más de acuerdo.

Ahora, imagine que, en vez de lo anterior, usted lleva un registro de las dos medidas más predictivas de satisfacción de los clientes, y en las últimas tres semanas el desempeño de su equipo ha superado por mucho los estándares en esos dos indicadores. ¿Cree que esto cambiará la experiencia de recepción de resultados? Claro que sí. Será como subirse a la báscula después de haber cumplido con los indicadores de dieta y ejercicio todos los días. Puede estar seguro de que el indicador histórico habrá cambiado.

Definir los indicadores predictivos

«Aumentar la producción anual de agua de 175 a 185 millones de litros para el 31 de diciembre.» El enunciado anterior era el POE de una planta embotelladora de agua cuando comenzamos a trabajar con el ejecutivo encargado de la cadena abastecedora para implantar las 4DX. La planta había estado luchando durante muchos años para alcanzar los niveles de producción de agua deseados. Los directivos ansiaban identificar los indicadores predictivos que les permitirían impulsar la producción de agua hacia niveles más altos.

Empezamos por pedirles que propusieran los indicadores predictivos que consideraran útiles para incrementar su producción anual de agua.

—Producción mensual de agua —se apresuraron en contestar.

—Disculpen —les dijimos—, pero eso no va a funcionar.

Estaban desconcertados.

—¿Por qué no? —preguntó el gerente de la planta—. Si alcanzamos los objetivos relacionados con la producción de cada mes, entonces lograremos la producción anual deseada, ¿cierto?

—Es cierto que la producción mensual sirve para predecir la anual —respondimos—, pero si su equipo no puede influir en la producción anual, usted no puede esperar algo distinto de la mensual. Seguirá representando un indicador histórico.

Este tipo de diálogo es muy frecuente cuando los equipos comienzan a determinar cuáles serán sus indicadores predictivos. Los directivos de la planta de agua todavía tenían dificultades para entendernos. Para ayudarlos, les preguntamos cuál sería su indicador predictivo en la producción mensual de agua.

—La producción de agua diaria —respondieron.

En ese momento supimos que no habíamos conseguido que nos entendieran. La discusión se tornó más acalorada hasta que el gerente de producción exigió que todos le prestaran atención.

—Ya lo tengo —dijo emocionado—. Ya sé cómo formular nuestro indicador predictivo. —Se puso frente a todos y comenzó a explicar—: Los turnos casi nunca disponen del personal completo, por lo que hay demasiado tiempo en el que las máquinas no están funcionando. Esos son los dos factores que nos impiden producir más agua.

Ahora sí, esta declaración tenía potencial.

Todos los presentes estuvieron de acuerdo con su diagnóstico, pero aún no eran indicadores predictivos útiles: necesitaban traducir «personal completo» y «mantenimiento preventivo de la maquinaria» a medidas reales. No obstante, habían captado la idea. En poco tiempo identificaron su primer indicador predictivo: aumentar el porcentaje de turnos con personal completo del 80 al 95 %. La segunda medida fue todavía más sencilla: incrementar el porcentaje de cumplimiento del programa de mantenimiento preventivo del 72 al 100 %.

La apuesta estratégica consistió en que, si la planta aseguraba el aumento de los turnos de personal completo y la reducción del tiempo de inactividad de las máquinas, lograrían un incremento significativo en la producción de agua. Durante los meses siguientes los equipos dedicaron mayor esfuerzo a esos dos objetivos, por encima del torbellino diario. No solo lograron mejorar la producción de agua, sino que creció a un ritmo mucho mayor de lo esperado.

INDICADOR HISTÓRICO	INDICADOR PREDICTIVO
MIDE EL OBJETIVO	PREDICTIVO: Mide acciones que lo acercan al objetivo INFLUENCIABLE: Son acciones en las que podemos influir
Producción anual de agua	% de turnos con personal completo % de cumplimiento del mantenimiento preventivo

Lo anterior constituye un buen ejemplo del proceso de definir indicadores predictivos, pero también ayuda a probar un punto muy importante. El consultor que habíamos asignado a ese proyecto elogió los resultados, pero también se preguntó: ¿por qué no habían intentado esas dos cosas antes?

El argumento que quería probar era que esos indicadores predictivos no salieron de FranklinCovey, sino que los directivos de la planta ya sabían la importancia de contar con el personal suficiente en todos los turnos y de cumplir con los estándares de mantenimiento preventivo. A pesar de ello, no habían hecho nada al respecto. ¿Por qué?

Al igual que en la mayoría de los equipos, su problema no consistía en no saber; es una cuestión de enfoque, de no hacer. Había docenas de factores que necesitaban mejorar y que requerían concentración, no solo los relacionados con la falta de personal y de mantenimiento. Sin embargo, al intentar cambiarlo todo, les fue imposible escapar del torbellino. Todos los días repartían su energía en tantas prioridades urgentes, intentando mover todos los indicadores al mismo tiempo, que les fue imposible encontrar soluciones. Recuerde el ejemplo de la hoja de papel: era como intentar hacer un agujero aplicando la misma presión con todos los dedos.

Resulta evidente que no solo los directivos de esa planta tienen un problema similar. Si decidiéramos seguirlo un par de días, probablemente descubriríamos que usted se concentra en dos actividades predominantes. La primera, en la que invierte la mayor parte de su tiempo, sería el torbellino; la segunda, que consume una buena parte del tiempo restante, consistiría en preocuparse por los indicadores históricos. El problema de estas dos actividades es que absorben cantidades enormes de energía y producen poca fuerza de palanca, en el mejor de los casos, para mover algo más que el torbellino. Usted necesita esa fuerza más de lo que se imagina.

El principio clave de los indicadores predictivos es simple: el efecto de palanca. Piénselo así: lograr un Principal Objetivo Estratégico es como intentar mover una roca gigante: no importa cuánta energía le dedique su equipo, no podrá desplazarla. Esto no depende del esfuerzo; si fuera así, usted y su equipo ya la habrían movido. El problema es que el esfuerzo no es suficiente por sí mismo. Los indicadores predictivos actúan como una palanca que posibilita mover la piedra.

Ahora considere las dos características primordiales de una palanca. La primera es que, a diferencia de la roca, una palanca es algo que sí podemos mover: es influenciable. La segunda es que, cuando la palanca se mueve, la roca lo hace también: es predictiva.

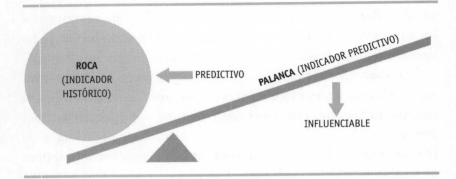

¿Cómo elegir las palancas correctas?

Para alcanzar un objetivo que nunca antes ha logrado deberá hacer cosas que nunca antes haya hecho. Mire a su alrededor. ¿Quién más ha alcanzado este objetivo o uno similar? ¿Qué hicieron de forma diferente? Analice con cuidado todas las barreras que pueda anticipar y decida cómo podrían superarlas. Use su imaginación. ¿Qué cosas que no ha considerado podrían marcar la diferencia?

Después seleccione las actividades que cree que tendrán el mayor impacto en el POE: el 80/20 de las actividades. ¿Qué 20 % de lo que hace tendría más impacto en el POE que el 80 %? En palabras del consultor y empresario Richard Koch, en los negocios

> el grueso de las actividades siempre carecerán de sentido, estarán diseñadas con mediocridad y mal gestionadas, se ejecutarán con un enorme desaprovechamiento y se encontrarán desalineadas con respecto al objetivo. Una pequeña parte de la actividad siempre será enormemente eficaz; tal vez no sea lo que usted cree, podría ser algo opaco y estar en el fondo del barril de las actividades menos relevantes.[2]

Encontrar la palanca adecuada entre todas las posibilidades quizá es uno de los retos más difíciles y misteriosos para los directivos que buscan ejecutar un POE.

Una tienda muy distinguida en el prestigioso centro comercial Phipps Plaza, cerca de Atlanta, sufría la enorme presión que la nueva competencia —tiendas con descuentos y dos de las cadenas más grandes del país— comenzaba a ejercer sobre ella. Los ingresos fueron un 8 % más bajos que los del año anterior. ¿Qué se podía hacer para detener la hemorragia?

Al adoptar las 4DX, los directivos de la tienda anunciaron un solo POE para todo el año: igualar los ingresos del año anterior al incrementar la tasa media por transacción (el valor medio de cada compra).

Los once departamentos idearon sus POEs suplementarios, pero no habían encontrado indicadores predictivos con suficiente fuerza de palanca para mover el POE general. No lo estaban logrando.

La presión de alcanzar el indicador histórico de años pasados era tan grande que los directivos les gritaban a los empleados: «¡Hay que vender más, hay que vender más!». Toda su energía se concentró en aumentar la tasa media por transacción (un indicador histórico) y no tenían una idea específica del comportamiento que debían modificar.

Trabajamos hasta muy tarde una noche con el gerente del departamento de zapatería, quien parecía tener mejores resultados que los demás. Nos pusimos a investigar y a buscar las palancas correctas:

—Háblenos de su personal. ¿Cómo lleva a cabo sus ventas?

Nos mencionó a su mejor vendedora, una mujer que vendía tres veces más zapatos que el promedio. Le preguntamos:

—¿Qué cosas hace de forma diferente?

El gerente supo de inmediato qué era lo que la hacía destacar: esta vendedora se sumergía en el mundo de los clientes, se fijaba en lo que llevaban puesto, les preguntaba sobre su familia y comprendía sus necesidades. Luego se tomaba la libertad de sacar seis pares de zapatos en vez de solo uno para mostrárselos. Decía cosas como: «Ya es primavera, ¿qué le parecen estos zapatos abiertos?», «Me he fijado en que lleva un bolso Gucci y creo que va muy bien con estas sandalias», «¿Le gustan esos zapatos rojos? ¿Y estos otros?».

También, en vez de preguntar directamente a los clientes si querían abrir una cuenta en la tienda y recibir una respuesta negativa, completaba la venta y decía: «¿Desea obtener un diez por ciento de descuento en su compra al abrir una cuenta con nosotros hoy? Solo tiene que firmar aquí».

Ese relato nos iluminó.

—¿Cuántos de sus empleados hacen esto? ¿Cuántos pares de zapatos vende su personal en un día?

—No tengo ni idea. ¿Cree que nuestro sistema puede realizar el seguimiento de eso?

—Bueno, creo que no, pero eso no significa que no se pueda medir.

Así que establecieron una norma experimental en el departamento de zapatería: cada empleado haría tres cosas sistemáticamente: 1) mostrar al menos cuatro pares de zapatos a cada cliente; 2) escribir notas de agradecimiento, y 3) invitar a todos los clientes a abrir una cuenta en la tienda.

—¿Y cómo puedo saber si mi equipo cumple con esto? —preguntó el gerente.

—No lo sabrá. Su equipo deberá realizar el seguimiento de sí mismo.

Decidieron poner una plantilla muy simple con tres columnas detrás de la caja de cobro. Cada vez que un vendedor hacía estas tres cosas con un cliente, lo indicaba en la plantilla.

—¿Cómo puedo saber si ese sistema es fiable? —preguntó el gerente—. ¿Cómo saber si no mienten?

—Es una apuesta, pero creemos que puede confiar en ellos —le respondimos.

Además, si estuvieran falseando las cifras, se descubriría en poco tiempo. El promedio de transacciones de cada miembro del equipo fue registrado. Cuando los indicadores predictivos comenzaron a subir, el cambio se vio reflejado en los indicadores históricos, lo cual les permitió ver la correlación entre ambos.

¿Cuál fue el resultado? El equipo de ventas se entregó con determinación a los tres indicadores predictivos; por ello estos funcionaron como palancas. Fue muy emocionante para todos que los indicadores históricos comenzaran a subir, pues la relación directa que existe entre los indicadores predictivos y los históricos se hizo evidente. Decidieron implantar estas medidas en todos los departamentos de la tienda y, para finales de año, no solo habían alcanzado su POE de igualar los ingresos del año anterior, sino que los superaron en un 2 %. Esto supuso una mejora de diez puntos en tres meses.

Lo anterior hizo que la puerta del conocimiento se abriera para los directivos.

Ninguna de estas medidas era nueva para ellos. La técnica de venta de soluciones es parte de la capacitación básica de los empleados, pero los directivos no tenían forma de saber si los miembros de sus equipos estaban poniéndola en práctica. Nosotros estábamos seguros de que podrían llegar a medir ese comportamiento. Hemos aprendido que los indicadores predictivos casi siempre están ahí, dentro de la propia empresa, solo que nadie se ocupa de registrarlos. Los directivos estaban nadando entre datos, pero no se habían centrado en la información que de verdad podría dar lugar a cambios. La clave es aislar y llevar un registro sistemático de las palancas correctas.

Por último, en vez de presionar al personal para «que lo haga mejor», los directivos deberían dedicarse a administrar la información. De esta forma podrán saber cuántos pares de zapatos le muestra Diana a sus clientes cada día, cien o trescientos. También podrán registrar el número de cuentas de crédito que cada vendedor ha logrado abrir. En este caso se convirtieron en maestros, se dedicaron a observar a los clientes, hicieron demostraciones de cómo practicar la venta de soluciones y compartieron sus conocimientos de buenas prácticas. La energía del equipo aumentó, y con ella sus resultados.

Estos directivos cambiaron su manera de dirigir a un equipo para siempre. Por supuesto, a veces será necesario hacer un gran esfuerzo para identificar los indicadores predictivos que podrá utilizar como verdaderas palancas.

Un ejemplo fascinante es el giro que dio en la década de 1990 el equipo de béisbol Oakland Athletics, uno de los más modestos de las Grandes Ligas. El equipo jugaba en un estadio ruinoso, el número de espectadores era mínimo y contratar buenos jugadores parecía un sueño cada vez más lejano.

No podían competir con equipos como los Yankees de Nueva York para comprar jugadores, pues estos últimos disponían de un presupuesto cinco veces mayor que el de Oakland.

El POE del director deportivo del equipo, Sandy Alderson, era responder tanto a las presiones de los dueños como a los aficionados, quienes demandaban mejores jugadores y, por lo tanto, más caros. Tenía que salvar al equipo, y para lograrlo necesitaba llenar el estadio, pero ¿cómo?

Sabía que el público asiste a los partidos por muchas razones. Unos quieren ver a las estrellas del equipo, otros disfrutan con la atmósfera del estadio y algunos solo buscan una noche de entretenimiento. Sin embargo, el público siempre quiere ver a un equipo ganador; lo más importante es ganar.

Así que Alderson comenzó a preguntarse qué es lo que realmente caracteriza a los ganadores en el béisbol. Nadie había planteado esta cuestión con seriedad hasta entonces. La mayoría de las personas suponían que contar con excelentes jugadores es esencial para cualquier equipo ganador: si hay estrellas, el triunfo está asegurado. No obstante, Alderson pensaba que no podía ser tan simple.

Con ayuda de su asistente, Billy Beane, reunió a todos los expertos que encontraron y les preguntó: «¿Cómo se consigue la victoria?». La respuesta, por supuesto, es anotar la mayor cantidad de carreras; pero ¿qué cosas contribuyen a ello? ¿Cuáles son los indicadores predictivos que ayudan a completar una carrera?

Con esto en mente reclutaron a expertos en estadística y procesamiento de datos, cuya investigación señaló factores que siempre habían estado ahí pero que nadie había notado antes. Descubrieron que los bateadores que suelen anotar *homeruns* no son tan productivos como parecen. Los jugadores más eficientes son los que ganan bases. Es decir, si son capaces de llegar a una y luego a otra, es más probable que completen la carrera, a diferencia de los famosos bateadores, tan valorados por todos, que solicitan salarios astronómicos. Como en la conocida fábula, las tortugas resultaron ser mejores palancas que las liebres.

Cuando Alderson se fue, Billy Beane se convirtió en el nuevo director deportivo. Hizo algo insólito: comenzó reclutando a varios «don nadie». Los jugadores que contrató eran algunas de las promesas menos valoradas y pagó una suma moderada por ellos. Oakland se convirtió en un hazmerreír. ¿En qué estaba pensando Beane?

Después de esto algo mágico sucedió en el campo. Sin que nadie pudiera explicárselo, Oakland comenzó a ganar otra vez. El equipo más modesto de la liga —al menos en términos económicos— ganó el título de su división. Al año siguiente lo hizo de nuevo. En poco tiempo la batalla por la corona estuvo entre Oakland y los poderosos y acaudalados Yankees. Aunque el éxito no fue rotundo, Oakland sorprendió a todos en el mundo del béisbol por sus victorias frecuentes contra equipos mucho más dotados de dinero y talento. Entusiasmados por las victorias, sus seguidores regresaron y el pequeño equipo de Oakland, con su viejo estadio, consiguió terminar entre las primeras posiciones año tras año.

Durante una década, los Oakland Athletics mantuvieron el quinto mejor récord de las Grandes Ligas de béisbol a pesar de ocupar la posición 24 de 30 en salarios de toda la liga. En vez de caer a las últimas posiciones que por presupuesto les pertocaban, rara vez estuvo más abajo del primero o el segundo lugar dentro de su división.

La estrategia de Billy Beane consistió en estudiar las estadísticas de los jugadores de toda la liga y reclutar a aquellos que fueran buenos para ganar las bases. Por lo general, estos jugadores no eran muy reconocidos, no tanto como los deportistas de renombre que suponen una gran inversión. Sin embargo, los que contrataron representaron una fuerza en la que todos los miembros podían confiar para ganar bases, pues llegar a ellas sería la mejor forma de predecir el número de carreras que producirían. No tenemos que reiterar que en el béisbol ganar significa anotar carreras.

La directiva del equipo redefinió su juego actuando sobre los indicadores predictivos que producen victorias. A partir de una investigación y de analizar cientos de estadísticas para identificar los factores clave en la consecución de carreras, descubrieron indicadores predictivos de alto impacto que nadie había considerado antes.[3] Esta emocionante historia de éxito fue llevada a la gran pantalla en la popular película *Moneyball: rompiendo las reglas*.

En la segunda parte de este libro encontrará consejos para identificar indicadores predictivos efectivos que hemos extraído de las lecciones que nuestros clientes han aprendido.

Con el paso de los años, hemos visto a miles de directivos aprender que una de las claves de la ejecución es aplicar una mayor cantidad de energía a los puntos que le permitan ejercer un efecto de palanca. Esto se logra al centrarse en mover los indicadores predictivos. Si tiene que mover una gran roca, necesitará una palanca controlable y predecible. La palanca que deberá usar dependerá del tamaño de la roca.

Realizar el seguimiento de los datos predictivos

Una empresa constructora de viviendas de Arizona, Younger Brothers Construction, se enfrentaba a un gran problema: un índice de accidentes y lesiones en aumento. Cada incidente significaba que un miembro del equipo había resultado herido, pero además de esto significaba un retraso en el apretado calendario de obra, un incremento en la póliza de seguros y, seguramente, la pérdida de puestos en el ranking de seguridad. Reducir accidentes era el objetivo más apremiante para la empresa, por lo cual elegir su Principal Objetivo Estratégico le resultó fácil: «Disminuir incidentes de seguridad del 7 al 1 % antes del 31 de diciembre».

Después de que establecieran el POE, sus directivos debían determinar indicadores predictivos útiles para pronosticar un menor número de accidentes, sobre los cuales los miembros del equipo pudieran influir.

La primera idea que consideraron fue realizar una formación sobre seguridad más intensiva para los empleados. Esta acción estaba claramente en manos del equipo, pues bastaba con obligarles a todos a asistir a la formación. Sin embargo, los directivos optaron por desestimar la idea, ya que los empleados ya habían asistido a cursos gracias a los cuales se habían logrado los índices de seguridad actuales. Decidieron que realizar horas adicionales de formación no tendría impacto suficiente para alcanzar su nuevo objetivo.

Los directivos de Younger Brothers analizaron con más cuidado las causas originarias de los accidentes que se producían, lo que les llevó a desarrollar otra propuesta de indicador predictivo: cumplimiento de las normas de seguridad. Acordaron medirlo a partir de seis normas muy sencillas: usar casco rígido, guantes, botas y gafas protectoras, así como instalar andamios y arneses para evitar las caídas de los trabajadores. Tenían la certeza de que, si las seis normas se cumplían en un porcentaje alto, eso ayudaría a predecir e influir sobre la prevención de accidentes.

Apenas un año después de centrarse en este indicador predictivo, Younger Brothers Construction alcanzó el mejor récord de seguridad en los treinta años de vida de la empresa. Pero no fue fácil.

INDICADOR HISTÓRICO	INDICADOR PREDICTIVO
MIDE EL OBJETIVO	PREDICTIVO: Mide acciones que le acercan al objetivo INFLUENCIABLE: Son acciones en las que podemos influir
Informe mensual de incidentes	Cumplimiento de seis normas de seguridad

Uno de los aspectos más complicados de los indicadores elegidos era la obtención de datos. Cada semana, los indicadores históricos de accidentes y lesiones eran generados automáticamente por el sistema de la empresa. Tenían que encontrar una forma de observar el indicador predictivo, el cumplimiento de las normas de seguridad, de manera directa.

Para esto era necesario que los capataces visitaran a todos los equipos de trabajadores para asegurarse de que estuvieran usando sus cascos, guantes, botas y gafas, y de que los andamios y arneses estuvieran bien instalados. Además de esto, tenían que enfrentarse a una serie infinita de distracciones: problemas con los subcontratistas, retrasos en las entregas, dudas de los clientes y demoras a causa del clima. En medio del torbellino, revisar el cumplimiento de las normas de seguridad parece no ser «el Principal Objetivo Estratégico» para el capataz de una obra. No obstante, dado que reducir incidentes era el POE y, en vista de que cumplir con las normas era el punto principal que constituía la palanca, lo hicieron semana tras semana.

La moraleja de esta historia es que los datos de los indicadores predictivos son más difíciles de obtener que los resultados históricos, pero vale la pena pagar el precio de realizar su seguimiento. Con frecuencia vemos a equipos que luchan con esto e incluso después de que han elegido su indicador predictivo llegan a decir: «¡Caramba! Obtener esos datos requiere demasiado trabajo. Estamos muy ocupados para hacerlo». Si usted quiere tomarse su POE en serio, deberá encontrar una forma de llevar el registro de sus indicadores predictivos. Sin la información, no podrá impulsar el desempeño que hay alrededor de sus indicadores; sin los indicadores predictivos, jamás conseguirá el efecto de palanca.

Cuando un POE es en verdad importante necesita del efecto de palanca.

El POE de todo vuelo es el aterrizaje. Hoy en día viajar en avión es increíblemente seguro, pero no siempre fue así. En la década de 1930 hubo una gran cantidad de accidentes a consecuencia de errores de los pilotos. En 1935, el comandante Pete Hill, un piloto de pruebas con mucha experiencia en el ejército de Estados Unidos, sufrió un accidente con uno de los aviones más grandes jamás construidos porque olvidó revisar que el timón de profundidad estuviera desbloqueado antes del despegue.

Como resultado, los pilotos se reunieron y adoptaron una serie de indicadores predictivos muy claros a los que llamaron «lista de chequeo prevuelo».[4] Tras su implantación, los accidentes producidos por errores de los pilotos disminuyeron. Hoy, esta lista es la mejor herramienta para predecir que un avión llegará a su destino con seguridad.

Dicha lista es un ejemplo perfecto de lo que queremos decir con una «actividad de alto impacto». Repasarla lleva tan solo unos minutos, pero puede tener un efecto enorme. Cumplirla al cien por cien es un excelente ejemplo de indicador predictivo: anticipa un aterrizaje seguro y los pilotos pueden influir en ello.

Cuando usted y su equipo se dispongan a desarrollar indicadores predictivos de acuerdo con la Disciplina 2, apreciarán mejor el trabajo que les llevó reducir su enfoque según la Disciplina 1. Impulsar los indicadores predictivos de su único POE es un objetivo que representa un verdadero reto entre las actividades de su torbellino. Los directivos que insisten en desarrollar más de dos POEs durante la Disciplina 1 (pese a nuestra recomendación) suelen cambiar de opinión cuando comienzan a entender las implicaciones de los indicadores predictivos en la Disciplina 2.

Indicadores predictivos y compromiso

Cuando un equipo tiene claros sus indicadores predictivos, la idea que tenía de su objetivo cambia. Exploremos el caso de Beth Wood, gerente de una tienda de alimentación, quien se embarcó en el exigente reto de incrementar las ventas respecto a las de años anteriores.

Beth llamó a Bob, el encargado de la sección de panadería, para que la ayudara a mejorar el ratio de ventas, que había decrecido año tras año.

Por lo general, Bob tenía una muy buena actitud y, en un día normal, tal vez hubiera dicho: «Claro, Beth, te ayudaré encantado», incluso si no supiera qué hacer para impulsar las ventas. Sin embargo, ese día Bob había llegado a su límite y no estaba de humor para seguirle el juego.

—¿Quieres mejorar las ventas? —dijo sarcástico—. Haz lo que quieras, Beth.

La respuesta de Bob inquietó a Beth, quien respondió de inmediato:

—Mira, Bob, no puedo hacerlo sola. Tú trabajas más cerca de los clientes y te relacionas más con los empleados que yo.

Con esto Bob se sintió todavía más molesto.

—¿Qué quieres que haga exactamente? Mi trabajo no consiste en capturar a las personas y arrastrarlas hasta la tienda. Yo solo dirijo la panadería. Si lo que quieres es un bollo, entonces llámame.

Si no conociéramos a Bob pensaríamos que tiene un problema crónico de mala actitud, que no respeta a Beth o, peor, que es perezoso. Pero nada de esto es así. De hecho, a Bob le cae bien Beth, y es probable que quisiera ayudarla a mejorar las ventas, pero había dos cosas que lo hicieron dudar: uno, no saber cómo, y dos, no verse capaz. Lo que en realidad estaba pasando dentro de la cabeza de Bob era: «Somos una tienda de treinta años que tiene que competir con el Supercentro Walmart que acaba de abrir a una manzana de aquí. No solo eso, estamos situados en el lado malo del cruce, pues todo el tráfico tiene que desviarse a la izquierda para llegar hasta aquí; y eso suponiendo que pudieran ver nuestro cartel indicador. ¿Cómo quiere Beth que yo incremente las ventas?».

—Si supiera cómo mejorar las ventas, ¿no crees que ya lo habría hecho? ¡No pretendo engañarte! —añadió Bob.

Al considerar la perspectiva de Bob, resulta fácil entender su reacción ante esta frustrante situación. En este sentido, Bob representa a muchas personas. Todos somos capaces de ver la roca, el problema es que no encontramos la palanca.

Ahora bien, reproduzcamos este escenario por segunda vez, pero en esta ocasión Beth usará un indicador predictivo para plantear su objetivo. En una reunión con todos los encargados, hace la siguiente pregunta: «Además de mantener la operativa diaria, ¿qué tarea podrían realizar sus equipos para incrementar las ventas con respecto a años anteriores?». Entre líneas, les está preguntando qué comportamiento o resultado influenciable sería más predictivo para impactar sobre los resultados históricos de ventas y, al mismo tiempo, lo está centrando en un enfoque muy reducido.

Comenzaron a discutir muchas posibilidades, como ampliar el servicio al cliente, mejorar las condiciones de la tienda y ofrecer un mayor número de muestras gratis. Tras una conversación acalorada, por fin acordaron que el factor con mayor impacto en las ventas de la tienda sería reducir la cantidad de artículos agotados.

El indicador predictivo enfocado a reducir el número de artículos agotados tiene un alto impacto sobre la mejora de las ventas en la tienda, un hecho bien sabido en este negocio. Gracias a esto, Bob sabrá qué puede hacer en la panadería para ayudar a alcanzar el objetivo. Aumentar las existencias de productos es algo en lo que él y su equipo sí pueden influir. Por ejemplo, pueden llevar a cabo constantes revisiones de los estantes para saber qué productos se han agotado, u organizar el almacén para facilitar el reabastecimiento de los mismos, y también pueden aumentar la frecuencia y el volumen de los pedidos. En otras palabras, se trata de un juego que él y su equipo pueden ganar; ahora sí está comprometido.

INDICADOR HISTÓRICO	INDICADOR PREDICTIVO
MIDE EL OBJETIVO 0 mide los resultados	PREDICTIVO: Mide acciones que lo acercan al objetivo INFLUENCIABLE: Son acciones en las que podemos influir
Informe mensual de ventas	Número de productos agotados

Cuando un equipo define sus indicadores predictivos hace un movimiento estratégico: «Nuestra apuesta es que impulsar estos indicadores predictivos nos acercará al Principal Objetivo Estratégico». Todos los miembros tienen la certeza de que la palanca moverá la roca, y gracias a eso podrán comprometerse.

Las Disciplinas 3 y 4 están diseñadas para ayudar al equipo a utilizar su energía con el fin de mover los indicadores predictivos. No obstante, lo interesante e impactante de este tipo de indicadores, descritos a lo largo de la Disciplina 2, es que conectan a los diferentes equipos con el POE global a la perfección. En última instancia, los empleados que están en la línea operativa serán los que generen el resultado final que usted ha perseguido tanto.

Lo que se pretende al identificar los indicadores predictivos correctos es hacer que todos los integrantes de la organización se consideren socios estratégicos, y propiciar su participación en las discusiones acerca de las cosas que se pueden mejorar o cambiar para alcanzar el POE.

Un buen ejemplo es el departamento de publicidad del *Savannah Morning News*, un periódico muy respetado del sur de Estados Unidos. Cuando nos reunimos con ellos, su POE consistía en resolver una grave disminución en los ingresos. Habían caído en la trampa: querían hacerlo todo a la vez. Entre sus objetivos se incluían presentar nuevos productos, hacer ofertas especiales diarias e incluir folletos, todo con el fin de aumentar los ingresos. Su concentración se dividía entre tantas iniciativas que habían olvidado su producto más importante. Con ayuda de la Disciplina 1 decidieron que su Principal Objetivo Estratégico sería centrarse en su producto principal para así aumentar los ingresos por publicidad.

Todo cambió cuando comenzaron a implantar la Disciplina 2: Actuar sobre Indicadores Predictivos. Los integrantes del equipo participaron en la discusión. Pensaron en las maneras de aumentar los ingresos por publicidad y acordaron llevar a cabo tres acciones clave: contactar con clientes nuevos, es decir, identificar anunciantes que nunca habían contratado los servicios del periódico; reactivar las cuentas que habían estado inactivas durante seis meses o más, y encontrar formas de añadir valor al mensaje de los anunciantes existentes para incrementar la venta de espacios publicitarios; por ejemplo, ofrecer anuncios a color, con mejor ubicación dentro del periódico o de un mayor tamaño.

En la práctica, los equipos descompusieron el plan en una serie de indicadores predictivos muy simples. Todos los miembros se comprometieron a contactar con cierta cantidad de clientes potenciales y hacer un número determinado de llamadas de reactivación y ofertas de espacios publicitarios. Después informarían de sus resultados durante las sesiones semanales dedicadas al POE. Los vendedores no solo desempeñaron individualmente sus tareas de manera más efectiva, sino que adquirieron el hábito de compartir sus experiencias, como mejores prácticas, formas de dirigirse a los clientes y métodos para superar obstáculos.

La directora de publicidad dijo:

—Llevo veinte años en este negocio. Toda mi carrera me había dedicado sobre todo a rezar por los resultados históricos y a apagar fuegos.

Por primera vez se sintió capaz de ayudar de manera tangible a que sus empleados alcanzaran sus objetivos. El periódico incrementó sus ingresos y superó todas las expectativas de ese año. Actuar de forma sistemática sobre los indicadores predictivos lo hizo posible.

En vista del éxito del *Savannah Morning News*, la empresa matriz, Morris Communications, implantó las 4DX en sus otros cuarenta periódicos.

Abordaremos en profundidad la cuestión de cómo seleccionar los indicadores predictivos correctos en la segunda parte del libro.

Disciplina 3
Mantener un Cuadro de Mando Convincente

La Disciplina 3 sirve para asegurarse de que todos los integrantes del equipo estén al tanto del marcador en todo momento. De esta forma sabrán si pueden ganar el partido o no.

Esta es la disciplina del compromiso.

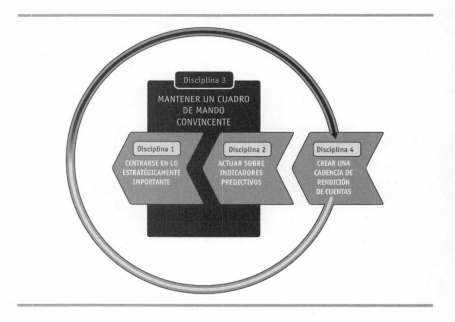

Recuerde: las personas juegan de manera diferente cuando conocen el marcador. La diferencia en el rendimiento entre un equipo que apenas entiende los indicadores predictivos en términos conceptuales y otro que puede ver los cambios en el marcador es extraordinaria. Si los indicadores históricos y predictivos no se registran en un cuadro de mando a la vista de todos y no se actualizan con regularidad, corren peligro de desaparecer entre las distracciones del torbellino. Dicho llanamente, el compromiso se debilita cuando las personas no saben cómo van. Si tienen la puntuación a simple vista, sabrán si están ganando o perdiendo, y esto redundará en un mayor nivel de compromiso.

La Disciplina 3 traduce la apuesta estratégica de su equipo, los indicadores predictivos y los indicadores históricos en un Cuadro de Mando de Resultados convincente que estará a la vista de todos.

Hace varios años trabajamos con un grupo de directivos de la empresa Northrop Grumman para aplicar las 4DX en el diseño y la construcción de barcos guardacostas. El proyecto comenzó pocas semanas después de que el huracán Katrina azotara con fuerza sus instalaciones. Mientras implantábamos la Disciplina 3, ocurrió algo que sirvió para ilustrar a la perfección la importancia de contar con un Cuadro de Mando de Resultados convincente.

La noche del viernes anterior, el equipo de fútbol americano del instituto local había jugado un partido decisivo. El estadio estaba lleno, y la emoción que siempre antecede al saque inicial se sentía en el aire, tal y como cualquiera esperaría. Sin embargo, durante el juego algo extraño sucedió: nadie animaba. De hecho, parecía que los asistentes ni siquiera estaban interesados en las jugadas. El único sonido proveniente de las gradas era el murmullo apagado de conversaciones indiferentes. ¿Qué estaba pasando?

El huracán había estropeado el marcador y no había sido reparado. Los aficionados no podían ver los tantos. «Nadie podía decir cómo iba el juego, cuántos *touchdowns* se habían anotado ni cuánto tiempo quedaba. El partido estaba ahí, pero era como si nadie lo supiera.» Este hecho captó nuestra atención. Tal vez alguna vez usted haya sentido el impulso de gritarle a los miembros de su equipo algo como: «¿No os dais cuenta? ¡Estamos ante un partido muy importante!». Si se siente identificado, es posible que su equipo carezca del mismo elemento crítico que afectó a los espectadores durante el partido: un Cuadro de Mando de Resultados claro y atractivo.

Los mejores equipos siempre saben si están ganando. Tienen

que saberlo, de lo contrario no podrían decidir las acciones que deberán llevar a cabo para ganar. Un Cuadro de Mando de Resultados convincente señala la posición actual del equipo y el lugar al que quiere llegar. Esta información es esencial para que todos los integrantes puedan tomar decisiones y resolver problemas. Por eso, un gran equipo no puede funcionar sin un cuadro de mando que pueda convencerlo de actuar. Sin él, la energía se disipa, la intensidad se diluye y el equipo regresa a sus tareas cotidianas.

Tenemos que ser muy claros en este punto. Desplegar la información de manera visual no es algo nuevo ni para usted ni para su equipo. De hecho, quizá ya cuente con un cuadro de mando, o incluso muchos, copiados en complicadas hojas de cálculo en su ordenador. Los datos no dejan de acumularse. La mayor parte de esta información está como indicadores históricos, muchas veces acompañados por las tendencias anteriores, proyecciones a futuro y análisis financiero detallado. Estos datos son muy relevantes y cumplen con un propósito fundamental para todo directivo. Llamaremos a estas hojas de cálculo «cuadro de mando del entrenador».

El propósito de la Disciplina 3 es muy diferente. Al implantarla, usted y su equipo deberán diseñar un cuadro de mando para los jugadores cuya única función sea hacer que los integrantes del equipo se comprometan en obtener la victoria.

MENTALIDAD CONVENCIONAL	PRINCIPIO 4DX
Los Cuadros de Mando de Resultados son para los directivos. Es una guía para el entrenador que reúne complejas hojas de cálculo con miles de números. El panorama general está ahí enterrado, pero pocos (en el mejor de los casos) son capaces de verlo.	El Cuadro de Mando de Resultados es para todo el equipo. Impulsar la ejecución requiere un marcador sencillo en el que los jugadores puedan consultar los gráficos que indican su posición actual y la deseada. En tan solo cinco segundos, cualquiera podrá determinar si el equipo está encaminado a ganar el partido o no.

Para entender el impacto de este tipo de cuadros de mando imagine que observa a un grupo de adolescentes jugar al baloncesto en un parque. No está tan cerca para oírlos, pero puede verlos. ¿Basta con mirarlos para saber si llevan un marcador o no? Sí, hay signos que lo evidencian.

Primero notará un grado de intensidad en sus jugadas que no vería si no llevaran marcador. También percibirá el trabajo en equipo, mayor cuidado al tirar, una defensa tenaz y celebraciones cuando anotan puntos. Así se comporta un equipo comprometido, y solo se alcanza este nivel de rendimiento cuando el partido importa; en pocas palabras, cuando el grado de relevancia es suficiente para contar los puntos.

Si su cuadro de mando incluye información complicada que solo usted, el líder, puede entender, entonces únicamente sirve para representar su propio partido. Si desea obtener el nivel máximo de compromiso y rendimiento, necesita crear un cuadro de mando para sus jugadores, uno que represente el juego de todo el equipo. Jim Stuart (uno de los creadores de las 4DX) lo dijo muy bien: «El propósito fundamental del Cuadro de Mando de Resultados es motivar el triunfo de los jugadores».

Este capítulo se inicia con un enunciado crítico: «Las personas juegan de manera diferente cuando siguen el marcador». Ahora debemos poner el acento en otra parte: las personas juegan de manera diferente cuando son «ellas» las que llevan el marcador. Esto generará una sensación muy distinta de la que conseguiría si usted se encargara de llevarlo por ellos. Si los integrantes del equipo no registran su propia puntuación, no comprenderán la verdadera relación entre su rendimiento y el objetivo, que es lo que mejora el nivel del juego.

Cuando todos los miembros tienen el marcador a la vista, la calidad de su desempeño aumenta, no solo porque son capaces de distinguir las cosas que funcionan y los ajustes necesarios, sino también porque ahora desean ganar.

A continuación, verá la diferencia entre un cuadro de mando del entrenador y uno de los jugadores.

TOTAL DE INGRESOS							GANANCIA NETA							EBIT						
2/12	Bud	Var	2/8	Var	2007	Var	2/12	Bud	Var	2/8	Var	2007	Var	2/12	Bud	Var	2/8	Var	2007	Var
0	0	0	0	0	0	0	0	0	0	143	(143)	0	0	0	0	0	143	(143)	0	0
(1)	53	(54)	182	(183)	1	(2)	(0)	35	(35)	0	(0)	1	(2)	(86)	(49)	(37)	(84)	(2)	(114)	28
0	0	0	0	0	0	0	0	0	0	0	0	0	0	(61)	(65)	4	(73)	12	(11)	(51)
1.008	1.080	(71)	1.150	(142)	1.146	(137)	699	754	(55)	812	(113)	892	(193)	384	384	1	439	(54)	530	(146)
		-6,6%		-12,3%		-12,0%	69,3%	69,9%	-7,3%	70,6%	-13,9%	77,9%	-21,6%	38,1%	35,5%	0,2%	38,1%	-12,4%	46,3%	-27,5%
699	843	(144)	700	(1)	963	(264)	486	594	(108)	498	(12)	730	(245)	242	297	(56)	218	24	392	(151)
		-17,1%		-0,2%		-27,4%	69,5%	70,4%	-18,2%	71,1%	-2,4%	75,8%	-33,5%	34,6%	35,3%	-18,8%	31,1%	10,8%	40,7%	-38,5%
592	682	(90)	524	68	613	(21)	422	483	(60)	361	62	459	(36)	260	276	(16)	187	73	270	(10)
		-13,1%		13,0%		-3,4%	71,3%	70,8%	-12,5%	68,9%	17,1%	74,8%	-7,9%	43,9%	40,5%	-5,7%	35,8%	38,9%	44,0%	-3,5%
879	937	(58)	840	39	828	51	607	695	(88)	582	25	539	68	354	370	(16)	292	62	235	119

El cuadro de mando del líder es complejo y rico en datos; sin embargo, se tiene que estudiar con cuidado para saber si el equipo está ganando.

POE
Aumentar los ingresos de actividades corporativas de 22 a 31 millones para el 31 de diciembre.

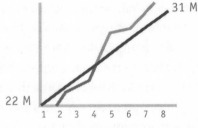

Indicador predictivo
Los empleados deben realizar dos visitas de evaluación de calidad de las instalaciones por semana.

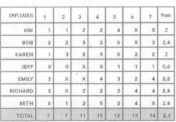

Indicador predictivo
Incrementar la venta de paquetes *premium* de bebidas para el 90% del total de los eventos contratados.

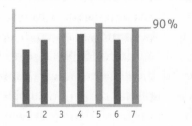

En el cuadro de mando de los jugadores, el objetivo (representado por la línea negra) es incrementar los ingresos. La línea gris es el desempeño real. En todo momento los integrantes del equipo podrán saber si están ganando.

El cuadro de mando es esencial para motivar al equipo a ganar.

Características de un Cuadro de Mando de Resultados convincente

Siempre destacamos cuatro preguntas para determinar si un cuadro de mando resulta atractivo para los jugadores.

1. ¿Es sencillo? Tiene que serlo. Piense en el marcador de un partido de fútbol americano. Por lo general, estos cuadros de mando solo muestran seis datos: puntuación, tiempo, cuarto, *down*, distancia y tiempos muertos. Ahora piense cuántos datos tiene que vigilar el entrenador fuera del campo: las yardas de cada jugada, el porcentaje de pases completados, las jugadas de tercer *down*, la distribución de pases, el *hang time* e incluso la cantidad de yardas por patada.

2. ¿Puedo consultarlo fácilmente? Debe estar a la vista del equipo. El cuadro de mando de un estadio de fútbol americano es enorme, al igual que los números, así que todos pueden saber a simple vista quién está ganando. Si su cuadro de mando está en su ordenador o detrás de la puerta de su oficina, será invisible: ojos que no ven, corazón que no siente. Recuerde que nunca dejará de competir con el torbellino, el cual es un adversario implacable. Sin un cuadro de mando visible, el POE y los indicadores predictivos quedarán olvidados en pocas semanas, si no antes, por la urgencia incesante de las responsabilidades del día a día.

   La visibilidad es un factor que propicia la rendición de cuentas. Los resultados se vuelven importantes en lo personal para los miembros del equipo cuando se cuelgan de una pared y todos los pueden ver. Hemos observado este efecto una y otra vez. Los trabajadores de un turno de una planta embotelladora de zumo en Michigan decidieron saltarse la hora de la comida para incrementar el número de camiones de reparto con el único fin de mover el marcador. ¿Por qué? Porque deseaban superar a los otros turnos en el cuadro de mando. También observamos a los del turno de noche cuando llegaban a trabajar; lo primero en lo que se fijaban era en el cuadro de mando, para comparar el rendimiento de su equipo con el de la mañana. Si su equipo está disperso físicamente, el cuadro de mando deberá estar en el escritorio de su ordenador o de su teléfono móvil (para saber más de los Cuadros de Mando de Resultados electrónicos, consulte la página 237).

3. ¿Contiene los indicadores predictivos y los históricos? Debe incluir ambos. Esto hace que un cuadro de mando cobre vida de verdad. Los indicadores predictivos son aquellos sobre los que el equipo puede influir y los históricos representan los resultados que desea obtener. Las personas necesitan ver ambos para mantener su interés. Cuando consultan los dos al mismo tiempo pueden observar el desarrollo de la apuesta; tienen enfrente las acciones que se llevan a cabo (la predicción) y lo que obtienen a cambio (el resultado histórico). Después de que los equipos se den cuenta de que el indicador de resultados ha cambiado por el esfuerzo que le han dedicado a los indicadores predictivos, el efecto sobre su grado de compromiso es notable, pues saben que cada integrante tiene un impacto directo en los resultados.

4. ¿Me permite decir de un vistazo si voy ganando? El cuadro de mando debe decir de forma inequívoca si el equipo va ganando o perdiendo. Si el equipo no puede determinarlo con solo mirar el marcador, entonces no está registrando el partido, sino datos. Revise su siguiente informe, gráfico, tarjeta de puntuación o Cuadro de Mando de Resultados antes de decir que este último es evidente. Observe las hojas de cálculo que muestran los datos financieros semanales. ¿Puede saber de inmediato si está ganando o perdiendo? ¿Podrían decirlo otras personas ajenas al equipo? Llamamos a esto la «regla de los cinco segundos». Si no puede asegurar en cinco

segundos si el equipo está ganando o perdiendo, entonces habrá suspendido esta prueba.

El siguiente ejemplo proviene de uno de nuestros clientes, una empresa de gestión de eventos que se encarga de organizar ferias para minoristas de artículos de acampada. Su POE era conseguir un número fijo de expositores para una fecha dada.

En el Cuadro de Mando de Resultados de la izquierda se puede ver el nivel de avance del equipo hasta la fecha, pero no hay forma de conocer si va a ganar o perder. Para poder decirlo usted necesita saber dos cosas: dónde está actualmente y dónde debería estar.

A diferencia del anterior, en el cuadro de mando de la derecha se ha añadido un indicador de la posición que el equipo debería ocupar en ese momento, ilustrado con una cabra. Ya que muchos de sus clientes eran montañeros, eligieron una cabra montés para representar el rendimiento que necesitarían cada semana para alcanzar su objetivo. De esta forma es más fácil darse cuenta de que este equipo está perdiendo, así como observar otros aspectos importantes del rendimiento del equipo. Por ejemplo, puede saber de inmediato cuánto tiempo lleva perdiendo (dos semanas). También, que cada vez se aleja más de su objetivo, y que el rendimiento del equipo ha comenzado a estancarse en vez de ascender. Por último, es evidente que está más cerca del final de la carrera que del principio.

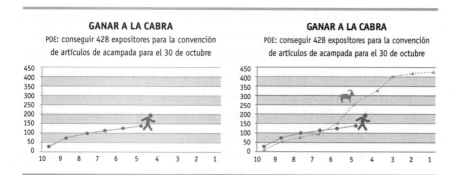

Quizá suene muy elemental, pero cuando pedimos a los directivos de nuestros programas que informen de este tipo de datos, casi siempre dicen: «Creo que pue-

Lector de código de Android
iPhone-Red Laser

http://www.4dxbook.com/qr/Scoreboards

Escanee la imagen para ver ejemplos a color de los Cuadros de Mando de Resultados de los jugadores.

do sacar la mayoría de esos datos, pero necesito unos minutos para organizarlos». Recuerde que ellos son directivos muy capaces; su problema no es la falta de datos, sino el exceso de información y la poca conciencia de qué datos son los más importantes.

Imagine que, además de usted, todos sus empleados entendieran el rendimiento del equipo con este grado de claridad. ¿Cambiaría el nivel de compromiso de todos ellos con el juego? Después de implantar las 4DX en miles de equipos podemos asegurarle que sí.

Como las Disciplinas 1 y 2, la 3 va contra la intuición de la mayoría de los directivos. Usted no creará de forma natural un Cuadro de Mando de Resultados para los jugadores; su instinto le llevará a hacer un cuadro de mando de entrenador: uno complejo con numerosos datos, análisis y proyecciones diseñado para usted mismo, y no para sus jugadores. No es el único. En la mayoría de las organizaciones es raro encontrar un Cuadro de Mando de Resultados que cumpla con los cuatro criterios mencionados anteriormente.

Al final, no es el cuadro de mando en sí lo que convence a los jugadores. Aunque los equipos disfruten al crear sus propios cuadros de mando, lo que genera el compromiso en última instancia es el juego que este representa. Nunca oirá a un apasionado de los deportes decir: «¿Alguien vio el partido de anoche? ¡Qué bonito marcador!». El cuadro de mando es absolutamente necesario, pero lo interesante es el partido.

Uno de los aspectos más desmoralizantes de la vida dentro del torbellino es que uno nunca se siente cerca del triunfo. Si su equipo opera solo dentro del torbellino, sus integrantes están invirtiendo todo lo que dan de sí para sostener su trabajo diario y sobrevivir. No juegan para ganar, sino para no perder. El resultado es una gran diferencia en el desempeño.

Con las 4DX usted no solo propone un juego para su equipo: crea un juego que sí puede ganar. El secreto de la victoria es la relación entre los indicadores predictivos y los históricos reflejada en el cuadro de mando todos los días.

En esencia, usted y su equipo apuestan a que podrán desplazar los indicadores predictivos y que estos moverán los históricos. Cuando esto comienza a funcionar, incluso las personas que ha mostrado desinterés se comprometen, pues el equipo entero empieza a percibir que está ganando sistemáticamente por primera vez. Recuerde que el compromiso no tiene que ver con el triunfo de los miembros de la organización o incluso el de usted como su líder: se debe a que ellos están ganando.

Hace algunos años nos invitaron a visitar una fábrica con un rendimiento bajo de una empresa local de manufactura para ayudarla a alcanzar a los niveles de calidad del resto de la compañía. La fábrica era vieja, trabajaba con tecnología obsoleta y se encontraba en una ubicación remota. Llegar hasta allí nos llevó todo un día de vuelos y un trayecto muy largo en automóvil. Por fin encontramos la fábrica, al final de un camino forestal en Canadá.

En veinticinco años esta fábrica nunca había alcanzado la producción esperada. Además, se enfrentaba a problemas de calidad en sus productos, en particular durante los turnos de noche, cuyos empleados contaban con muy poca experiencia. La puntuación de calidad apenas superaba los 70 puntos, mientras el resto de la compañía rondaba los 90.

Hasta que no implantamos los Cuadros de Mando de Resultados las cosas no experimentaron un giro radical. Habían estado jugando en la oscuridad, y los nuevos cuadros de mando resultaron esclarecedores; fue como si hubiéramos encendido una luz. Los datos, como la luz, son el mejor agente de crecimiento que se conoce. Cuando los ganadores reciben información que les muestra que van a perder, entonces buscan una manera de ganar. Con la luz encendida, ahora podían ver qué necesitaban hacer para mejorar.

El turno que entraba a medianoche comparaba su marcador con los de los turnos que habían trabajado durante el día. De esta forma tenía la energía para superar lo que el turno anterior había logrado. En esta región remota sus habitantes eran seguidores apasionados del hockey y disponían de dos pistas para practicarlo; no había mucho más que hacer. Los trabajadores sabían que el fin de semana jugarían al hockey y se tomarían algo con las personas de los otros turnos, y todos querían estar en el turno que pudiera presumir de sus resultados.

Conforme a las 4DX, ejercieron una fuerza de palanca sobre el deseo natural de competir. La puntuación de calidad pasó de 74 a 94: pasaron de ser los peores de la empresa a los mejores y superaron por mucho los estándares del sector. En el lapso de un año esta fábrica, que nunca había alcanzado la producción esperada, llegó a superarla en 4.000 toneladas, aportando al menos 5 millones de dólares más a los ingresos totales.

El Cuadro de Mando de Resultados de los jugadores es una herramienta formidable para cambiar el comportamiento humano en cualquier lugar, incluso en medio de la nada.

En la segunda parte de este libro encontrará una guía para crear y mantener un Cuadro de Mando de Resultados convincente.

Las 4 Disciplinas y el compromiso de equipo

Nos gustaría decir que siempre entendimos la relación entre implantar las 4DX y el compromiso de equipo, pero es falso. Lo aprendimos con la experiencia. Cuando comenzamos a implantar las 4DX por todo el mundo observamos un incremento significativo en la motivación y el compromiso, aun cuando los POEs de los equipos no trataran de subir los niveles de estos dos factores. El resultado quizá no le parezca sorprendente, tomando como base cómo hemos descrito las 4DX hasta ahora, pero en el momento nos pilló por sorpresa.

FranklinCovey se ha creado una reputación a nivel mundial porque ha ayudado a incrementar la efectividad, tanto de personas como de equipos, y con ello su motivación y su compromiso. Las 4DX fueron diseñadas para cubrir el otro lado de la oferta de Franklin-Covey, concentrándose de manera exclusiva en los resultados corporativos. Sin embargo, durante nuestras primeras implantaciones, el aumento de compromiso que observamos mientras los equipos comenzaron a sentir que estaban ganando no fue algo sutil. Era tangible. De hecho, tendríamos que haber estado ciegos para no verlo.

Nuestras implantaciones solían requerir varios días de trabajo intensivo con los directivos y los equipos, entre los que siempre había algunas personas negativas y refractarias. Cuando volvíamos, dos meses después, nos sorprendía ver que aquellos que habían opuesto resistencia estaban tan emocionados por enseñarnos lo que habían logrado como el resto del equipo.

Mucha gente está convencida de que el compromiso impulsa los resultados; nosotros también. No obstante, ahora sabemos que los resultados impulsan el compromiso. Esto es todavía más cierto cuando el equipo es capaz de ver el impacto directo de sus acciones sobre los resultados. De acuerdo con nuestra experiencia, nada impulsa la motivación y el compromiso con mayor fuerza que la sensación de que se está ganando. En muchos casos, ganar es más importante para generar compromiso que factores como el dinero, paquetes de beneficios, condiciones laborales, el hecho de que uno trabaje con su mejor amigo o incluso de que el jefe le caiga bien. Estas son las medidas más habituales para generar compromiso. La gente trabaja por dinero y también se marcha por él, pero en muchos equipos hay personas que, a pesar de tener un buen salario, se sienten desdichadas.

En 1968, Frederick Herzberg publicó un artículo en el *Harvard Business Review* titulado: «Por última vez: ¿cómo motivar a sus empleados?». En él subrayaba la estrecha relación entre resultados y compromiso: «Las personas sienten mayor satisfacción con su trabajo (y en consecuencia están más motivadas) cuando tienen la oportunidad de experimentar el triunfo».

Cuarenta y tres años después, Teresa Amabile y Steven Kramer en otro artículo de la misma revista, «El poder de las pequeñas victorias», recalcaban la importancia del éxito para los miembros de un equipo: «La fuerza del progreso es fundamental para la naturaleza humana, pero pocos directivos lo entienden o saben cómo lograr que esta influya para incrementar los niveles de motivación».[1]

Hemos aprendido que los Cuadros de Mando de Resultados son una forma sumamente útil de lograr que los empleados se comprometan. Un cuadro de mando que motive a los jugadores no solo impulsa los resultados, sino que utiliza la fuerza visible del progreso para generar una mentalidad ganadora.

Si todavía le quedan dudas sobre el impacto que el hecho de ganar puede tener sobre el compromiso de un equipo, piense en algún momento de su carrera en el que se haya sentido emocionado y comprometido con sus tareas, uno en el que su vida profesional le haya absorbido por completo. Ahora pregúntese lo siguiente: «¿Sentía que estaba ganando en ese momento?». Si usted es como la mayoría de la gente, su respuesta será afirmativa.

Las 4DX le permiten crear un juego que sí se puede ganar. La Disciplina 1 reduce su enfoque a un Principal Objetivo Estratégico y establece una línea de meta clara. La Disciplina 2 genera indicadores predictivos que le dan a su equipo una palanca para lograr su objetivo. Pero esto es lo que lo hace un juego: el equipo está apostando sobre sus indicadores predictivos. Sin la Disciplina 3, es decir, sin un Cuadro de Mando de Resultados convincente, el juego no solo se perdería en el torbellino, sino que no le importaría a nadie.

Un equipo ganador no necesita que incrementen su motivación por medios artificiales. Todos los ejercicios que hacen las empresas para subir los niveles de entusiasmo y compromiso ni siquiera se acercan en efectividad a la satisfacción que se consigue alcanzando con excelencia un objetivo que realmente marca la diferencia.

Las Disciplinas 1, 2 y 3 impulsan la ejecución; sin embargo, apenas son el comienzo. Las tres primeras disciplinas establecen el juego, pero es posible que su equipo todavía no esté en la cancha, como veremos a continuación.

Disciplina 4

Crear una Cadencia de Rendición de Cuentas

La Disciplina 4 consiste en establecer un ritmo de rendición de cuentas, es decir, un ciclo recurrente de supervisión del rendimiento pasado y planificación para anotar más puntos en el marcador.

La Disciplina 4 es aquella en la que la ejecución se hace realidad. Como hemos dicho, las Disciplinas 1, 2 y 3 plantean las reglas del juego, pero hasta que usted no comienza a aplicar la Disciplina 4 su equipo no entra de verdad al terreno de juego.

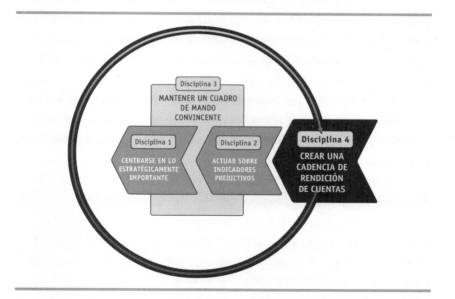

Esta es la disciplina que reúne a todos los integrantes del equipo y, por ello, engloba a las demás.

Muchos directivos definen la ejecución como la capacidad de fijar un objetivo y alcanzarlo. Tras años dedicados a enseñar estos principios, podemos asegurar que esta descripción es insuficiente. Sin embargo, como comentábamos antes, lo difícil —y raro de ver— es desarrollar la capacidad de lograr un objetivo importante en medio de un torbellino desatado; y lo es todavía más cuando alcanzarlo implica cambiar el comportamiento de muchas personas.

Los mejores equipos operan bajo un régimen riguroso de rendición de cuentas. Sin él, los miembros de un equipo avanzan en direcciones opuestas, pues cada uno desempeña la tarea que considera más importante. Esta última aproximación ayuda a que el torbellino cobre fuerza y domine la situación.

Las tres primeras disciplinas sirven para centrarse, conseguir mayor claridad y cierto grado de compromiso, que son elementos eficaces y necesarios para lograr el éxito. No obstante, la Disciplina 4 garantiza que usted y su equipo llegarán al objetivo sin importar lo que pase a su alrededor.

En la mayoría de las organizaciones la rendición de cuentas se reduce a una evaluación anual de desempeño, experiencia difícilmente agradable tanto para los evaluadores como los evaluados. En ocasiones puede incluir llamadas de atención por fracasar en el logro de algún objetivo.

Por el contrario, para una organización que trabaja con las 4DX, la rendición de cuentas significa establecer compromisos personales ante el equipo entero y cumplirlos con rigor para que el marcador suba.

MENTALIDAD CONVENCIONAL	PRINCIPIO 4DX
La rendición de cuentas en nuestro equipo siempre es vertical y de arriba abajo. Nos reunimos con el jefe cada cierto tiempo, nos dice cómo vamos y lo que deberíamos hacer a continuación.	La rendición de cuentas en nuestro equipo se comparte. Establecemos compromisos entre nosotros y después le rendimos cuentas a nuestro jefe pero, sobre todo, a nosotros mismos.

La sesión de POEs

De acuerdo con la Disciplina 4, su equipo deberá reunirse al menos una vez a la semana en una sesión de POEs. Esta reunión, de entre 20 y 30 minutos, cuenta con un orden del día fijo y debe ser dinámica. Hay que establecer un ritmo semanal de rendición de cuentas para generar el progreso que conduce al POE.

Esta disciplina literalmente marca la diferencia entre una ejecución de éxito y el fracaso.

En mayo de 1996, el famoso escritor Jon Krakauer trató de escalar el Everest con un grupo de alpinistas. A lo largo del trayecto se encontraron con obstáculos como nevadas, vientos de más de cien kilómetros por hora y el mal de montaña, entre otros. El equipo comenzó a desmoronarse. Algunos de los miembros más decididos intentaron separarse de los demás y llegar solos a la cima. La disciplina de equipo se abandonó. Todos tenían el mismo objetivo, pero la pérdida de disciplina y del rigor de rendirse cuentas los unos a los otros en un entorno hostil resultó fatal. Murieron ocho personas.[1]

Cinco años después, otro grupo se dispuso a escalar el Everest; su objetivo era ayudar al alpinista ciego Erik Weihenmayer a llegar a la cima. El equipo planificó la ruta con cuidado, justo como lo había hecho el de Krakauer. Sin embargo, hubo una gran diferencia: cada noche los alpinistas de Weihenmayer se reunían en lo que llamaban «reuniones de tienda» para hablar de lo que habían logrado y aprendido, lo que les permitió reformular y hacer ajustes al plan del día siguiente. Los escaladores más rápidos «preparaban el camino», fijaban cuerdas y luego regresaban hasta donde estaba Erik, quien más tarde dijo: «Nuestro equipo permaneció siempre unido; todos cuidamos de todos, lo cual me dio el valor suficiente para terminar».

En un punto crítico, al líder invidente le costó trece horas cruzar las escaleras de extensión de aluminio que salvaban las grietas sin fondo de la peligrosa cascada de hielo del Khumbu. Todos sabían que el día que llegaran a la cima tendrían que cruzarla en dos horas.

En una de las reuniones nocturnas (algo parecido a las sesiones de POEs) compartieron lo que habían aprendido y se comprometieron a cumplir con la estrategia planteada para el día siguiente. Les llevó días y días de práctica y noche tras noche de reuniones.

¿El resultado? El día que habían programado para llegar a la cima superaron la marca establecida por equipos cuyos miembros eran todos videntes, pues el equipo entero pasó de un lado al otro de la cascada en tiempo récord.

La Cadencia de Rendición de Cuentas que establecieron fue el elemento clave en la ejecución con éxito de su objetivo. El 25 de mayo de 2001, Erik Weihenmayer se convirtió el primer invidente en alcanzar la cima del Everest, y eso no fue lo más insólito: obtuvieron el récord del equipo más numeroso en llegar a la cima del Everest en un solo día, 18 personas en total. Al final, Erik y casi todos los integrantes de su equipo llegaron a la cumbre más alta del planeta y regresaron sanos y salvos.[2]

La función de las sesiones de POEs es simple: hacer que cada miembro del equipo rinda cuentas a los demás sobre las acciones que deben desempeñar para mover los indicadores predictivos, lo cual derivará en el cumplimiento del POE a pesar del torbellino. Suena fácil, pero cuesta. Para asegurar que las reuniones se lleven a cabo cada semana con este enfoque, debe seguir al pie de la letra las dos siguientes reglas.

Regla 1: la sesión de POEs debe celebrarse el mismo día y a la misma hora cada semana (a veces incluso a diario, pero jamás menos de una vez por semana). La constancia es esencial; sin ella, su equipo nunca será capaz de sostener un ritmo de rendimiento. Basta con saltarse una semana para perder una inercia muy valiosa, la cual tiene un gran impacto sobre sus resultados. Esto significa que la sesión de POEs es un ritual sagrado que no se debe romper, y se celebra cada semana aun cuando el jefe de equipo no pueda asistir y tenga que delegar la tarea de su dirección.

Es sorprendente la cantidad de cosas que usted puede lograr con la simple disciplina de reunirse una vez a la semana durante un tiempo prolongado. No hay nada igual. Para ser honestos, nos extraña que esta disciplina no se practique con más frecuencia. Les hemos pedido a cientos de miles de trabajadores de distintos sectores en todo el mundo que respondieran al siguiente enunciado: «Me reúno al menos una vez al mes con el gerente para discutir mi progreso con respecto a los objetivos». Nos quedamos fríos cuando solo el 34 % respondió que sí, a pesar de que incluso cuando la evaluación es mensual, ni tan siquiera semanal, es la mejor práctica de todos los equipos de alto rendimiento. No es casual que un alto nivel de rendición de cuentas esté ausente de la mayoría de las empresas.

¿Qué hay de especial en celebrar una sesión de POEs cada semana? Hemos concluido que, para la mayoría de las unidades organizativas, una semana representa una buena porción de su tiempo. Es un período lo bastante corto para mantener a las personas concentradas y entusiasmadas, pero lo bastante largo para permitir que los compromisos se cumplan. En muchos ambientes operativos, las semanas representan un ritmo natural de la vida organizacional. Siempre pensamos y hablamos en semanas porque comienzan y terminan. La semana es uno de los eslabones básicos del devenir humano, y por ello es perfecta para llevar la Cadencia de Rendición de Cuentas.

Regla 2: el torbellino tiene prohibida la entrada en la sesión de POEs. No importa lo urgente que pueda parecer algo, las discusiones que tienen cabida en la sesión de POEs giran exclusivamente alrededor de las acciones y los resultados que se reflejan en el cuadro de mando correspondiente. Si tiene que hablar de otras cosas, organice otra reunión fuera del tiempo destinado a la sesión de POEs. El torbellino siempre debe mantenerse al margen. El nivel de concentración requerido no solo hace que las sesiones de POEs sean rápidas, sino también muy efectivas para producir los resultados que se desean. También sirve para confirmar la importancia que el POE debe tener para cada equipo. Las sesiones mandan un mensaje muy claro: ningún éxito en el torbellino compensará su fracaso en aquellas tareas relacionadas con el POE con las que se había comprometido en la última sesión. Muchos de nuestros clientes hacen lo siguiente: organizan una sesión de POEs de 20 a 30 minutos y luego convocan una reunión general, en la que pueden discutir asuntos del torbellino.

Mantener las sesiones de POEs entre 20 y 30 minutos es de lo más recomendable. Al principio, estas reuniones requerirán más tiempo, pero conforme la concentración y la atención del equipo con respecto a los indicadores del cuadro de mando aumenten, las reuniones serán más eficientes y efectivas. También reconocemos que el tiempo depende de la función particular o de la naturaleza de su equipo. Sin embargo, en todos los casos, los integrantes de cualquier grupo pueden aprender a participar de manera efectiva en sesiones rápidas centradas en el Principal Objetivo Estratégico, en vez de las inacabables reuniones que pretenden abarcar todo lo que toca la luz. Es posible que necesite programar más reuniones para resolver asuntos que surgen del POE, con el fin de acortar y enfocar las sesiones regulares. Por ejemplo, podría llegar a decir: «Juan, el problema que mencionas es muy importante y tiene que resolverse esta semana. ¿Por qué no nos reunimos el jueves para tratar este asunto y plantear soluciones?», y luego continuar con la sesión normal.

Las sesiones de POEs pueden variar mucho en su contenido, pero el propósito no cambia. A continuación, verá un ejemplo de un orden del día dividido en tres partes para una sesión de POEs. Fíjese el tipo de lenguaje que debería oír en su sesión.

1. **Rendir cuentas: informe sobre los compromisos.**
   - «Me comprometí a hacer una llamada personal a los tres clientes menos satisfechos. Lo hice y descubrí que…»
   - «Me comprometí a reclutar al menos tres candidatos para una visita a las instalaciones y conseguí cuatro.»
   - «Me reuní con el vicepresidente de la empresa, pero no conseguí que aprobara el proyecto porque…»

2. **Revisar el Cuadro de Mando de Resultados: aprenda de sus éxitos y fracasos.**
   - «El indicador histórico está en verde, pero tuvimos dificultades con uno de nuestros indicadores predictivos y ahora está en ámbar. Lo que sucedió fue que…»
   - «Hemos logrado cumplir con nuestros indicadores predicti-

vos, pero el histórico aún no se ha movido. El equipo acordó que duplicaremos esfuerzos esta semana para hacer que el cuadro de mando suba.»

- «Aunque el objetivo es llegar al POE, esta semana hemos seguido la sugerencia de un cliente que tuvo un efecto positivo directo en nuestro indicador predictivo.»

3. Definir un plan: allane el camino y proponga sus nuevos compromisos.

- «Puedo ayudarte a despejar el camino, conozco a alguien que...»
- «Me aseguraré de que el problema de inventario que ha afectado a nuestro indicador predictivo se resuelva antes de la próxima semana.»
- «Me reuniré con Pedro para discutir los números, y la próxima semana traeré al menos tres ideas para resolverlo.»

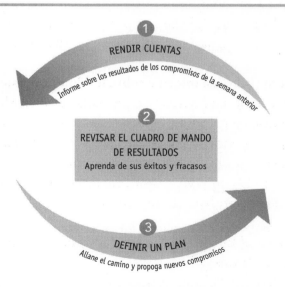

Una sesión de POEs, en resumen, una reunión dedicada a estas tres únicas actividades. El propósito de las sesiones de POEs es rendir cuentas sobre los compromisos previos y concretar otros para mover el Cuadro de Mando de Resultados.

Lector de código de Android
iPhone-Red Laser

http://www.4dxbook.com/qr/WIGSession

Escanee la imagen superior para ver un breve vídeo sobre las sesiones de POEs de diferentes empresas.

Mantenerse centrado a pesar del torbellino

En una sesión de POEs usted y cada miembro de su equipo deberán rendir cuentas de todas las acciones realizadas con el fin de mover el Cuadro de Mando de Resultados. Esto se logra al comprometerse cada semana (en la sesión de POEs) a una o dos acciones específicas que tendrán un efecto directo en sus indicadores predictivos. Después, todos los miembros del equipo informarán de su progreso unos a otros en la sesión de la semana siguiente.

Todos los equipos deben plantearse la misma pregunta como preparación antes de la reunión: «¿Cuáles son las dos acciones más importantes que puedo desarrollar esta semana para impactar en los indicadores predictivos?».

Debemos ser cuidadosos en esta parte: los integrantes del equipo no se preguntan a sí mismos: «¿Cuál es la cosa más importante que puedo hacer esta semana?». La respuesta sería demasiado amplia y eso derivaría en una pérdida de concentración que casi siempre los hace regresar al torbellino. La pregunta se vuelve mucho más específica cuando se hace hincapié en el impacto deseado sobre los indicadores predictivos.

Como ya mencionamos, centrarse en el impacto sobre los indicadores predictivos cada semana es esencial porque estos representan la palanca con la cual el equipo alcanzará el POE. Los compromisos son las acciones que deben efectuarse con regularidad, fuera de las urgencias diarias, para mover los indicadores predictivos. Por eso hicimos tanto hincapié en la Disciplina 2; usted debe estar seguro de que puede influir sobre los indicadores elegidos; de lo contrario, el equipo será incapaz de desplazarlos con su desempeño semanal. En pocas palabras, comprometerse semanalmente tiene un impacto sobre los indicadores predictivos y estos, a su vez, impulsan el cumplimiento del POE.

Consideremos el ejemplo de Susana, jefa de enfermeras cuyo indicador predictivo es reducir el tiempo que se tarda en administrar analgésicos a los pacientes. Susana puede ver en el Cuadro de Mando de Resultados que dos de sus equipos, el turno de la mañana de la séptima planta y el de cuidados intensivos de la octava planta, tienen dificultades para alcanzar a los demás. Sabe que el equipo de la séptima planta tiene un nuevo supervisor, quien todavía no domina el protocolo relativo a la administración de analgésicos. También sabe que el equipo de la octava planta está falto de personal. En vista de lo anterior, los compromisos de Susana para mover sus indicadores predictivos esta semana podrían incluir revisar el protocolo con el equipo de la séptima planta y contratar personal para cubrir la vacante de la octava planta.

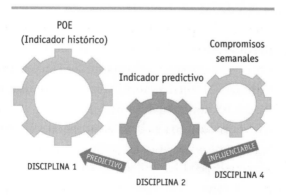

Al cumplir con sus compromisos semanales, los integrantes de un equipo ejercerán su influencia sobre los indicadores predictivos, que, a su vez, posibilitan el éxito de los indicadores históricos del POE.

Ahora tomemos el ejemplo de Carlos, un integrante del equipo de ventas cuyo indicador predictivo es proponer dos nuevos clientes cada semana. Él sabe que su lista de candidatos comienza a agotarse, así que su compromiso de la semana será conseguir los nombres y la información de contacto de diez clientes potenciales. De esta manera tiene más posibilidades de llevar a dos de ellos hasta la fase de propuesta.

En los dos ejemplos anteriores, ambos directivos y equipos contraen compromisos semanales (encontrará más información sobre esto en las páginas 222 y ss.). La naturaleza de estas responsabilidades puede cambiar cada semana, pues la empresa y el rendimiento del equipo no son estáticos. La única constante es el proceso.

Quizá le parezca que estos compromisos semanales no son ni urgentes ni novedosos. Por lo general, son cosas que el equipo debería hacer de manera natural, pero la realidad es que también se trata del tipo de acciones que el torbellino absorbe en primer lugar. Sin el ritmo regular de rendición de cuentas de la Disciplina 4, siempre habrá cosas que los miembros del equipo saben que tienen que hacer, pero que nunca desarrollan de manera sistemática.

Crear una cadencia

La empresa privada Minera Carbonífera de Río Escondido (MICARE), encargada de producir el carbón que abastece a muchas de las plantas de energía en México, es una de las más grandes de este país. Las 4DX permean todos los niveles de MICARE.

Cada lunes por la mañana se lleva a cabo una sesión de POEs en todos los departamentos de esta compañía. Las reuniones se realizan por videoconferencia para conectar con todas las oficinas remotas, lo que les permite estar en el mismo canal a la vez. Los resultados de cada líder se pueden consultar en una pantalla que está a la vista de todos.

Cada equipo (producción, expediciones, recursos humanos, contabilidad y operaciones, entre otros) cuenta con cuadros de mando dispuestos en varios puntos de la empresa que se actualizan con regularidad. Todos los empleados —ingenieros, mineros e incluso los trabajadores de mantenimiento— conocen los POEs de su equipo. La visita que hicimos a MICARE nos recordó un comentario de Jack Welch, el legendario directivo de General Electric: «Los objetivos no deberían sonar ambiguos, aunque sean respetables. Si las dianas están borrosas, será imposible acertar. Las instrucciones deben ser tan nítidas que si despertara a cualquiera de sus empleados en mitad de la noche para preguntarle hacia dónde va la empresa, sería capaz de contestarle, incluso estando adormilado».[3]

Este nivel de claridad estratégica y compromiso es evidente en MICARE.

¿Qué significó el sistema operativo de las 4DX para los POEs de MICARE? En un período de siete años:

- Los accidentes con baja disminuyeron de casi 700 a menos de 60 al año.
- El consumo de agua para procesar el carbón, una gran preocupación ambiental, se redujo en dos tercios.
- La rehabilitación anual de minas explotadas aumentó de 6 a más de 200 hectáreas.
- La cantidad de partículas en suspensión en el aire en las zonas cercanas a las minas bajó de 246 a 84 unidades por metro cúbico.
- Las toneladas de carbón producidas por cada trabajador aumentaron de 6.000 a 10.000 por año.

En resumen, y de acuerdo con el director de MICARE, las 4DX representaron un giro espectacular para los resultados netos de la empresa, al mismo tiempo que permitieron grandes mejoras en materia de seguridad y cuidado medioambiental.

MICARE atribuye su éxito a la atención concentrada en la Cadencia de Rendición de Cuentas. Las sesiones constantes de POEs, a pesar de ser un concepto simple, ayudan a mantener el enfoque de la organización en lo esencial.

Recuerde que la sesión de POEs deberá avanzar a buen ritmo. Si cada persona se limita a abordar los tres elementos de cadencia antes descritos, la reunión no requerirá mucho tiempo. En palabras de uno de nuestros clientes: «Cuantas más palabras, menos acciones».

La sesión de POEs también le brinda al equipo la oportunidad de asimilar lo que ha aprendido sobre las acciones que sirven y las que no. Si los indicadores predictivos no han logrado mover los históricos, el equipo deberá usar su creatividad para sugerir nuevas hipótesis. Muchas veces las personas corren hacia los obstáculos para intentar cumplir sus compromisos; en estos casos los integrantes se pueden comprometer a abrirse camino unos a otros. Quizá hay cosas que un directivo puede lograr con el poder de su firma y que le hubieran llevado mucho tiempo a un integrante del equipo. De hecho, como directivo, está obligado a preguntar a todo su personal: «¿Qué puedo hacer esta semana para facilitar vuestra tarea?».

También es importante observar que, a menos que sea un trabajador de la línea de base, es posible que tenga que asistir a más de una sesión de POEs por semana: una dirigida por su jefe y otra que liderará usted con su equipo (encontrará más información sobre esto en la página 213).

Ahora apliquemos la Disciplina 4 al ejemplo de Younger Brothers Construction que mencionamos en páginas anteriores. Recuerde que el POE de esta empresa era reducir incidentes de seguridad de 57 a 12 para el 31 de diciembre, y su indicador predictivo era cumplir con las seis normas que, según sus cálculos, eliminarían la gran mayoría de los accidentes.

Imagine que usted es el gerente de proyectos de Younger Brothers y que es el responsable de una serie de equipos de trabajo. En la sesión de POEs con su jefe deberá hacer tres cosas:

1. **Informe sobre los compromisos de la semana pasada.** «La semana anterior me comprometí a encargar nuevos arneses para los andamios con el fin de mantener las condiciones de trabajo de mis equipos de acuerdo con la norma (una de las seis). Cumplí con ese compromiso.»

2. **Revise el Cuadro de Mando de Resultados.** «El promedio actual del indicador histórico de accidentes es de 5 por mes, apenas por encima del objetivo acordado para este trimestre. El indicador predictivo relativo a cumplir con los estándares de seguridad está en verde con el 91 %, pero el rendimiento de los equipos 9, 11 y 13 han tenido un efecto negativo en el total porque no siempre se ponen las gafas protectoras.»

3. **Proponga sus compromisos de la semana siguiente.** «Esta semana me reuniré con el supervisor de los equipos 9, 11 y 13 para evaluar sus informes de seguridad y cerciorarme de que cuenten con la cantidad de gafas protectoras necesarias para todos los trabajadores.»

Todos los compromisos deberán cumplir dos características. En primer lugar, el compromiso tendrá que contener algún tipo de entregable. Por ejemplo, decir que se compromete a «trabajar con» o a «concentrarse en» los grupos 9, 11 y 13 es demasiado ambiguo. Por lo general, este tipo de compromiso se pierde en el torbellino, pues no obliga a rendir cuentas sobre un resultado específico. En segundo lugar, debe tener influencia sobre el indicador predictivo. Si el compromiso no se concentra directamente sobre este, será imposible que el equipo alcance el POE.

En el momento en que empiece a entender las sesiones de POEs verá con mayor claridad la importancia de los dos atributos que todos los indicadores predictivos deben tener de acuerdo con la Disciplina 2. Si son influenciables, será posible desplazarlos al cumplir los compromisos semanales; si son predictivos llevarán a su equipo a alcanzar el POE.

Las sesiones de POEs son como un experimento científico que nunca termina. Los integrantes del equipo aportan sus mejores ideas para influir en el cuadro de mando; se comprometen a poner las hipótesis a prueba y regresar con los resultados.

Por ejemplo, en el Centro de Fibrosis Quística de la Universidad de Minnesota en Fairview, los médicos se reúnen una vez a la semana para revisar la función pulmonar de sus pacientes críticos, la mayoría de ellos niños. La fibrosis quística reduce de manera gradual la capacidad respiratoria; por ello, el POE de este centro de tratamiento consistía en mantener la capacidad pulmonar de todos sus pacientes al 100 %. No estarían satisfechos con el 80 % o incluso el 90 % como indicador histórico.

En estas reuniones semanales, los médicos evaluaban sus observaciones de los últimos siete días sobre el incremento en la capacidad pulmonar de sus pacientes y establecían compromisos. Por ejemplo, dado que el peso corporal es un indicador predictivo de la salud pulmonar, los médicos realizaron su seguimiento atentamente y reforzaron la alimentación de algunos niños. Realizaron experimentos con terapia de inhalación de vapor y chalecos de masaje, así como con otros métodos para limpiar los pulmones. Luego informaron de sus hallazgos al resto del equipo.

Cada semana aprendían más y compartían ese conocimiento. Pocas personas se han entregado con tanto rigor a sus responsabilidades para alcanzar un POE como el equipo de Fairview. Sus resultados demuestran el valor de la Cadencia de Rendición de Cuentas. No han perdido un paciente por fibrosis quística en muchos años.[4]

Aunque el líder de la sesión de POEs se encarga de la calidad de los compromisos, es vital que estos surjan de los participantes. La importancia de esto es inestimable. Si le dice a los miembros de su equipo lo que tienen que hacer, aprenderán muy poco; en cambio, si ellos son capaces de decirle a usted con cierta regularidad qué se necesita para alcanzar el POE, habrán aprendido mucho sobre la ejecución, al igual que usted.

Hacer que los integrantes de los equipos de trabajo generen sus propios compromisos puede ir contra su intuición, en especial si usted ve claramente aquello que se tiene que hacer o si el propio equipo espera o quiere recibir instrucciones de usted. Sin embargo, el fin último es que todos puedan sentirse dueños de su compromiso. Es posible que su trabajo como directivo implique guiar a las personas que tengan problemas para encontrar compromisos de alto impacto, pero debe asegurarse de que, al final, las ideas salgan de ellos, no de usted.

Lo negro y lo gris

Lo más importante de las sesiones de POEs es que salvarán a sus Principales Objetivos Estratégicos de ser devorados por el torbellino. Al final de esta página encontrará el calendario de una semana normal. Los bloques negros representan los compromisos de su sesión de POEs y los restantes marcan el torbellino. Este simple ejemplo visual muestra el equilibrio de inversión de energía y tiempo en la ejecución.

Cada vez que incluimos la Disciplina 4 en el proceso, algunos directivos caen en el error de imaginar una agenda semanal llena de recuadros negros, es decir, que los compromisos son el foco central de la semana.

Compromisos semanales

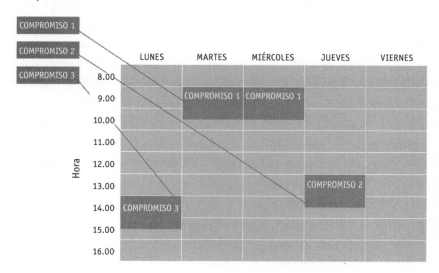

Los bloques grises representan el torbellino; los negros son los compromisos semanales para modificar el marcador del POE. Si los programa en la agenda de cada semana, será menos probable que el torbellino absorba su atención y la desvíe del POE.

Esto casi nunca refleja la realidad. La mayor parte de nuestra energía se utiliza para administrar las prioridades diarias, y eso está muy bien. El valor esencial de las 4 Disciplinas es asegurar que los bloques negros, que marcan una inversión fuera de su torbellino diario, se concentren de manera sistemática en el POE.

¿Qué pasaría si usted quitara uno de los bloques negros? ¿Quedaría un espacio vacío?

Piense en la última vez que se sintió aliviado por contar con una hora extra después de que se cancelase una reunión. ¿Cuánto tiempo pasó antes de que cinco cuestiones urgentes compitieran por ese espacio? En términos del diagrama, ¿cuánto tiempo suele transcurrir antes de que el torbellino consuma esa hora libre, cambiando el recuadro negro por uno gris?

En nuestras sesiones, los directivos siempre saben la respuesta a esta pregunta: «Es inmediato». Lo gris no quiere dejarle espacio a lo negro en su agenda. En otras palabras, el torbellino consumirá todo el tiempo y energía que pueda. La ley de Parkinson dicta: «El trabajo se expande hasta ocupar todo el tiempo disponible para terminarlo». Este principio de expansión y consumo de tiempo y energía está más que probado en el caso del torbellino. La ejecución de su POE depende de cumplir con lo negro en medio de lo gris a toda costa.

Ahora piense en un diagrama que contemple la energía combinada de todo su equipo, no solo la suya, de una semana. En este nuevo contexto, lo negro simboliza la energía de cada integrante respecto a sus compromisos semanales. Este tipo de esfuerzo concentrado produce resultados. Al mantener una Cadencia de Rendición de Cuentas semana a semana, su equipo deposita esta concentración de energía en los indicadores predictivos que tienen un efecto directo sobre el POE.

Implantar esta disciplina cada semana tiene un gran impacto sobre la motivación. Recuerde la última vez que tuvo una semana llena de gris de principio a fin: horas extra consumidas por las crisis infinitas del torbellino. La peor parte es la sensación de vértigo en el estómago que se tiene cuando, a pesar de haberse volcado en ello todos los días, en realidad no logró completar nada.

Si las semanas que son grises en su totalidad se convierten en una experiencia cotidiana, comenzará a sentirse cada vez más desanimado en su posición como líder. Aún peor, verá esa misma sensación reflejada en el compromiso y el desempeño de su equipo.

Las sesiones de POEs son el antídoto para estas semanas grises. Siempre que estas se lleven a cabo, es decir, cuando usted y su equipo se esfuerzan en dejar espacio para lo negro en medio de lo gris, no solo avanzará a paso constante hacia su objetivo, sino que también empezará a sentir que usted, y no el torbellino, lleva la batuta.

Sesiones de POEs y compromiso

Mark McChesney, el hermano mayor de uno de nuestros autores, solo deseaba dedicarse a una actividad cuando fuera adulto: diseñar automóviles. Mark trabajó muy duro para alcanzar su sueño y, después de cierto tiempo, fue contratado como diseñador de una de las tres grandes fábricas de coches en Estados Unidos. Casi todos los diseñadores del equipo de Mark habían tenido el mismo sueño y lo hicieron realidad, pues todos los días trabajaban en lo que deseaban más que nada en el mundo.

Tal vez usted piense que el nivel de compromiso de este equipo superaría en mucho al promedio, pero esta es la parte fascinante de la historia: el departamento de diseño tenía los niveles más bajos de compromiso dentro de la empresa. Así es, estas personas, cuyo trabajo era el que siempre habían deseado, tenían las calificaciones más bajas. ¿Por qué, si habían desarrollado la carrera que amaban, su nivel de compromiso era tan deficiente?

Patrick Lencioni describe este fenómeno de manera brillante en su libro *Señales. Indicios para hacer satisfactorio cualquier trabajo*, al nombrar las tres razones por las que muchos individuos se sienten poco comprometidos con su trabajo.

1. **Anonimato:** sentir que a los directivos no les importa lo que sus empleados hacen.

2. Irrelevancia: no saber si su trabajo marca la diferencia.

3. Sin indicadores: no poder medir o calcular su contribución.[5]

Los tres indicios que Lencioni señala están presentes en el departamento de diseño automovilístico. En primer lugar, el trabajo original de los diseñadores cambia tanto que, en el momento de convertirse en un producto, el autor suele caer en el olvido (anonimato). En segunda instancia, el lanzamiento del producto se lleva a cabo varios años después de que los diseñadores trabajaran en él, así que les puede resultar difícil ver su contribución en el resultado final (irrelevancia). El tercer y último signo es que las evaluaciones de desempeño suelen ser extremadamente subjetivas (sin indicadores).

Quizá estos tres indicios no solo expliquen lo que sucede dentro del departamento de diseño, como en el caso de muchos otros trabajos, sino que también describan a la perfección cómo es vivir en el torbellino, lo que hemos llamado «una semana gris». La buena noticia es que, si la Disciplina 4 se aplica correctamente, puede ser la cura para los tres síntomas.

En un equipo que lleva una cadencia de sesiones de POEs, sus miembros no son anónimos. Por el contrario, están bajo los focos al menos una vez a la semana. Tampoco son irrelevantes, porque pueden comprobar el efecto de sus compromisos sobre los indicadores predictivos que conducen a un Principal Objetivo Estratégico. Por último, en definitiva, no sufren la ausencia de indicadores, pues cuentan con un Cuadro de Mando de Resultados a la vista de todos que se actualiza cada semana y que refleja su rendimiento.

Por supuesto, es imposible sentir el impacto total de las sesiones de POEs desde el principio. Por lo general, se necesitan de tres a cuatro semanas para que un equipo pueda establecer un ritmo eficiente que permita a sus integrantes aprender a concentrarse en el POE y evitar hablar del torbellino. En poco tiempo las sesiones comenzarán a ser más productivas, y, tras algunas semanas, sucederá algo importante: los indicadores predictivos moverán a los históricos y el equipo comenzará a sentirse ganador.

Un tipo distinto de rendición de cuentas

El sistema en línea que usamos para llevar las sesiones de POEs, my4dx.com (explicado en la página 237), ha captado millones de compromisos de un sinfín de equipos en todo el mundo. Más del 75 % se han cumplido, a pesar del torbellino. Estos datos reales demuestran que las sesiones de POEs propician una verdadera rendición de cuentas de compromisos llevados a término.

Sin embargo, es necesario entender el tipo de rendición de cuentas generado en una sesión de POEs.

Con frecuencia, la expresión «rendición de cuentas» tiene una connotación negativa. Cuando su jefe dice: «Quiero verlo en mi despacho en una hora para una sesión de rendición de cuentas», es muy probable que no sea algo bueno.

No obstante, la rendición de cuentas que se genera en una sesión de POE es muy diferente; no es organizacional, sino personal. En lugar de que lo hagan responsable de un resultado neto en el que no puede influir, se trata de otorgarle la responsabilidad de un compromiso semanal autoimpuesto que sí es posible cumplir. Así, informará de sus resultados, uno por uno, no solo a su jefe, sino a todos los miembros del equipo. La pregunta central que deberá responder en cada sesión es: «¿Logramos cumplir con los compromisos que nos marcamos nosotros mismos?».

Cuando la respuesta es afirmativa, es decir, cuando los integrantes de un equipo ven que sus compañeros han cumplido sus compromisos, entonces el respeto que se tienen entre sí crecerá.

Considere la experiencia de Nomaco, una empresa líder en extrusión de espuma de polímero. En pocas palabras, hacen cosas maravillosas con espuma de colores, desde aislamiento de alta tecnología hasta juguetes para piscinas.

La planta en Tarboro, Carolina del Norte, era una de las tres fábricas de Nomaco y tan buena como las otras dos. Sus ejecutivos habían logrado mantenerla dentro del presupuesto desde varios frentes —costes, rentabilidad y seguridad—, pero sentían que todavía no había alcanzado la excelencia porque, a pesar de todas las mejoras que habían realizado, su rendimiento aún no era el esperado.

La estructura organizacional era la tradicional, y, aunque el ambiente era amable y abierto, los trabajadores todavía dependían de la supervisión y el seguimiento del director, quien tomaba todas las decisiones y se aseguraba de que los empleados de la fábrica cumplieran con sus responsabilidades. Las 4DX les brindaron el avance que necesitaban. En los dieciocho meses que siguieron a la implantación de las disciplinas, la planta de Tarboro:

- Redujo en más de un millón de dólares los costes de la línea de producción.
- Terminó el año fiscal un 30 % por debajo del presupuesto.
- No hubo accidentes con baja, y solo se realizó un informe de un incidente.
- Estuvo por debajo del presupuesto previsional en el primer trimestre del siguiente año fiscal.

El director de la fábrica concluyó sobre las 4DX: «Son simplemente una herramienta útil que garantiza el éxito de cualquier iniciativa en la que una organización decida embarcarse. No importa si utiliza la metodología de mejora de procesos Six Sigma, de fabricación *lean* o equipos de trabajo autodirigidos… las 4DX le permitirán obtener los resultados que desea alcanzar».

Las sesiones de POEs fueron clave para dar este giro.

En Tarboro, todos los equipos tuvieron sesiones semanales de POEs. Los empleados informaban de lo que habían hecho para mover el marcador y acercarse al POE. Cada semana traían nuevas ideas para mantener el cuadro de mando en verde. Estas reuniones les mantenían centrados en el Principal Objetivo Estratégico pero, más allá de eso, les permitían pensar y tomar decisiones juntos, ayudarse entre ellos y celebrar sus triunfos.

El resultado fue que la fábrica de Tarboro creó una cultura de alto compromiso entre los empleados, que fueron capaces de dirigirse a sí mismos y rendirse cuentas unos a otros.

Julian Young, presidente de Nomaco durante la implantación de las 4DX, resumió el impacto de las sesiones de la siguiente forma: «Las sesiones de POEs son mucho más dinámicas que las reuniones tradicionales y obsoletas de la empresa. Gracias a ellas, la productividad ha aumentado sustancialmente en todas nuestras filiales y la rendición de cuentas se ha convertido en algo sorprendentemente sencillo».

Con el paso de los años hemos observado miles de sesiones de POEs como las de la fábrica de Tarboro; estas experiencias nos han dejado una cosa muy clara: la rendición de cuentas que se da entre compañeros en las sesiones motiva mucho más que aquella que se lleva a cabo ante un jefe. Al final, las personas trabajarán duro para no decepcionar a su jefe, pero harán casi cualquier cosa por no defraudar a sus compañeros de equipo.

No obstante, para alcanzar este nivel deberá entender una cuestión adicional. Hemos mencionado que las primeras tres disciplinas establecen el juego, pero que su equipo no saltará a la cancha hasta que implante la Disciplina 4. Queremos hacer hincapié en esto: los resultados que su equipo produzca son directamente proporcionales al nivel de importancia que usted otorgue a las sesiones de POEs. En función de su consistencia, su enfoque y su capacidad de ser un ejemplo en el establecimiento y seguimiento de compromisos, determinará si en la mente de su equipo, la sesión de POEs es un juego de alto o bajo valor.

Compare lo anterior con un partido de fútbol americano de la pretemporada en contraste con uno de las finales. En la pretemporada ganar está bien, pero en las finales perder significa que el equipo se irá a casa. ¿Qué tipo de partido incentiva el nivel más alto de rendimiento? En pocas palabras, si el partido no importa en realidad, ¿por qué se iba a preocupar su equipo por ello? Por esta razón, la verdadera rendición de cuentas inspira al equipo a comprometerse y dar lo mejor de sí.

Crear una cultura de innovación

Algunas personas no se sienten cómodas con el hecho de que las sesiones de POEs sean tan estructuradas. Sin embargo, si se llevan a cabo correctamente, estas reuniones también pueden ser una oportunidad para poner en juego su creatividad. Juntas, creatividad y estructura generan compromiso, de acuerdo con los descubrimientos del doctor Edward Hallowell, psiquiatra y estudioso del cerebro. Las situaciones más motivadoras, dice, son aquellas que «están muy estructuradas y repletas de innovación y estímulos».[6]

La Cadencia de Rendición de Cuentas puede potenciar la creatividad del equipo.

Cuando piensa en un equipo que tiene una cultura de disciplina y ejecución, no espera escuchar que sus integrantes también son creativos e innovadores. No obstante, con frecuencia hemos visto que todas estas características están presentes en los equipos que se adaptan bien a las 4DX.

Las sesiones de POEs fomentan la exploración de ideas nuevas. Esto hace que todos se sientan comprometidos en la solución de problemas y promueve un ambiente de aprendizaje compartido. Se trata de un foro para conocimientos innovadores destinados a mover los indicadores predictivos, y, en vista de que hay tanto en juego, cada miembro del equipo se siente motivado para aportar sus mejores ideas.

Towne Park, la mayor empresa de servicios de aparcacoches para hospitales y hoteles de lujo, es un excelente ejemplo, pues siempre ha contado con una muy buena administración. Después de que Gaylord Entertainment (uno de los clientes más importantes de esta empresa) tuviera éxito como una de las primeras compañías en adoptar las 4DX, los directivos de Towne Park también mostraron interés.

Esta empresa ya registraba prácticamente todos los aspectos de su negocio: «¿Los empleados que aparcan los coches abren la puerta para usted y sus acompañantes cuando al llegar?», «¿Realizan el recibimiento que corresponde?», «¿Ofrecen a los clientes una botella de agua?». Los ejecutivos eran capaces de responder a todo lo anterior, ya que literalmente se dedicaban a medir todos los factores que importan a los clientes.

De cualquier forma, decidieron aplicar las 4DX a su Principal Objetivo Estratégico, «aumentar la satisfacción de los clientes», con el fin de mejorar más. Durante la Disciplina 2, al desarrollar sus indicadores predictivos descubrieron una única cosa que aún no estaban midiendo y que representaba la palanca para mover todavía más la satisfacción de los clientes: «¿Cuánto tiempo esperan los clientes hasta que se les devuelve su coche?».

Así que decidieron que la reducción del tiempo de espera sería el indicador predictivo más importante para alcanzar su POE. Nunca lo habían medido, a pesar de ser conscientes de la importancia de la espera en este negocio, porque les parecía muy difícil obtener tal información. Hay que considerar que se trata de una empresa que cree fervientemente en la medición. Sabían que juntar todos los tiempos de espera significaría cronometrar la operación desde que el cliente solicitara su coche hasta que el empleado lo entregara. El tiempo transcurrido entre estos dos puntos, el tiempo de espera, tendría que ser medido por todos los equipos de manera sistemática y en todos los lugares donde se prestaba el servicio.

Imagínese lo difícil que sería reunir dicha información dentro del torbellino que implica recibir y entregar coches, tan complicado, incluso, que muchos directivos aseguraban que sería imposible. No obstante, gracias a que estaban comprometidos con su POE de obtener un índice de satisfacción de los clientes inigualable, y porque estaban convencidos de que el tiempo de espera sería la medida más influyente y predictiva para alcanzarlo, decidieron registrar estos datos. Como todos los grandes equipos directivos, una vez que la decisión fue tomada, encontraron la forma de hacerlo.

Al principio se preguntaron si el tiempo de espera era en verdad susceptible de mejora, en vista de la cantidad de factores externos que intervienen, como la ubicación de la zona de aparcamiento y la distancia hasta el automóvil. Pero incluso con todas estas limitaciones, lograron reducir el tiempo de espera de manera significativa.

¿Cómo? Los equipos idearon un método porque estaban muy

comprometidos con el juego. Cuando el indicador predictivo se introdujo en el Cuadro de Mando de Resultados, los aparcacoches comenzaron a encontrar nuevas formas de ganar. Por ejemplo, aconsejaron a sus clientes que los llamasen antes de hacer el *check-out* para que el coche estuviera esperándolos al salir. Siempre que un huésped del hotel o un paciente del hospital llamaba con antelación, sabía que el tiempo de espera sería cero.

Los aparcacoches también comenzaron a preguntar a los usuarios cuándo necesitarían su coche. Si respondían que unos días más tarde, aprovechaban para dejarlo al fondo del aparcamiento. Asimismo, acercarían el coche de cada cliente el día de su partida para reducir el tiempo de espera.

Estas y muchas otras innovaciones no solo redujeron el indicador predictivo elegido, el tiempo de espera, sino que lograron incrementar el indicador histórico de satisfacción de los clientes. Towne Park estaba ganando, pero sin el compromiso de los empleados, estas ideas nunca habrían surgido, y tampoco se habrían puesto en marcha.

Sin embargo, el equipo de Towne Park en Miami, Florida, se enfrentó a un obstáculo que parecía insuperable: una pared de hormigón de 1,2 metros de altura se alzaba en mitad del aparcamiento, lo cual obligaba a los conductores a rodearla para ir por los coches.

Tras varios meses de proponer formas de compensar las pérdidas causadas por el muro en las sesiones de POEs, llegaron a la conclusión de que habría que acabar, literalmente, con el obstáculo. James McNeil, uno de los asistentes del gerente de administración, se comprometió ante su equipo a derribar la pared. Obtuvo la autorización del ingeniero del hotel, quien confirmó que no se trataba de un muro de carga, pidió prestada una sierra de hormigón y reclutó a algunos capataces para que le ayudaran. Comenzaron a primera hora el siguiente sábado, cortaron y cargaron varias toneladas de hormigón y, al final del día, el muro había desaparecido.

Es probable que usted, como directivo, encuentre fascinante este relato. Si un ejecutivo de Towne Park hubiera ordenado que su equipo hiciera algo que no estaba dentro de sus responsabilidades, como derribar un muro de hormigón, ¿cómo cree que habría reaccionado? En el mejor de los casos, se hubiera resistido; en el peor, se hubiera declarado en huelga. Esto puede suceder hasta en los mejores equipos.

No obstante, como el indicador predictivo se había convertido en una gran apuesta, los jugadores no estaban dispuestos a perder; el efecto fue el opuesto. Eliminar la pared fue idea suya, y su deseo de ganar era tan fuerte que nadie podría haber evitado su destrucción. Efectivamente, la necesidad es la madre de la ciencia. Cuando el tiempo de espera se volvió un juego emocionante, la creatividad y el ingenio hicieron su aparición.

Es vital entender que este nivel de compromiso nunca se alcanzará en un entorno de órdenes y control, es decir, con los métodos de ejecución que dependen exclusivamente de la autoridad formal de un líder. En el mejor escenario, este tipo de autoridad, como mucho, empuja al equipo a obedecer.

Por el contrario, las 4DX producen resultados, no por el ejercicio de la autoridad, sino por el deseo de cada integrante de un equipo de sentirse relevante, trabajar en algo que importa y, ante todo, ganar.

El tipo de compromiso que genera verdadera dedicación es como el que llevó al equipo de Towne Park a derribar un muro. Esta es la clase de compromiso que produce resultados extraordinarios.

En la segunda parte del libro encontrará una guía precisa para alcanzar ese grado de compromiso a través de la Cadencia de Rendición de Cuentas.

La fuerza de las 4DX

Ahora que hemos examinado cada una de las 4 Disciplinas de la Ejecución, esperamos que pueda sentir la fuerza que poseen para transformar la cultura laboral y los resultados de su negocio. Cuando presentamos las 4DX a los directivos, muchas veces creen que ya están haciendo la mayoría de las cosas que enseñamos. Después de todo, objetivos, indicadores, cuadros de mando y reuniones son elementos que nos resultan familiares. Sin embargo, después de implantar las 4DX, estos mismos directivos informaron de los cambios profundos en el paradigma de su equipo, y en muchas ocasiones era la primera vez que lo presenciaban.

Si usted contrasta las 4DX con las típicas prácticas de planificación, verá que se trata de un paradigma radicalmente distinto y que no responde a las ideas más comunes sobre cómo alcanzar objetivos.

Lector de código de Android
iPhone-Red Laser
http://www.4dxbook.com/qr/BestMoment

Escanee la imagen superior para ver un vídeo sobre el proceso al que se enfrentan los líderes cuando impulsan una estrategia.

El proceso de selección de los objetivos anuales suele comenzar con un plan maestro para todo el año centrado en un gran número de objetivos. Después, para poder ejecutar ese plan con éxito, cada objetivo se desglosa en muchos proyectos, escalones, tareas y subtareas que deberán cumplirse en un período determinado. Cuanto más profundo sea el proceso de planificación, más complejo se volverá el plan.

A pesar de la complejidad creciente, muchos directivos pueden sentir los síntomas de lo que llamamos «la euforia de la planificación». Es esa sensación de esperanza que los hace pensar: «¡Esto sí que puede funcionar!».

Al final crean una serie de presentaciones en PowerPoint para explicar ese plan, y luego hacen una convincente y muy formal. ¿Le resulta familiar? Si su respuesta es afirmativa, entonces solo falta un paso en el desarrollo del plan: ver cómo poco a poco cae en el olvido, enterrado por las necesidades cambiantes del negocio, sobre las cuales no hay rendición de cuentas, por lo cual el plan se vuelve cada vez más irrelevante.

Ahora piense en la experiencia de Younger Brothers Construction y su POE de reducir accidentes. No importa lo detallado o brillante que fuera su plan estratégico anual, en él nunca se podría haber anticipado que en la semana 32 uno de los directivos tendría que reunirse con los equipos 9, 11 y 13 para solucionar el problema de las gafas protectoras. En otras palabras, la información necesaria para alcanzar los mejores resultados cada semana nunca forma parte del plan, y no hay manera de adivinarla.

Sin embargo, en la Disciplina 4 el equipo elabora un plan semanal según los indicadores predictivos. Este consiste, básicamente, en crear un plan del tipo *«just in time»* basado en compromisos que nadie podría haber imaginado durante los primeros días del mes, mucho menos a principios de año.

La energía semanal constante aplicada a los indicadores predictivos genera un método inigualable de rendición de cuentas, pues conecta al equipo directamente con el objetivo, una y otra vez.

Aunque Younger Brothers hubiera atacado su POE sin los indicadores predictivos de las normas de seguridad, podría haber fijado compromisos semanales, pero no hubiera contado con una diana nítida. ¿Se imagina a cada miembro de cada equipo comprometiéndose a reducir accidentes en una semana? Para ellos, esto sonaría tan amplio y tan imponente como intentar abarcar el océano.

Todavía peor: imagine la perspectiva de los directivos. Casi puede oír su frustración: «Todos llevan trabajando en la construcción durante muchos años. Si a ellos no les importa su seguridad, ¿qué se supone que debería hacer yo al respecto?».

Cuando las personas abandonan un objetivo que parece inalcanzable, no importa lo estratégico que pueda ser, solo hay una dirección que tomar: de vuelta al torbellino. Después de todo, es lo que saben hacer y con lo que se sienten seguras. Cada vez que esto sucede, su equipo está jugando a no perder en vez de jugar a ganar; hay una gran diferencia entre estas dos opciones. Es muy sencillo, ¡las 4DX hacen que una organización juegue a ganar!

Imagine que las 4DX son como el sistema operativo de su ordenador. Necesita uno de gran capacidad para ejecutar cualquier programa que quiera instalar. Si el sistema operativo no funciona para esa tarea, por muy bonito que sea su diseño, nunca servirá para su ordenador.

De igual forma, para ejecutar sus objetivos, por muy bonita que sea su estrategia, eso no garantiza que funcione. Incluso en el caso de que sí alcance ciertos resultados, no podría mantenerlos ni superarlos año tras año. Las 4DX aseguran la ejecución precisa y sistemática de cualquier objetivo que decida plantear a su equipo u organización. Además de esto, construye los cimientos de un éxito más sólido en el futuro.

Una de las razones fundamentales que hace que las 4DX sean tan eficaces es que están basadas en principios atemporales, y se ha probado su efecto en prácticamente cualquier organización y entorno. Nosotros no inventamos estos principios, solo los desempolvamos y los empaquetamos. Muchos han tenido éxito antes al usarlos para cambiar el comportamiento humano con el fin de cumplir un objetivo.

En 1961, Jean Nidetch, de Queens, Nueva York, ya no tenía paciencia para seguir una dieta. Se sentía incómoda con su sobrepeso pero no podía ponerse a régimen. Fracasaba cada vez que intentaba llegar a su objetivo. Así que, cuando la Junta de Salud estatal le prescribió una dieta, quiso intentar un nuevo método. Invitó a algunas de sus amigas, que también luchaban con su peso, a juntarse cada semana para supervisarse unas a otras. Se plantearon objetivos razonables, modestos, de perder de medio kilo a un kilo a la semana. Vigilaron su consumo de calorías y calcularon cuánto ejercicio hacían.

En un período de alrededor de dos años alcanzaron su peso ideal, y lo hicieron juntas.

El club para perder peso que fundó Jean le dio la bienvenida a nuevos miembros y, en 1963, se convirtió en la organización Weight Watchers. Desde entonces, este método ha crecido tanto que ahora es una red internacional que también distribuye bebidas dietéticas, sustitutivos del azúcar y publicaciones.

«Mi pequeño club privado se transformó en una empresa», dijo Jean Nidetch.

Ningún otro programa ha igualado el récord de este club. En poco tiempo ha ayudado a gran número de personas a alcanzar y mantener su peso ideal.

El éxito de Weight Watchers se basa en los mismos principios que subyacen en las 4 Disciplinas.

- Disciplina 1: centrarse en un indicador histórico, en este caso perder cierta cantidad de peso en un período de tiempo determinado («De X a Y para Cuándo»).
- Disciplina 2: actuar sobre indicadores predictivos de alto impacto; por ejemplo, consumo de calorías y ejercicio, medidas que se pueden controlar. Estos indicadores predictivos se pueden expresar en puntos fáciles de registrar y vigilar.
- Disciplina 3: mantener y actualizar con regularidad un Cuadro de Mando de Resultados, y vigilar los indicadores predictivos y el indicador histórico. Un Cuadro de Mando de Resultados convincente hace que las personas se comprometan y marca el camino hacia el objetivo.
- Disciplina 4: la Cadencia de Rendición de Cuentas; reunión semanal con las personas que comparten un objetivo. En ella se cuentan anécdotas, se revisa el marcador (la báscula) y se celebran los triunfos. También se habla de los fracasos y de qué se puede hacer al respecto. Muchos participantes dicen que pesarse delante de todos cada semana es el mayor incentivo del programa.[7]

Los principios que subyacen en las 4DX son universales y atemporales, algo que hemos constatado una y otra vez en las mejores empresas del mundo.

Cómo aplicar las 4DX en su equipo

En la primera parte aprendió que las 4DX constituyen un sistema operativo para lograr los objetivos que se ha fijado.

En esta segunda parte aprenderá qué puede esperar tras aplicar las 4DX en su equipo y los pasos específicos para hacerlo. Podrá extraer conocimiento a partir de la experiencia de miles de equipos de trabajo que también se han comprometido con este emocionante reto.

Nos gustaría que recordara que las 4DX no son un conjunto de reglas o pautas, sino una serie de disciplinas. Aplicarlas requerirá un importante esfuerzo, pero propiciará un equipo cuyo rendimiento será consistente y excelente.

Esta parte del libro está diseñada para guiarlo durante la aplicación de las 4DX. Se trata de algo similar a un manual práctico que contiene toda la información necesaria para alcanzar el éxito. Si usted es un directivo encargado de liderar los esfuerzos de otros durante la implantación de las 4DX, aquí encontrará un mapa detallado del camino. Cuando emprenda este viaje se dará cuenta de la importancia de esta segunda parte.

Es muy probable que consulte esta parte del libro en numerosas ocasiones durante el proceso de implantación de las 4DX y que desee revisarla en años posteriores, a medida que su experiencia con las 4DX vaya desarrollándose.

¿Qué puede esperar?

El famoso mito griego de Sísifo cuenta la historia de un hombre a quien los dioses castigaron haciéndole empujar una roca hasta la cima de una montaña. Cada vez que alcanzaba el punto más alto, la roca rodaba ladera abajo y Sísifo tenía que empezar de nuevo.

En cierta forma, se trata de una sensación similar a la de salir exhausto de la oficina tras un día de trabajo sin haber conseguido un solo logro significativo y sabiendo que mañana tendrá que empujar esa misma piedra otra vez.

Jim Dixon, director general de la sucursal 334 de una cadena de supermercados, se sentía como Sísifo cada día. La 334 tenía el peor nivel de rendimiento de las 250 tiendas que componían la división. Nadie quería comprar, y mucho menos trabajar allí.

Todos los días, cuando llegaba, Jim se enfrentaba a los problemas de siempre: carritos de supermercado desordenados, basura en el aparcamiento, botellas rotas en los pasillos y estantes mal abastecidos. Nada sucedía en la tienda hasta que Jim lo ordenaba o lo hacía él mismo. Con frecuencia terminaba colocando productos o limpiando leche derramada a altas horas de la noche. No solo había contratado a gente para hacer estas cosas, también tenía personal encargado de contratar a otros para dichas tareas.

Como Sísifo, Jim sentía que a diario empujaba la misma roca hasta la cima de la montaña solo para verla rodar ladera abajo de nuevo. Nunca tenía el tiempo ni la energía necesarios para hacer que la tienda progresara de manera significativa.

Cuando fue nombrado director de la tienda 334, a Jim se le

consideraba un directivo con mucho potencial. Ahora parecía el gerente de una microempresa con poco que ofrecer. El día que nos lo presentaron había trabajado más de dos semanas sin un solo día de descanso y llevaba sin coger vacaciones más de un año. Las ventas eran bajas y la rotación de empleados, alta. El subdirector de recursos humanos nos confesó:

—Si Jim no dimite, vamos a tener que despedirlo.

Considere la carga de trabajo de Jim e imagine la alegría que sintió cuando supo que tendría que asistir a un taller de las 4 Disciplinas, además de lidiar con todas sus tareas habituales, ¡y en diciembre!, el mes de mayor actividad en el negocio de la alimentación.

Para Jim y sus jefes de departamento, el Principal Objetivo Estratégico no era ningún misterio. Si no conseguían igualar la cifra de ventas anuales respecto al año anterior, existía el peligro de que se cerrara la tienda. En realidad, no había nada más importante. Sin embargo, lo difícil era encontrar su indicador predictivo: ¿qué cosas podrían cambiar o no habían hecho todavía?, ¿qué acciones tendrían mayor impacto sobre los ingresos de la tienda?

Jim y su equipo estaban seguros de que la mejora de las condiciones de la tienda aumentaría los ingresos. Un establecimiento limpio, ordenado y bien abastecido atraería a más clientes. Así que cada departamento pensó en las dos o tres cosas más importantes que podrían medir y decidieron calificarse diariamente sobre una escala del 1 al 10.

- La carnicería tendrá cortes frescos dispuestos en un expositor de cristal.
- La frutería se abastecerá por completo antes de las cinco de la mañana.
- La panadería deberá tener pan recién horneado en los estantes cada dos horas.

Al final de este proceso, Jim y su equipo tenían un plan. Comenzarían a ejecutarlo de inmediato; el subdirector y los jefes de departamento se encargarían de actualizar el Cuadro de Mando de Resultados cada día. Según su apuesta, si las condiciones de la tienda mejoraban, también aumentarían las ventas respecto al año anterior. Parecía que iba a funcionar.

Por la mañana pegaron en la pared los cuadros de mando y esa misma noche los empleados los arrancaron. Al día siguiente los pusieron de nuevo, pero el torbellino de las presiones diarias empujó a los jefes de departamento hacia las tareas de siempre. Tras dos semanas, los cinco departamentos tenían de promedio 13 puntos sobre 50 en una escala que ellos mismos habían creado. Jim se sentía frustrado y el Principal Objetivo Estratégico estaba en peligro.

En esta parte verá por qué y conocerá el final de esta historia.

Fases de cambio

Muchos directivos se enfrentan a retos como el anterior al aplicar las 4DX, pues cambiar comportamientos supone un esfuerzo enorme. De hecho, hemos descubierto que la mayoría de los equipos pasan por cinco fases para lograr cambios de comportamiento. En este capítulo esperamos poder ayudarle a entenderlo y emprender el camino a través de estas etapas.

Fase 1: claridad

Sigamos a María Elena, la directora de una unidad de enfermería quirúrgica de un hospital, durante la implantación de las 4DX en su equipo. El equipo que lidera se enfrenta a un torbellino sin igual, ya que su manera de realizar docenas de cirugías todos los días es literalmente cuestión de vida o muerte.

Recientemente, el equipo de María Elena había notado un aumento exagerado en las complicaciones perioperatorias, es decir, las cosas que salen mal en torno a las cirugías. A pesar del violento torbellino que existe en una sala de operaciones, todos compartían la pasión por reducir los incidentes que ponían en riesgo la vida de sus pacientes.

FASE 1: claridad

El líder y su equipo se comprometen a un nuevo nivel de rendimiento. Se dirigen a implantar las 4DX y desarrollar POEs claros, así como indicadores históricos y predictivos, y un Cuadro de Mando de Resultados convincente. Se comprometen a llevar a cabo sesiones de POEs con regularidad.

Aunque es normal esperar variaciones en el nivel de compromiso, los miembros del equipo estarán más motivados si se involucran en las sesiones de trabajo de las 4DX.

Durante una sesión de trabajo de las 4DX, los integrantes tradujeron su enfoque en un Principal Objetivo Estratégico: aumentar el porcentaje de cirugías sin complicaciones perioperatorias del 89 al 98 % para el 31 de diciembre.

El equipo revisó con cuidado los factores que generaban la mayoría de los incidentes, así como aquellos que significaban un mayor riesgo para los pacientes, y aislaron los dos indicadores predictivos que podrían utilizar como palancas: realizar todas las comprobaciones preoperatorias al menos 30 minutos antes de la cirugía, y hacer inventario del instrumental quirúrgico dos veces después de cada intervención.

Ahora que María Elena y su equipo tenían un Principal Objetivo Estratégico (Disciplina 1) y dos indicadores predictivos (Disciplina 2), diseñaron un Cuadro de Mando de Resultados sencillo (Disciplina 3) para realizar el seguimiento de su rendimiento y luego programaron sesiones de POEs semanales para rendirse cuentas sobre su progreso continuo (Disciplina 4).

Cuando la reunión del equipo terminó, María Elena no podía esperar para lanzar el plan la siguiente semana. Nunca había tenido más claro su objetivo y cómo desarrollarlo. El resto, pensó, sería sencillo.

Por supuesto, había subestimado la tarea. Esto sucede por la dificultad que conlleva cambiar el comportamiento humano en medio de un torbellino desatado. El éxito comienza al poner en claro el POE y el proceso de las 4DX. Recuerde que las acciones clave para su implantación son:

- Ser un modelo de concentración del enfoque sobre el Principal Objetivo Estratégico.
- Identificar indicadores predictivos con alta capacidad de influencia.
- Crear un cuadro de mando de jugadores.
- Programar sesiones de POEs semanales y celebrarlas.

FASE 2: LANZAMIENTO

María Elena comenzó el proceso de las 4DX con la primera cirugía de la semana: lunes a las siete de la mañana. Para el mediodía el equipo ya tenía problemas. El indicador predictivo requería que comprobaran el instrumental 20 minutos antes de lo habitual, pero el cambio en los tiempos y la nueva lista de tareas confundía a todos.

Con un programa lleno de cirugías y con una enfermera menos por baja, María Elena estaba desbordada y se encontraba con un equipo desconcertado. Esa primera mañana aprendió mucho sobre los problemas que surgen al ejecutar en medio del torbellino.

También notó que algunos estaban más dispuestos a cambiar que otros. Su personal con mayor rendimiento estaba teniendo éxito, y, aunque no fue sencillo, se enfrentó gustoso al reto. No obstante, dos de las enfermeras veteranas cuestionaron la necesidad del cambio en la rutina y se quejaron del aumento en el nivel de estrés. Además, María Elena se dio cuenta de que los recién incorporados, que aún no se sentían cómodos con sus tareas, estaban retrasando las comprobaciones.

> **FASE 2: lanzamiento**
>
> Ahora el equipo se encuentra en la línea de salida. Ya sea que organice una reunión de lanzamiento informal o un encuentro más informal, deberá impulsar a su equipo para que trabaje sobre el POE. Al igual que un cohete, que requiere una energía de ignición para escapar de la fuerza de la gravedad de la Tierra, el equipo necesitará una gran concentración por parte de su líder en este momento clave.

Esa semana descubrió que planificar es fácil, pero implantar el proceso es complicado. No solo se enfrentó al torbellino, sino también a un equipo cuyo nivel de motivación era desigual.

La fase de lanzamiento de las 4DX no garantiza que será un proceso fluido. Se encontrará con comportamientos modélicos (personas que muestran entusiasmo), potenciales (los que al principio tienen problemas) y refractarios o que oponen resistencia (los que no quieren participar). A continuación, presentamos algunas claves para un lanzamiento del proceso con éxito.

- Sea consciente de que la fase de lanzamiento requiere concentración y energía, en especial por parte del líder.
- Mantenga el enfoque e implante las 4DX de manera constante. El proceso es fiable.
- Identifique los tres tipos de comportamientos: modélico, potencial, refractario. (Insistiremos en estas cuestiones más adelante.)

Fase 3: adopción

María Elena se esforzó por mantener la concentración en el POE. Su equipo ajustó el horario y pulió los métodos para llevar el cuadro de mando. Formó y asistió a sus integrantes con potencial, y asesoró al personal con actitud más reacia acerca de la necesidad de cambio.

Cada semana trabajaban en los indicadores predictivos y, poco a poco, mejoraron sus habilidades. Cuando se reunían en las sesiones de POEs semanales, revisaban el Cuadro de Mando de Resultados y luego adquirían compromisos individuales para mover la aguja del contador.

No pasó mucho tiempo antes de que María Elena comenzara a sentir que el equipo había encontrado su ritmo, y consiguieron reducir el índice de complicaciones perioperatorias. El equipo empezó a notar que los indicadores predictivos estaban funcionando y el nivel de motivación creció. Por primera vez en meses sintieron que estaban ganando.

Usted debe ser consciente de que el proceso de implantación de las 4DX lleva su tiempo. Su aplicación es esencial para alcanzar el éxito del POE; sea respetuoso con las personas pero meticuloso a la hora de conseguir que el proceso se siga al pie de la letra. De otra manera, el torbellino marcará la pauta. Recuerde los siguientes puntos clave para implantar las 4DX con éxito:

> **FASE 3: adopción**
>
> Los miembros del equipo adoptan las 4DX y nuevos comportamientos que los llevarán a cumplir el POE con éxito. Es de esperar que la resistencia se diluya y el entusiasmo aumente conforme las 4DX comiencen a mostrar resultados. Los integrantes del grupo se rendirán cuentas unos a otros acerca de su nivel de desempeño a pesar de las exigencias del torbellino.

- Primero concéntrese en seguir el proceso al pie de la letra con cuidado, después podrá concentrarse en los resultados.
- Durante las sesiones de POEs establezca compromisos y asegúrese de que haya la rendición de cuentas entre los miembros del equipo.
- Siga los resultados cada semana con un cuadro de mando que se encuentre a la vista de todos.
- Haga los ajustes necesarios.
- Invierta en los miembros con potencial mediante formación adicional y asesoría.
- Reaccione de manera franca ante asuntos relacionados con los miembros del equipo que se muestren reacios y, según sea necesario, ayúdeles a avanzar.

FASE 4: OPTIMIZACIÓN

Durante las ocho semanas siguientes, María Elena se sintió satisfecha con el progreso de su equipo y con la constante, aunque pequeña, disminución en el número de complicaciones perioperatorias. No obstante, el equipo tendría que apretar el paso para alcanzar el POE antes de que finalizara el año, y María Elena no estaba segura de qué más podrían hacer.

FASE 4: optimización

En esta fase, el equipo cambiará su mentalidad a la de las 4DX. La expectativa es que los integrantes de su equipo se volverán más propositivos y se comprometerán más con su trabajo, ya que han comenzado a producir resultados que sí marcan una diferencia. Pronto buscarán formas de optimizar su desempeño, pues ahora saben qué se siente al «jugar para ganar».

Ese mismo día, en la sesión de POEs, sus enfermeras la sorprendieron con propuestas de mejoras en los indicadores predictivos. Primero, sugirieron cambiar de sitio la mesa de instrumental del quirófano para poder hacer la comprobación con mayor rapidez y precisión. En segundo lugar, determinaron que si al iniciar el turno hacían la evaluación de las salas de la primera y la segunda cirugías programadas, podrían ganar y mantener cierta ventaja sobre el programa durante el resto del día. Por último, propusieron que los encargados de trasladar a los pacientes a cirugía lo notificaran antes al equipo de enfermería y, de esta manera, tendrían tiempo de hacer una revisión cruzada de las salas una última vez.

María Elena estaba sorprendida y orgullosa de que su equipo encontrara la manera de optimizar su rendimiento. Se dio cuenta de que, si lo hubiera propuesto ella, el equipo probablemente habría rechazado el trabajo adicional. Sin embargo, ya que la idea había partido de ellos, no solo estaban dispuestos a aplicarla, sino también emocionados por hacerlo.

María Elena había creado un juego que importaba, y ahora su equipo quería ganarlo.

Las enfermeras se adueñaron del proceso. Con frecuencia encontraban nuevas formas de hacer avanzar los indicadores predictivos, y los indicadores históricos seguían mejorando. Los compromisos semanales eran precisos y su seguimiento excelente. Las sesiones de POEs se centraban por completo en estos resultados.

No obstante, lo que fascinaba a María Elena era el nivel de entrega y energía, pues se trataba de algo que nunca antes había presenciado.

Si se es constante en la aplicación de las 4DX, se puede esperar de los miembros del equipo que mejoren su rendimiento por sí mismos.

Estas son las claves para sacar el mayor provecho de esta fase:

- Incentive la creatividad y acepte la mayoría de las propuestas para hacer avanzar los indicadores predictivos, incluso aunque algunas funcionen mejor que otras.
- Felicite a su equipo cuando el seguimiento de compromisos sea excelente; celebre los triunfos.
- Incentive a los miembros del equipo a abrirse camino juntos y anímelos siempre que eso suceda.
- Identifique el momento en que las personas con potencial empiezan a mostrar comportamientos modélicos de alto rendimiento.

FASE 5: HÁBITOS

María Elena caminó orgullosa hacia el podio, entre aplausos entusiastas, durante la reunión anual del hospital. Era difícil creer que apenas habían transcurrido once meses desde que se enfrentó a una crisis. El aumento en el índice de complicaciones perioperatorias podía haber tenido un impacto en su trabajo y, todavía peor, sobre la vida de sus

> **FASE 5: hábitos**
>
> Cuando las 4DX se convierten en un hábito, su equipo no solo alcanzará el objetivo, sino que también notará un aumento permanente en su nivel de desempeño. La finalidad de las 4DX no solo consiste en lograr objetivos: lo más importante es crear una cultura de excelencia en la ejecución.

pacientes. Ahora, ella y su equipo recibirían un reconocimiento por haber superado su objetivo y registrar el ratio más bajo en la historia del hospital.

María Elena sabía que el cambio producido en su equipo iba mucho más allá del objetivo que lograron alcanzar; había modificado su desempeño de manera radical y, durante el proceso, se habían desarrollado hábitos de ejecución que asegurarían el éxito a futuro. Los cambios de comportamiento, que habían requerido un gran esfuerzo, se convirtieron en un nuevo nivel de rendimiento para el equipo. En resumen, las prácticas que ayudaron a reducir las complicaciones perioperatorias ahora eran parte del torbellino. Sin embargo, gracias a ello, su torbellino se había vuelto mucho más manejable.

En consecuencia, María Elena se dio cuenta de que su equipo era capaz de ejercer un nuevo grado de concentración y compromiso; y cuando emprendieron un nuevo POE ya se encontraban en el camino hacia la victoria.

Lector de código de Android
iPhone-Red Laser

http://www.4dxbook.com/qr/HealthCare

Escanee la imagen superior para ver vídeos de casos de estudio de las 4DX en instituciones de cuidado de la salud.

Las 4DX sirven para crear hábitos: una vez que los nuevos comportamientos se integren en las operaciones diarias, usted podrá plantear nuevos objetivos y ejecutarlos con excelencia una y otra vez. A continuación encontrará los puntos clave para ayudar a su equipo a convertir las 4DX en un hábito:

- Felicite a su equipo siempre que haya alcanzado un POE.
- Formule otro de inmediato para formalizar las 4DX como su sistema operativo.
- Haga hincapié en el hecho de que su nuevo estándar operativo se basa en un rendimiento superior sobre los indicadores predictivos.

- Ayude de manera individualizada a los miembros del equipo para que puedan convertirse en trabajadores de alto desempeño, mediante un seguimiento y el desplazamiento del desempeño medio.

Desplazando la media de desempeño

Como ya mencionamos, las personas suelen enfrentarse al cambio mostrando tres posibles tipos de comportamiento:

Modélico: lo despliegan aquellos cuyo rendimiento es superior, y también los más comprometidos. Estas personas se entregan a las 4DX con entusiasmo y las usan para llegar al siguiente nivel de rendimiento. Son aquellos a quienes a usted le gustaría poder clonar.

Refractario: lo llevan a cabo el polo opuesto de los anteriores. Cuando introduzca las 4DX, la reacción inmediata de algunos integrantes del equipo será decir que no funcionarán y por qué, y la imposibilidad de aplicarlas en medio de las exigencias del torbellino. Otros optarán por no esforzarse y esperarán pasar inadvertidos. Sin embargo, las 4DX hacen que todos los que se muestran reacios se vuelvan muy visibles para los demás. En palabras de uno de nuestros clientes: «Cuando las 4DX se implantan, ya no hay sitio dónde esconderse».

La mayoría de las personas están en el punto medio, entre los comportamientos modélicos y refractarios. Este grupo representa su principal palanca de potencial para mejorar el rendimiento.

Potencial: lo despliegan las personas que tienen la capacidad de estar entre los miembros de alto rendimiento, pero aún no la han alcanzado. Es posible que algunos carezcan del enfoque en los objetivos o del conocimiento específico que necesitan mejorar. Quizá otros requieran la presión de la rendición de cuentas para automotivarse.

Por lo general, el rendimiento de cualquier equipo se parece a la siguiente figura:

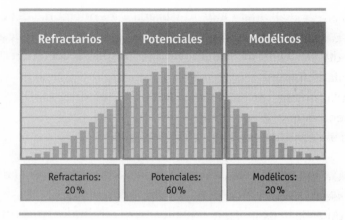

Se aprecia una acumulación considerable en la zona central.

La variabilidad natural de todo sistema produce esta acumulación o densidad, conocida como «curva de distribución normal». Según este esquema, siempre habrá un 20 % de alto rendimiento (la acumulación de excelencia), un 20 % en el nivel más bajo (el inevitable conjunto de trabajadores de poco rendimiento) y un 60 % en el punto medio, es decir, la mayoría que podría mejorar con la motivación adecuada.

Este último grupo es el de los potenciales, que podrían contribuir mucho más si tan solo supieran cómo hacerlo. Por supuesto, las cifras varían, pero ¿qué pasaría si el desempeño de este 60 % en la zona media se pareciera más al 20 % de desempeño superior? ¿Qué pasaría con el rendimiento si la gráfica fuera similar a la siguiente?

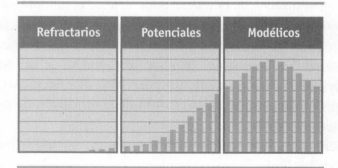

La curva se desplaza hacia un mayor rendimiento general a medida que las personas de la zona central mejoren su rendimiento imitando a los del 20 % de nivel superior. En otras palabras, a medida que el número de empleados que mejora en sus tareas aumente, el desplazamiento de la curva hacia la derecha será firme y constante. Mientras que, en un equipo normal y corriente, el rendimiento de la zona central aparece hacia la izquierda y dispar.

- Un hotel que dé por bueno obtener valoraciones medias de satisfacción de sus huéspedes presenta una curva hacia la izquierda y plana. Después de todo, casi todos están contentos, ¿verdad?
- La curva de un instituto de bachillerato que está satisfecha con un ratio normal de graduados (que a su vez implica un índice habitual de abandono) está escorada hacia la izquierda y es plana.
- Un hospital cuya dirección se conforma con mantener el índice de infecciones dentro de los valores normales muestra un gráfico plano y escorado hacia la izquierda.

Ninguna de estas organizaciones podrá dar el salto hacia la excelencia en su rendimiento si se conforma con una curva laxa y escorada hacia la izquierda.

No obstante, incluso estos ejemplos cuentan con nichos de alto rendimiento: equipos cuyo rendimiento aparece firme y a la derecha.

Un ejemplo de gran rendimiento es el Centro Médico Erasmus en las inmediaciones de Rotterdam, en los Países Bajos. Al igual que en el resto del mundo, los hospitales europeos se enfrentan a un aumento desconcertante de infecciones letales contraídas dentro de las instalaciones (infecciones hospitalarias, o IH). Se estima que estas son la causa de dos tercios de las 25.000 muertes que se producen en los hospitales del continente cada año.

En el Centro Médico Erasmus las infecciones aún se encontraban dentro de los límites aceptados, pero los administradores estaban decididos a eliminarlas. Adoptaron una serie de indicadores predictivos que denominaron «encontrar y destruir» con el fin de alcanzar su POE. Así, lograron erradicar casi todas las IH en cinco años. Tras este éxito, el sistema hospitalario de los Países Bajos en su conjunto siguió su ejemplo.[1]

Por definición, los hospitales están repletos de personas enfermas. Los gérmenes abundan. A pesar de esto, la mayoría de los hospitales parecen estar conformes con mantener el índice de infecciones dentro de unos límites aceptables. Sin embargo, para un equipo de alto rendimiento como el del Centro Médico Erasmus, el único índice aceptable de infección es cero. Esto implicaba desplazar considerablemente la media del desempeño.

En cuestión de meses, el equipo de Erasmus desplazó hacia la derecha, con firmeza, una curva que era laxa y escorada a la izquierda. Los pacientes vulnerables dejaron de enfermar y fallecer. La mayoría de los hospitales no carecen del conocimiento para alcanzar los mismos resultados pero, como bien dijo Adolph Rupp, famoso entrenador de baloncesto de la Universidad de Kentucky: «Siempre que vean a un hombre en la cima de una montaña, pueden estar seguros de que no llegó ahí por accidente».

Si usted logra desplazar la media hacia la cima del desempeño, el impacto sobre los resultados será significativo. Esto sucede cuando motiva nuevos y mejores comportamientos de manera constante, lo que constituye el objetivo de las 4DX.

Según nuestra experiencia, ya sea en hospitales, cadenas de tiendas de alimentación, empresas de ingeniería, hoteles, compañías de diseño de software, plantas de energía, constructoras o empresas de venta al por menor, el resultado casi siempre es el mismo: una cultura renovada de alto rendimiento con resultados consistentes.

Llegar ahí no es fácil y no ocurre de la noche a la mañana; aplicar las 4DX y hacer que perduren requiere concentración y disciplina constantes. El patrón de evolución suele parecerse al siguiente:

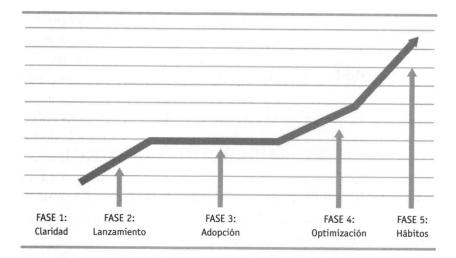

| FASE 1: | FASE 2: | FASE 3: | FASE 4: | FASE 5: |
| Claridad | Lanzamiento | Adopción | Optimización | Hábitos |

Al principio, los resultados mejoran con rapidez; sin embargo, hemos detectado que existe un período de estabilidad mientras el equipo trabaja para adoptar la nueva mentalidad. Una vez que los miembros del equipo convierten las 4DX un hábito, estas comienzan a dar frutos.

Al principio de este libro señalamos que quizá el reto más importante al que un directivo puede enfrentarse es emprender una estrategia que requiera cambiar el comportamiento humano.

Hemos comprobado que las 4DX son un sistema diseñado para afrontar dicho reto, y no solo una, sino muchas veces. En los capítulos siguientes le guiaremos paso a paso a través de cada disciplina para que pueda aplicarla en su equipo.

Aplicando la Disciplina 1
Centrarse en lo Estratégicamente Importante

El rendimiento sobresaliente en un equipo comienza al elegir uno o dos POEs. Concentrarse en pocos objetivos cruciales es el principio básico de las 4DX. Sin esto, su equipo se perderá en el torbellino.

Muchos equipos tienen múltiples objetivos, incluso docenas de ellos, y todos son la prioridad número uno. Por supuesto, esto significa que ninguno de ellos constituye en realidad una prioridad.

Uno de nuestros clientes lo dijo de manera impecable: «Cuando se trabaja sobre muchos objetivos, no nos concentramos en ninguno, pues la cantidad de energía que puede dedicarse a cada uno es tan pequeña que se vuelve insignificante».

Es vital seleccionar el POE correcto. Muchos directivos suelen titubear antes de concentrar su enfoque, ya que les parece preocupante elegir un POE inadecuado o fracasar a la hora de alcanzarlo. Sin embargo, al establecer un POE usted estará iniciando un juego donde las apuestas son altas, y en el que el equipo puede marcar la diferencia. La Disciplina 1 es esencial si desea jugar a ganar.

Paso 1: considerando las posibilidades

Comience con un bombardeo de ideas sobre los posibles POEs. Quizá crea que ya sabe cuáles deberían ser, pero tal vez el proceso lo lleve a objetivos completamente diferentes. De acuerdo con nuestra experiencia, esto sucede muy a menudo.

El bombardeo de ideas puede variar según el tipo de organización y el lugar que ocupa su equipo dentro de la misma.

SI	➡	ENTONCES
El equipo pertenece a una organización que tiene muchos objetivos...		...reúna ideas para determinar cuál de ellos es más importante que el resto
La organización ya ha designado un POE para el nivel más alto...		...piense en cómo puede contribuir a alcanzar el POE establecido
El equipo es la organización (por ejemplo, una pequeña empresa o una asociación sin ánimo de lucro)...		...piense en cuestiones con el mayor impacto sobre la misión que se quiere cumplir o para hacer que la organización crezca

RECOGIENDO IDEAS

Existen tres fórmulas para hacerlo:

- Realice un bombardeo de ideas con otros directivos, en particular si todos están centrados sobre el mismo POE organizativo. Aunque le pueda preocupar que estos no entiendan la forma en que trabaja su equipo, su perspectiva externa sigue siendo muy valiosa, sobre todo si usted depende de ellos o viceversa.
- Realice un bombardeo de ideas con los integrantes de su equipo o con un grupo representativo del mismo. Resulta evidente que, si se involucran en el proceso de selección del POE, lo harán suyo con mayor facilidad.
- Realice un bombardeo de ideas por su cuenta. De cualquier forma, tendrá que asegurarse de que su equipo aprueba el POE cuando desarrollen juntos los indicadores predictivos.

¿De arriba abajo, o viceversa?

¿Dónde se debe originar un POE? ¿Desde el líder o desde el equipo?

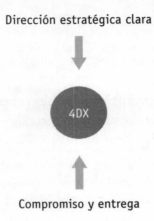

Dirección estratégica clara

4DX

Compromiso y entrega

Con las 4 Disciplinas, la dirección estratégica de los directivos va de arriba abajo durante la selección del POE. Por otro lado, los integrantes del equipo participan activamente con ideas que incrementan su nivel de entrega y compromiso con el POE.

De arriba abajo: un líder que impone un POE sin considerar las ideas del equipo puede tener problemas para lograr que este lo haga suyo. Si lleva a cabo la rendición de cuentas apoyándose en su autoridad, es probable que el equipo no desarrolle un alto nivel de rendimiento, y pagará el precio al perder su asimilación, creatividad e innovación.

De abajo arriba: los POEs que se originan exclusivamente dentro del equipo carecen de relevancia ante el objetivo general. Sin una dirección firme, el equipo podría perder tiempo y energía por la necesidad de llegar a un consenso antes de tomar cualquier acción.

De arriba abajo y de abajo arriba: el escenario ideal es que el líder y el equipo participen en la selección de los POEs. Solo un líder puede esclarecer qué es el Principal Objetivo Estratégico. En última instancia, él es responsable del POE. No obstante, no es posible comprometer al equipo con el mero ejercicio de la autoridad. Alcanzar el objetivo y transformar al equipo de trabajo implica que sus miembros sean capaces de participar de manera activa en la definición del POE. «Sin implicación no hay compromiso.»

PREGUNTAS DE EXPLORACIÓN

Las siguientes tres preguntas son útiles para descubrir el POE.

- ¿Qué área de desempeño del equipo queremos mejorar (suponiendo que lo demás funciona) con el fin de alcanzar el POE de nivel superior de la organización? (Esta pregunta resulta más útil que: «¿Qué es lo más importante que podemos hacer?»)
- ¿Cuáles son las tres grandes fortalezas que el equipo puede utilizar como palanca para lograr el POE? (Esta pregunta generará ideas dentro de las áreas en la que su equipo ya ha tenido éxito, pero que todavía pueden alcanzar un nivel superior.)
- ¿Cuáles son las áreas más afectadas por el bajo rendimiento del equipo y qué se debe mejorar para alcanzar el POE global? (Esta pregunta generará ideas relativas a los problemas de desempeño que, si no se solucionan, representan una amenaza real para el POE de nivel superior.)

No se conforme con recoger un par de ideas para dar con el POE. Reúna tantas como pueda dentro de lo razonable. Nuestra experiencia nos ha demostrado que cuanto más larga y creativa sea la lista de posibles POEs, la selección final será de mayor calidad.

Piense en el qué, no en el cómo. No cometa uno de los errores más comunes en esta etapa: desplazar el enfoque del POE en sí hacia el cómo lograrlo. El cómo es el nuevo y mejorado comportamiento que conducirá al equipo al POE. Esto se analiza más adelante, en la Disciplina 2.

Una cadena de hoteles de cinco estrellas tenía el siguiente POE: aumentar los ingresos netos de 54 a 62 millones de dólares para el 31 de diciembre. Varios departamentos de uno de los hoteles llevaron a cabo un bombardeo de ideas para determinar los POEs de sus equipos.

Limpieza de habitaciones	Limpiar las habitaciones como nunca antes. Ya somos los mejores; seamos excelentes
Restaurante	Establecer acuerdos con instituciones culturales y deportivas locales
Aparcacoches	Asegurarse de no hacer esperar a nadie para recibir su vehículo
Recepción	Registrar a los huéspedes en el sistema con mayor rapidez. Evitar que se formen colas en la recepción

Ahora veamos la lista de ideas de uno de los departamentos: gestión de eventos. En vista de que este grupo tiene un impacto en los ingresos tanto al aumentar los beneficios como al reducir gastos, su tormenta de ideas consideró ambas cuestiones.

Equipo de gestión de eventos

Aumento de ingresos

- Aumentar el número de eventos corporativos y congresos
- Aumentar las ventas de comida y bebida por evento
- Aumentar el porcentaje de eventos que eligen el paquete *premium* de barra
- Aumentar el número de bodas que se celebran en el hotel
- Aumentar el porcentaje de eventos que contratan la opción «todo incluido»

Reducción de gastos

- Reducir los costes de horas extra por evento
- Reducir los costes relativos a ropa blanca y vajilla
- Reducir el coste total de alimentos
- Reducir (o eliminar) los costes de personal de refuerzo y servicio externo de camareros

Paso 2: clasificar según el impacto

Una vez que se sienta satisfecho con la lista de posibles candidatos a POE, estará listo para identificar las ideas que encierran el mayor impacto potencial sobre el POE de nivel superior de la organización.

Calcular el impacto del POE de un equipo depende de la naturaleza del POE de nivel superior.

Susan, quien se encarga del equipo de gestión de eventos, es responsable de las fiestas, los banquetes y las reuniones especiales. En el paso 1, el equipo identificó los POEs de equipo que más contribuirían para alcanzar el POE de nivel superior de aumentar los ingresos.

Si el POE superior es	Clasifique el POE en términos de
Un objetivo financiero	Ingresos potenciales, beneficios, rendimiento financiero de las inversiones, flujo de tesorería, ahorro/reducción de costes
Un objetivo de calidad	Mejora en la eficiencia, ciclo de tiempo, mejora de la productividad y/o satisfacción del cliente
Un objetivo estratégico	Sirve a la consecución de la misión, ventajas competitivas adquiridas, oportunidades aprovechadas y/o amenazas contrarrestadas

Después calculó el impacto financiero de cada idea con el fin de reducir la lista. No fue difícil identificar las que generarían mayores beneficios para el equipo, pero este no era el enfoque correcto.

El verdadero reto era clasificar las ideas en función de su impacto sobre el POE de nivel superior de la organización; en otras palabras, debían identificar aquellas que generarían mayores beneficios para el hotel en su conjunto. Cuando hicieron esta evaluación, los eventos corporativos y las bodas pasaron a ocupar el primer lugar porque generaban ingresos más allá del acontecimiento en sí mismo, pues muchas veces conllevan reservas de habitaciones para invitados de otras ciudades, comidas en el restaurante e, incluso, servicios de spa.

Evite caer en la trampa de seleccionar POEs que mejoren el desempeño del equipo, pero con poco efecto sobre el POE de nivel superior.

Al final, Susan y su equipo eligieron dos candidatos a POE que claramente tendrían el mayor impacto sobre el POE de nivel superior, como se ve en la figura a continuación.

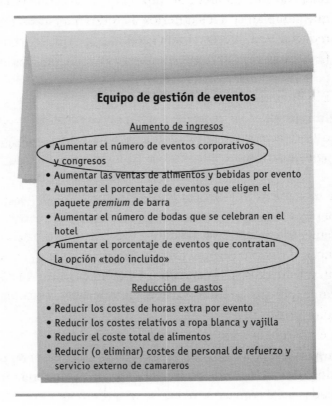

Equipo de gestión de eventos

Aumento de ingresos

- Aumentar el número de eventos corporativos y congresos
- Aumentar las ventas de alimentos y bebidas por evento
- Aumentar el porcentaje de eventos que eligen el paquete _premium_ de barra
- Aumentar el número de bodas que se celebran en el hotel
- Aumentar el porcentaje de eventos que contratan la opción «todo incluido»

Reducción de gastos

- Reducir los costes de horas extra por evento
- Reducir los costes relativos a ropa blanca y vajilla
- Reducir el coste total de alimentos
- Reducir (o eliminar) costes de personal de refuerzo y servicio externo de camareros

Una de las farmacéuticas más importantes del sector utilizó este mismo proceso para reducir e identificar su POE: disminuir el tiempo que la empresa tarda en sacar productos nuevos al mercado de aproximadamente 7,5 a 5 años. En esta empresa las ventas de un producto de éxito generan de media más de mil millones de dólares al año, así que el viejo dicho «el tiempo es oro» no se toma a la ligera.

Clive, encargado del departamento de cumplimiento normativo, supervisa el proceso de aprobación de medicamentos por parte de las agencias de control de fármacos de varios países. Todos los nuevos productos deben someterse a procesos de solicitud complejos que son diferentes en cada país.

En el paso 1, el equipo propuso los siguientes candidatos a POE:

1. Redactar solicitudes de autorización para la comercialización que cumplan con los criterios de todos los países, en vez de redactar una diferente para cada lugar.
2. Contratar consultores que anteriormente hayan trabajado para las agencias sanitarias.
3. Eliminar errores en las solicitudes.
4. Influir sobre las autoridades para que amplíen los criterios de farmacovigilancia de un nuevo medicamento, con el fin de agilizar su comercialización.

Algunos miembros del equipo plantearon argumentos importantes a favor del segundo candidato a POE, pues pensaban que el departamento carecía de suficiente experiencia. Otros creían que las agencias del gobierno eran las culpables, por lo que propusieron concentrar esfuerzos en el candidato 4 a POE. El POE 1 también era importante, porque intentar cumplir tantos criterios diferentes podía resultar frustrante.

Sin embargo, cuando examinaron sus ideas a la luz del POE de nivel superior «reducir el tiempo para sacar nuevos productos al mercado», descubrieron algo que no habían tenido en cuenta: las autoridades les devolvían muchas solicitudes para que corrigieran los errores y aclarasen informaciones ambiguas. Estos retrasos estaban duplicando el tiempo que llevaba el proceso de autorización.

A partir de ese punto, el candidato 3 a POE se convirtió en la selección más obvia sobre la que el equipo debería concentrarse.

En otro ejemplo similar, una importante empresa escandinava de transportes marítimos anunció sus tres objetivos anuales: mejorar la calidad, aumentar la productividad y reducir costes.

Stein era responsable de la carga y descarga de contenedores en las instalaciones de la empresa en Noruega. Reconoció que los objetivos corporativos eran poco claros, pero estaba entusiasmado por hacer que su equipo contribuyera de manera sustancial a los tres.

Después de una sesión de trabajo con las 4DX, se propusieron muchos posibles candidatos a POE, por ejemplo:

- Mejorar el mantenimiento de las grúas en los puertos para reducir los tiempos de reparación.
- Certificar a todos en Six Sigma para mejorar el proceso de carga.
- Trasladar los almacenes a la cabecera de los raíles para facilitar el flujo de contenedores a los barcos.

Cada candidato a POE tenía impacto en alguno de los tres objetivos corporativos, pero ninguno de ellos afectaba a todos a la vez.

Stein había leído en internet sobre un puerto en Malasia que había batido el récord mundial de número de desplazamientos a la hora de contenedores. Este equipo había logrado descargar un enorme barco en siete horas, la mitad del tiempo medio.

Stein se lo contó a su equipo, y su espíritu competitivo se despertó; esta energía les condujo a plantear el POE ganador: duplicar el número de contenedores desplazados por hora. Esto requeriría el máximo de calidad y productividad, y el ahorro de tiempo llevaría automáticamente a una reducción en los costes.

Paso 3: probar las mejores ideas

Una vez que haya identificado un par de candidatos a POE de alto impacto, verifíquelos según los cuatro criterios específicos de un Principal Objetivo Estratégico.

- ¿El POE del equipo está alineado con el de nivel superior?

- ¿Se puede medir?
- ¿Quién genera los resultados: su equipo o algún otro?
- ¿Quién domina el juego: el equipo o el líder?

¿Está alineado? ¿Existe una línea continua entre el candidato a POE y el POE de nivel superior? Crear POEs de equipo significativos implica unir de manera clara a su equipo (en el centro) con los POEs de toda la organización (si pueden ser identificados).

Aunque estos chequeos puedan resultar obvios, muchos equipos se entusiasman tanto con una idea que olvidan que alcanzar el POE de nivel superior es la prioridad número uno. Si una idea no supera este examen, elimínela y seleccione la siguiente de mayor impacto de su lista.

¿Se puede medir? En palabras de uno de nuestros clientes: «Si no llevas el marcador, solo estás entrenando». Un juego sin un cuadro de mando claro que lleve el resultado, nunca enganchará al equipo.

Un POE requiere que exista un sistema de medición creíble desde el primer día de ejecución. Si medirlo requiere un esfuerzo significativo, por ejemplo, un sistema de rendimiento que aún no existe, debería tacharse de la lista por ahora. Una vez que ese sistema se ponga en práctica, usted podrá reconsiderar el POE, pero invertir tiempo en un juego sin marcador es una pérdida de tiempo.

¿Quién genera los resultados? ¿Qué porcentaje de los resultados genera el equipo: al menos el 80 %? Esta verificación trata de eliminar de manera significativa la dependencia de otros equipos. El valor de referencia del 80 % puede servir para determinar cuánto dependerá su equipo de los demás para alcanzar el POE.

Si la responsabilidad sobre los resultados es inferior al 80 %, ningún equipo se hará cargo y se perderá la rendición de cuentas.

Por supuesto, si dos equipos asumen el mismo POE, la propiedad compartida puede impulsar el rendimiento, siempre y cuando ambos equipos y sus respectivos directivos entiendan que estarán juntos ganen o pierdan.

¿Quién domina el juego? ¿Se trata de un juego de líder o de equipo? La prueba final es más sutil que las demás, pero igual de importante. La pregunta es si los resultados dependen del rendimiento del líder o del equipo.

Si el POE depende demasiado de las funciones exclusivas del líder, entonces el equipo perderá interés en el juego muy pronto. El POE del equipo debe depender sobre todo de las actividades del propio equipo, y no solo del líder.

Si la idea que está sopesando no supera alguna de estas verificaciones, deberá reevaluarla. No le exija a su equipo que juegue un partido defectuoso: bajo la presión de la rendición de cuentas, estos defectos saldrán a la luz en poco tiempo.

Paso 4: definir el POE

Una vez que haya seleccionado y verificado las ideas de alto impacto que pueden convertirse en POE de equipo, deberá plantearlas de la manera más medible y clara posible. Defina los POEs de acuerdo con las siguientes reglas:

- Comenzar con un verbo.
- Definir el indicador histórico en términos de «De X a Y para Cuándo».
- Primar la sencillez.
- Concentrarse en el qué, no en el cómo.

COMENZAR CON UN VERBO

Los verbos de pocas sílabas concentran la mente en la acción de forma inmediata. Casi todos los verbos de varias sílabas tienen equivalentes más simples.

Las introducciones largas y rebuscadas también son innecesarias. Limítese a enunciar el POE:

ASÍ SÍ	ASÍ NO
Bajar los costes... Aumentar los ingresos... Incrementar el índice de satisfacción del cliente... Añadir una planta... Lanzar un producto...	Con el fin de lograr un aumento en el valor de la empresa para nuestros accionistas, impulsar la carrera de nuestros empleados y mantenernos fieles a nuestros ideales fundamentales, este año implantaremos un Principal Objetivo Estratégico para...

DEFINIR EL INDICADOR HISTÓRICO

Los indicadores históricos nos dicen si hemos alcanzado un objetivo. Marcan una línea de meta precisa para el equipo. Escriba sus indicadores históricos de acuerdo con la fórmula «De X a Y para Cuándo», tal y como muestran los siguientes ejemplos.

Resultado actual (de X)	Resultado deseado (a Y)	Fecha límite (para Cuándo)
Índice de errores: 11 %	Índice de errores: 4 %	31 de julio
Ocho rotaciones de inventario al año	Diez rotaciones de inventario al año	Término del año fiscal
Retorno del 12 % sobre la inversión al año	Retorno del 30 % sobre la inversión al año	Tres años

Los POEs resultantes son los siguientes:

- Disminuir el índice de errores en la planificación de rutas del 11 al 4 % para el 31 de julio.
- Incrementar el número anual de rotaciones de inventario de 8 a 10 para el término del año fiscal.
- Aumentar el retorno sobre la inversión promedio del 12 al 30 % en tres años.

PRIMAR LA SENCILLEZ

Antes mencionábamos el alarmante hecho de que el 85 % de los trabajadores no pueden nombrar los objetivos más importantes de su organización. Entre las muchas razones que encontramos está la siguiente: la mayoría de los objetivos organizativos son ambiguos, complejos y pretenciosos.

ASÍ SÍ	ASÍ NO
Aumentar el índice de fidelidad de clientes de 40 a 70 para el 31 de diciembre.	Nos comprometemos a mejorar y enriquecer las relaciones con nuestros clientes.
Ampliar la utilización de los servicios de asesoría de inversión por parte de nuestros clientes en un 25 % antes del término del año fiscal.	Nuestro objetivo principal para el año fiscal que comienza es facilitar la inversión, mejorar la infraestructura y hacer crecer la disponibilidad a través de una coordinación efectiva.
Lanzar tres productos ecológicos de 10 millones de dólares en cinco años.	Esperamos fomentar la innovación en el sector al responder a la necesidad de crear recursos ecológicos a partir de la biotecnología.

CONCENTRARSE EN EL QUÉ, NO EN EL CÓMO

Muchos equipos definen un objetivo claro para después complicar-lo al añadir una descripción exhaustiva de cómo se alcanzará.

ASÍ SÍ	ASÍ NO
Ampliar la retención de huéspedes del 63 al 75 % durante los próximos dos años.	Ampliar la retención de huéspedes del 63 al 75 % durante los próximos dos años proporcionando a los clientes experiencias excepcionales.

Usted identificará cómo se plantea alcanzar el objetivo cuando desarrolle los indicadores predictivos en la Disciplina 2. El POE deberá concentrarse de manera exclusiva en el qué: aquello que el equipo planifica lograr.

ASEGÚRESE DE QUE EL POE ESTÉ A SU ALCANCE

Con frecuencia nos encontramos con directivos que prefieren esta-blecer objetivos que están fuera del alcance del equipo, mientras que en privado saben que estarán satisfechos si se cumplen en un 75 %. Este tipo de ardid puede comprometer seriamente su capa-cidad para impulsar el compromiso y los resultados.

Queremos ser cuidadosos con este tema. No es que recomen-demos fijar objetivos que sean fáciles de alcanzar; usted debe plantear una meta que signifique un reto para el equipo y que lleve su rendimiento al máximo nivel, pero no que lo sobrepase. En otras palabras, seleccione un POE que merezca la pena y sea alcanzable.

EL PRODUCTO FINAL

El producto final de la Disciplina 1 es un POE de equipo y un indicador histórico.

En el hotel, el equipo de Susan finalmente seleccionó como POE «aumentar el número de eventos corporativos», pues creía que con ello generaría más ingresos y, en consecuencia, más beneficios para el hotel.

A continuación, Susan reflexionó sobre el indicador histórico. Definir la distancia entre X e Y es una decisión crítica. Esta brecha debe representar un reto y al mismo tiempo ser realista. No solo tenía que crear un juego que importara, sino también uno que pudieran ganar.

El POE final para el equipo de Susan fue significativo, claro y retador: «Incrementar los ingresos por eventos corporativos de 22 a 31 millones de dólares para el 31 de diciembre».

Después de experimentar la Disciplina 1, sabrá que la supuesta simplicidad del POE es engañosa. Sin embargo, el equipo ahora estará claramente enfocado en lo que más importa y, lo más importante, su concentración se mantendrá más allá de la demanda de las actividades diarias. Como una brújula, el POE ofrece una dirección clara y constante hacia un resultado que es el Principal Objetivo Estratégico.

¿QUÉ PASA SI EL POE ES UN PROYECTO?

En ocasiones el Principal Objetivo Estratégico puede ser completar con éxito algún gran proyecto. En estos casos, los principios de la Disciplina 1 todavía siguen siendo válidos; no obstante, tendrá que poner especial atención al establecer una línea de meta con el indicador histórico.

Hasta ahora hemos utilizado ejemplos de indicadores históricos basados en valores numéricos: ingresos, satisfacción de clientes o índice de accidentes. Al tratarse de un proyecto, su primera inclinación será fijar como indicador histórico «ejecutar el proyecto al

100 %». Aunque esto parezca evidente, resulta mucho menos preciso que un valor numérico; y gracias a otros factores, como ampliar el alcance del proyecto, ejecutar el 100 % puede convertirse en algo imposible de medir.

Cuando se trata de proyectos, es mucho mejor establecer un indicador histórico relacionado con los resultados generales para los cuales fue diseñado. En palabras de un legendario profesor de economía de Harvard, Theodore Levitt: «La gente no quiere comprar un taladro. Quiere comprar el agujero».[1]

Así que, en vez de definir su indicador histórico como «Completar e implantar el nuevo sistema de administración de relaciones con clientes para el 31 de diciembre», puede establecer un indicador histórico más preciso al añadir indicadores como los siguientes:

- Cumplir al 100 % con las funciones específicas de marketing.
- Lograr la integración total con Microsoft Outlook.
- Incluir total funcionalidad para teléfonos inteligentes y tabletas.

Debido a que tienen mayor enfoque y una definición más precisa que «completar», este tipo de indicadores aportan una línea de meta clara y una forma de medir el éxito con precisión. (En la página 190 encontrará una descripción detallada de los indicadores históricos para proyectos.)

Pruébelo

Utilice la herramienta de construcción de POEs para poner sus ideas a prueba con el fin de definir un Principal Objetivo Estratégico para su equipo.

Herramienta de construcción de POEs

1. Realice un bombardeo de ideas para definir el POE.

2. Realice un bombardeo de ideas para definir el indicador histórico de cada propuesta («De X a Y para Cuándo»).

3. Clasifíquelas en orden de importancia respecto a la organización o al POE de nivel superior.

4. Verifique sus ideas contra la lista de criterios de la página 174.

5. Redacte su(s) POE(s) final(es).

Ideas para POE	Resultado actual (de X)	Resultado deseado (a Y)	Fecha límite (para Cuándo)	Calificación

POEs finales

¿Lo ha conseguido?

Marque las casillas para asegurarse de que el POE de su equipo y el indicador histórico cumplan con los criterios:

☐ ¿Logró recoger ideas enriquecedoras de todos los niveles de la organización?

☐ ¿Seleccionó un POE de equipo con un impacto claro y predecible sobre el POE de nivel superior o la estrategia de la organización, y no uno que solo afecte al desempeño del equipo?

☐ ¿Cree que el POE seleccionado para el equipo es el de mayor impacto de cara a alcanzar el POE de nivel superior?

☐ ¿El equipo puede alcanzar su POE sin depender en gran medida de otros?

☐ ¿El POE requiere la concentración de todo el equipo, y no solo la del líder o un sub-equipo?

☐ ¿Redactó el indicador histórico de acuerdo con la fórmula «De X a Y para Cuándo»?

☐ ¿Se puede simplificar el POE aún más? ¿Comienza con un verbo y termina con un indicador histórico claro?

Aplicando la Disciplina 2

Actuar sobre
Indicadores Predictivos

Los equipos aventajados invierten su esfuerzo en unas pocas actividades que tienen un mayor impacto sobre los indicadores predictivos de sus POEs. Esta noción es tan esencial y distintiva, y al mismo tan poco comprendida, que la denominamos «el secreto de la excelencia en la ejecución». A diferencia de los indicadores históricos, que le muestran si ya ha alcanzado su objetivo, los indicadores predictivos le dirán con qué probabilidad lo logrará. Los indicadores predictivos le servirán para realizar el seguimiento de las actividades que funcionan como palanca de su POE.

Los indicadores predictivos deberán predecir el logro del POE y ser algo sobre lo que el equipo puede influir, como se muestra en los siguientes ejemplos:

EQUIPO	INDICADOR HISTÓRICO	INDICADOR PREDICTIVO
Equipo de mejora de calidad hospitalaria	Reducir el índice de mortalidad en el hospital del 4 al 2% este año.	Realizar dos veces al día protocolos de prevención de neumonía en pacientes de riesgo.
Equipo de transporte de la empresa de envíos	Reducir un 12% el coste de vehículos terrestres en este trimestre.	Asegurarse de que el 90% de todos los trayectos se realicen con camiones cargados a su máxima capacidad.

EQUIPO	INDICADOR HISTÓRICO	INDICADOR PREDICTIVO
Restaurante	Aumentar un 10% el promedio de beneficio por cuenta antes de que termine el año.	Sugerir el cóctel especial del día al 90% de las mesas.

Cada uno de estos indicadores predictivos es a la vez predictivo e influenciable. El equipo puede actuar convenientemente sobre ellos, lo que a su vez moverá el indicador histórico.

Actuar sobre los indicadores predictivos es esencial para un desempeño sobresaliente, pero también es el aspecto más complejo al aplicar las 4DX en su equipo.

Existen tres razones que lo justifican:

- **Los indicadores predictivos pueden ir en contra de la intuición.** La mayoría de los directivos se concentran en los indicadores históricos: los resultados finalistas que más importan a la larga. Este enfoque es natural, pero es imposible actuar sobre un indicador histórico porque ya pertenece al pasado.
- **Es difícil realizar el seguimiento de los indicadores predictivos.** Se trata de medir comportamientos nuevos y diferentes, y es mucho más complicado realizar el seguimiento de conductas que de resultados. A menudo no se dispone de sistemas para evaluar los indicadores predictivos, con lo que es probable que usted tenga que inventar el suyo.
- **Con frecuencia, los indicadores predictivos parecen demasiado simples.** Estos requieren una concentración precisa en ciertos comportamientos que pueden parecer insignificantes (aunque no lo sean), en particular para las personas ajenas al equipo.

Por ejemplo, una tienda seleccionó el siguiente indicador predictivo para impulsar sus ventas: «Limitar la ausencia de stock en productos de alta demanda a 20 o menos a la semana». ¿Puede una medida tan común como esta marcar una diferencia significativa?

¿Y no deberían estar ya haciéndolo? Sin embargo, si esta pequeña palanca no se aplica sistemáticamente, los clientes que no encuentran lo que buscan no regresarán a la tienda.

Muchas veces, los indicadores predictivos simplemente marcan la diferencia entre saber qué hacer y hacerlo. Al igual que una simple palanca puede mover una inmensa roca, un buen indicador predictivo proporciona un poderoso impulso.

Dos tipos de indicadores predictivos

Antes de que usted y su equipo comiencen a desarrollar indicadores predictivos, queremos que sepa más sobre los tipos y las características de estas excelentes palancas de la ejecución. Para empezar, los hay de dos tipos: «pequeños resultados» y «comportamientos inducidos».

Los indicadores de «pequeños resultados» son aquellos que hacen que el equipo se concentre en lograr un resultado semanal; sin embargo, cada miembro es libre de escoger su propio método. «Limitar la ausencia de stock en productos de alta demanda a 20 o menos a la semana » es un indicador predictivo de «pequeños resultados», pues se pueden aplicar distintas acciones para alcanzarlo. Sin importar las que se elijan, con un indicador predictivo de «pequeños resultados» el equipo es el responsable último de su consecución.

Los indicadores predictivos de «comportamientos inducidos» son aquellos que realizan el seguimiento de las conductas específicas que usted desea que su equipo desempeñe durante la semana. Estos permiten que el equipo adopte prácticas nuevas con cierto nivel de rendimiento y constancia, y ofrecen una medida clara de la calidad del desempeño. Con un indicador predictivo de «comportamientos inducidos», el equipo es responsable de cumplir dicha conducta, y no de producir el resultado.

Los dos tipos de indicadores predictivos son formas igualmente válidas de aplicar la Disciplina 2, pues ambos son herramientas eficaces para impulsar los resultados.

PRINCIPAL OBJETIVO ESTRATÉGICO

Reducir el promedio mensual
de accidentes de 12 a 7 para
el 31 de diciembre de 2011

PEQUEÑOS RESULTADOS	COMPORTAMIENTOS INDUCIDOS
INDICADOR PREDICTIVO Puntuación del 97% en el índice de cumplimiento semanal de las normas de seguridad	INDICADOR PREDICTIVO Asegurarse de que el 95% de los empleados llevan puestas las botas de seguridad a diario

Este ejemplo proviene de la implantación que llevamos a cabo en Younger Brothers Construction, donde el Principal Objetivo Estratégico era reducir el índice de accidentes. Se eligió el indicador de «pequeños resultados»: «Cumplir las normas de seguridad», que conllevó la puesta en práctica de múltiples comportamientos nuevos. Si hubieran pensado que el equipo iba a fracasar por concentrarse en tantas conductas, habrían decidido comenzar con un solo comportamiento inducido; por ejemplo, usar botas de seguridad (una de las seis normas de seguridad) hasta ir incorporando las conductas restantes como nuevos hábitos del equipo.

PRINCIPAL OBJETIVO ESTRATÉGICO

Aumentar el promedio de ventas
semanales de 1 millón a 1,5 millones de
dólares para el 31 de diciembre de 2011

PEQUEÑOS RESULTADOS	COMPORTAMIENTOS INDUCIDOS
INDICADOR PREDICTIVO Límite de los productos agotados de alta demanda: 20 o menos a la semana	INDICADOR PREDICTIVO Hacer dos revisiones adicionales de los estantes a diario para reponer los productos de alta demanda

Este ejemplo proviene de nuestra experiencia con una cadena de tiendas de autoservicio, donde una de las formas más importantes de impulsar las ventas era asegurarse de que los clientes siempre encontraran a su disposición los productos de mayor demanda. Eligieron concentrarse en un comportamiento inducido: «Hacer dos revisiones adicionales de los estantes», para que todos los miembros del equipo pudieran participar.

Con estos ejemplos queremos demostrar que ambos tipos de indicadores predictivos le darán a su equipo una palanca real para alcanzar el objetivo. No es cuestión de saber cuál es mejor como indicador predictivo, sino cuál es mejor para su equipo.

Estos son los pasos para definir indicadores predictivos de alto impacto.

Paso 1: contemple las posibilidades

Comience con un bombardeo de ideas sobre los posibles indicadores predictivos. Intente resistirse a la tentación de elegirlos enseguida; nuestra experiencia nos ha enseñado que cuantas más ideas se generen, mayor será la calidad del indicador predictivo.

Hemos comprobado que las siguientes preguntas son útiles para encontrar indicadores predictivos:

- ¿Qué podemos hacer que no hayamos hecho antes y marque la diferencia con respecto al POE?
- ¿Cuáles son las capacidades del equipo que podemos utilizar como palancas para mover el POE? ¿Cuáles son nuestros «nichos de excelencia»? ¿Qué hacen de forma diferente los miembros del equipo con mejores resultados?
- ¿Qué debilidades nos impiden alcanzar el POE? ¿Qué podemos hacer de forma más consistente?

Por ejemplo, una tienda de alimentación definió el siguiente POE: «Aumentar un 5 % las ventas con respecto al año anterior».

He aquí algunos candidatos a indicadores predictivos.

Identifique acciones nuevas y mejores
• Saludar a los clientes que llegan entre las cinco y las siete de la tarde (hora punta); ofrecerles ayuda para encontrar lo que buscan. • Recibir pedidos por mensaje de texto o correo electrónico para tener los productos listos cuando el cliente llegue a recogerlos.
Usar la excelencia como palanca
• Colocar en cada sección promociones nuevas y creativas de los productos todos los meses. • Adaptar en todas las secciones de la tienda el sistema del servicio a los clientes de la panadería.
Corregir irregularidades
• Revisar los estantes cada dos horas para identificar los productos agotados. • Reducir las colas a un número máximo de dos clientes en todo momento.

Concéntrese solo en las ideas que impulsarán el POE. No se distraiga discutiendo las cosas buenas que podrían hacerse en general, sino aquellas que tendrán efecto sobre el POE. De lo contrario, acabará teniendo una larga lista de temas sin importancia.

Un ejemplo famoso de indicador predictivo es la «regla del 15 %» de la empresa 3M. Durante décadas, esta gran compañía ha mantenido el POE estratégico de crear un flujo de productos nuevos que nunca se detiene. Con el fin de impulsar este objetivo, adoptó el indicador predictivo de solicitar a sus equipos de investigación que dedicaran el 15 % de su tiempo a proyectos de su elección. Jim Collins comentó al respecto en un libro:

> A nadie se le dice sobre qué productos trabajar, solo cuánto tiempo dedicar. Y esta relajación en el control ha producido un flujo de

innovaciones muy rentables, desde las famosas notas Post-it hasta las menos conocidas matrículas reflectantes para automóviles y las máquinas que hacen las veces de un corazón durante las intervenciones quirúrgicas. Las ventas y los beneficios de 3M se han multiplicado por cuarenta desde que se instituyó la regla del 15 %.[1]

El indicador predictivo ideal, como la regla del 15 % de 3M, es extremadamente productivo respecto al POE y está bajo el control del equipo.

Paso 2: clasificar según el impacto

Cuando esté satisfecho con su lista de candidatos a indicadores predictivos, estará listo para identificar las ideas que encierran un mayor impacto potencial sobre el POE del equipo.

Con el fin de impulsar el POE que el hotel había planteado para aumentar los ingresos, el equipo de gestión de eventos estableció el siguiente POE: «Incrementar los ingresos por eventos corporativos de 22 a 31 millones de dólares para el 31 de diciembre».

En una sesión de trabajo de las 4DX, Susan dirigió a su equipo durante un bombardeo de ideas para determinar los indicadores predictivos de este POE.

Tras realizarlo, ella y sus empleados concentraron su enfoque en las tres ideas que tendrían el mayor impacto sobre el POE del equipo:

1. **Aumentar el número de visitas guiadas.** Según la experiencia del equipo de Susan, siempre que convencían a un cliente de que visitase el hotel, las posibilidades de éxito de cerrar un contrato para un evento aumentaban significativamente.

2. **Convencer a los clientes de que comprasen el paquete *premium* de barra.** En vista de que los márgenes de beneficio más altos provenían de los productos de este paquete, los eventos que contrataban esta opción no solo aumentaban los ingresos, sino también la rentabilidad.

3. **Generar más ofertas de alto valor.** La propuesta es el último paso en el proceso de ventas, así que cuanto mayor sea el número de clientes potenciales que lleguen a este punto, mayor será la probabilidad de contratación. La idea consiste en asegurarse de que cada oferta se revisa contra una lista de comprobación de criterios ganadores.

Equipo de gestión de eventos

POE: Aumentar los ingresos por eventos corporativos de 22 a 31 millones de dólares para el 31 de diciembre

Ideas para indicadores predictivos
- Aumentar el número de visitas guiadas
- Crear contactos con las nuevas empresas locales
- Explorar oportunidades adicionales de eventos con clientes existentes
- Asistir a ferias de eventos corporativos
- Desarrollar e implantar un nuevo programa de marketing
- Mejorar las opciones de banquetes
- Convencer a los clientes de que compren el paquete *premium* de barra
- Convencer a los clientes de que compren el paquete audiovisual ampliado
- Generar más propuestas de alto valor
- Unirse a asociaciones de planificadores de eventos y asistir a las reuniones
- Contactar con clientes inactivos / antiguos y recuperarlos

Advertencia

Con frecuencia, cuando se termina de generar la lista de indicadores predictivos, oímos a los miembros del equipo exclamar: «Necesitamos hacer todas estas cosas». No cabe duda de que todas estas acciones son valiosas, pero cuantas más intente hacer, menos energía podrá dedicar a cada una de ellas.

Además de esto, concentrar el enfoque en unos pocos indicadores predictivos incrementará la fuerza de su palanca. Solemos decir: «Hay que accionar muchas veces una palanca para que la roca se mueva un poco». En otras palabras, el equipo deberá ejercer una gran presión sobre el indicador predictivo para mover el indicador histórico. Con demasiados indicadores predictivos, el esfuerzo se disipa.

PASO 3: PONER A PRUEBA LAS MEJORES IDEAS

Una vez que haya identificado unos pocos indicadores predictivos de alto impacto, chequéelos contra estos seis criterios:

- ¿Es predictivo?
- ¿Es influenciable?
- ¿Se trata de un proceso continuo o es «lo hago y listo»?
- ¿El juego es del líder o del equipo?
- ¿Se puede medir?
- ¿Vale la pena medirlo?

¿El indicador predictivo puede predecir el éxito del POE?
Esta es la primera y más importante prueba que un candidato a indicador predictivo debe pasar. Si una idea suspende este examen, sin importar lo buena que sea, descártela y pruebe con el siguiente candidato de mayor impacto en la lista generada durante el bombardeo de ideas.

¿El equipo tiene capacidad de influir sobre el indicador?
La capacidad de influir quiere decir que el equipo tiene al menos el control sobre el 80 % o más del indicador. Al igual que en la Disciplina 1, esta comprobación evita depender de otros equipos de manera significativa.

A continuación, encontrará ejemplos de indicadores predictivos potenciales que el equipo de gestión de eventos de Susan podría proponer como alternativas a los ingobernables indicadores históricos.

INDICADORES HISTÓRICOS NO INFLUENCIABLES	INDICADORES PREDICTIVOS INFLUENCIABLES
Aumentar un 20% los ingresos por alimentos y bebidas	Convencer a los clientes de que compren paquetes de barra *premium* y mejorar las opciones de banquetes
Recuperar antiguos clientes	Contactar con antiguos clientes que se alojen en otros hoteles y ofrecerles propuestas atractivas para que vuelvan
Aumentar el número de congresos	Participar de manera activa en las reuniones mensuales de la asociación de planificadores de eventos

Recuerde: el indicador predictivo ideal es aquella acción capaz de mover el indicador histórico y que el equipo puede llevar a cabo de inmediato sin depender de otros de manera significativa.

¿Se trata de un proceso continuo o es «lo hago y listo»?
El indicador predictivo ideal es un cambio en un comportamiento que puede convertirse en hábito y que genera mejoras continuas en el indicador histórico. Aunque es posible que una acción concreta conlleve mejoras puntuales, si no constituye un cambio de comportamiento, surtirá pocos efectos sobre los hábitos del equipo.

En la página siguiente, encontrará algunos ejemplos que el equipo de Susan podría haber utilizado y que ilustran diferencias importantes a partir de esta verificación.

Aunque las ideas tipo «lo hago y listo» pueden marcar una diferencia puntual, incluso una sustancial, solo los hábitos de comportamiento que el equipo sea capaz de desarrollar darán lugar a mejoras permanentes.

PROCESO CONTINUO (ASÍ SÍ)	LO HAGO Y LISTO (ASÍ NO)
Asegurarse de que todos los clientes conozcan nuestra oferta audiovisual y la posibilidad de realizar una instalación personalizada	Actualizar todo nuestro sistema audiovisual
Cumplir al 100 % la lista de comprobación de arreglo de mesas para banquetes	Sesión de formación sobre los criterios de arreglo de mesas para banquetes
Asistir a todas las reuniones de la Cámara de Comercio y contactar con todas las empresas que abran oficinas en la ciudad	Inscribirse en la Cámara de Comercio

¿Es el juego del líder o el juego del equipo?
El comportamiento del equipo debe impulsar el indicador predictivo. Si el líder (u otra persona) es el único que puede mover este indicador, el equipo pronto perderá interés por el juego.

Por ejemplo, una iniciativa de calidad necesita que el líder audite el proceso con frecuencia, y su efecto es mejorar de forma continua el resultado de la auditoría.

Si el indicador predictivo elegido consiste en aumentar la frecuencia de las auditorías, no pasa la comprobación, pues solo el líder puede hacerlas. Sin embargo, si la propuesta es responder de forma puntual a los resultados de la auditoría, se convierte en un juego del equipo. Las acciones que afectan a los resultados de una auditoría involucran a todos los miembros del equipo.

Asimismo, en la mayoría de las organizaciones, los candidatos a indicadores, como contratar personal para cubrir vacantes, reducir las horas extra o mejorar la planificación, suelen ser ejemplos de un juego de líder. Recuerde que los indicadores predictivos son la conexión entre el equipo y el POE, pero solo si el grupo puede jugar su propio partido.

¿Se puede medir?

Como ya hemos mencionado, es difícil reunir datos sobre el indicador predictivo, y la mayoría de los equipos carece de un sistema para realizar su seguimiento. No obstante, el éxito de los indicadores históricos requiere una medición correcta de los indicadores predictivos.

Si el POE es realmente importante, usted deberá encontrar formas de medir los nuevos comportamientos.

¿Vale la pena medirlo?

Si el esfuerzo requerido supera el valor de su impacto, o si da lugar a serias consecuencias no previstas, no pasará esta comprobación de indicador predictivo.

Por ejemplo, una empresa de comida rápida contrató a unos inspectores para inspeccionar cada franquicia con regularidad y valorar el cumplimiento de las normas de la compañía. A estos inspectores se le consideraba, en su mayoría, espías. El equipo se lo tomó como una falta de respeto. Al coste directo de contratar a este ejército de inspectores, los directivos de la empresa tuvieron que añadir el de la creciente desconfianza de los empleados y una caída de la motivación.

Al final, los indicadores predictivos desarrollados por el equipo de Susan pasaron todas las comprobaciones. Durante el proceso de verificación, descubrieron que casi todas las visitas guiadas a las instalaciones concluían con una propuesta con éxito, así que decidieron concentrarse en llevar a cabo más visitas y hacer el seguimiento de las propuestas.

PASO 4: DEFINIR LOS INDICADORES PREDICTIVOS

Conteste las siguientes preguntas mientras redacta los indicadores predictivos finales:

¿Realizar el seguimiento del rendimiento individual o del equipo?

Esta decisión afectará a la forma de llevar el marcador, el diseño de su cuadro de mando y, finalmente, el proceso de rendición de cuentas. Seguir los resultados individuales genera un nivel muy elevado de rendición de cuentas, pero también es el juego más difícil de ganar, pues requiere el mismo nivel de rendimiento por parte de todos los miembros del equipo. Por otro lado, realizar el seguimiento de los resultados del equipo permite que existan diferencias en el desempeño individual y al mismo tiempo ayuda a alcanzar el objetivo como equipo.

¿Realizar el seguimiento del indicador predictivo a diario o semanalmente?
Los miembros del equipo deben tener a la vista los resultados de los indicadores predictivos actualizados por lo menos una vez a la semana, con el fin de alcanzar el mayor nivel de compromiso. Si esto no sucede, pronto perderán el interés. Un seguimiento diario propicia el máximo nivel de rendición de cuentas porque requiere el mismo desempeño por parte de todos los miembros cada día. Un seguimiento semanal permite variaciones en el desempeño de cada día, siempre y cuando se alcance el resultado semanal previsto.

A continuación, encontrará un ejemplo del mismo indicador predictivo con un seguimiento individual y de equipo, semanal y diario.

SEGUIMIENTO INDIVIDUAL	SEGUIMIENTO DE EQUIPO	
Cada colaborador debe recibir cordialmente y ofrecer asistencia a 20 clientes al día	El equipo debe recibir cordialmente y ofrecer asistencia a 100 clientes al día	**Medición diaria**
Cada colaborador debe recibir cordialmente y ofrecer asistencia a 100 clientes por semana	El equipo debe recibir cordialmente y ofrecer asistencia a 700 clientes por semana	**Medición semanal**

Estas consideraciones tendrán un peso importante sobre su decisión.

SEGUIMIENTO INDIVIDUAL	SEGUIMIENTO DE EQUIPO	
• Cada miembro del equipo debe ejecutar el indicador predictivo • La responsabilidad a nivel individual es alta, ya que se lleva un seguimiento del desempeño por persona • El seguimiento es muy detallado	• El equipo puede ganar pese a que algunos de sus miembros no rindan adecuadamente • Los resultados de los miembros de mayor desempeño pueden enmascarar el bajo rendimiento de otros	**Medición diaria**
• Los miembros del equipo pueden ganar al final de la semana aunque alguno de los objetivos diarios no se haya cumplido • El equipo gana solo cuando todos los miembros rinden adecuadamente • El seguimiento es detallado	• El equipo puede ganar al final de la semanal, incluso cuando alguno de los objetivos diarios no se haya cumplido • Los resultados de los miembros de mayor desempeño pueden enmascarar el bajo rendimiento de otros • Todo el equipo gana o pierde	**Medición semanal**

¿Cuál es el estándar a nivel cuantitativo?
En otras palabras: «¿Cuánto, con qué frecuencia y con qué regularidad deberíamos ejecutar?».

En Younger Brothers, el indicador predictivo consistía en conseguir un cumplimiento del 97% de las seis normas de seguridad. ¿Cómo definieron esa cifra? ¿Cómo lo decidiría usted?

Debe decidirlo en función de la urgencia y la importancia del POE. Recuerde que hay que accionar muchas veces la palanca para mover la roca un poco. Si el porcentaje actual de cumplimiento de medidas de seguridad es del 67 %, subirlo al 97 % implicará desplazar mucho la roca. Pero cuando se trata de brazos, piernas y vidas, ¡esa roca tiene que moverse de forma radical! Escoja cifras que representen un reto para el equipo sin que se convierta en un juego imposible de ganar.

Por ejemplo, en los hospitales de los Países Bajos a todo paciente que ingresa en un hospital se le realizan pruebas para detectar infecciones. Este es el indicador predictivo clave para eliminar las infecciones hospitalarias. Es evidente que hacer pruebas a todos los pacientes consume tiempo y recursos, pero es factible. En otros países, que son más tolerantes con las infecciones hospitalarias o en los que representa un problema menor, estas pruebas se realizan tan solo a algunos pacientes; para ellos, un índice de cero infecciones hospitalarias no es un POE.

A veces la cifra se descubre a través de un proceso de ensayo y error. Una empresa de materiales de construcción enviaba dos correos electrónicos durante la semana previa a una venta especial, pero siempre obtenía una respuesta escasa. Cuando hizo la prueba de mandar tres correos, los pedidos llovieron. Algo mágico sucedió cuando decidió mandar tres correos en vez de dos, ¿quién lo habría dicho?

Si quiere medir una actividad que su equipo ya realiza, es esencial que el nivel de rendimiento supere de manera significativa el actual. Si no, usted estará actuando de acuerdo con una de las definiciones más comunes de la insensatez: «Hacer lo mismo que siempre y esperar obtener resultados diferentes».

¿Cuál es el estándar a nivel cualitativo?

En otras palabras: «¿Cuál es el rendimiento que se espera de nosotros?». No todos los indicadores predictivos tienen que responder esta pregunta. Sin embargo, los más impactantes no solo fijan un estándar de frecuencia o cantidad, sino también de calidad.

En Younger Brothers, las seis normas de seguridad son el componente cualitativo del indicador predictivo. Para un equipo de una compañía de fabricación *lean*, podría ser cumplir con el mapa de la cadena de valor.

¿Comienza con un verbo?
Los verbos enfocan la mente inmediatamente en la acción.

POE	INDICADOR PREDICTIVO
Generar 2 millones de dólares por nuevas fuentes de ingresos para el final del trimestre	Hacer 500 llamadas adicionales por semana
Aumentar el índice de ofertas aceptadas del 75 al 85 % en el presente año fiscal	Asegurarse de que la redacción de todas las propuestas cumpla al 98 % con los estándares de calidad
Aumentar el índice de finalidad de clientes de 40 a 70 en dos años	Lograr el 99 % de disponibilidad de personal cada semana
Incrementar las rotaciones de inventario de 8 a 10 este año	Mandar tres correos electrónicos a todos los contactos antes de sacar las ofertas especiales

¿Es sencillo?
Formule su indicador predictivo con la menor cantidad de palabras posible. Elimine introducciones tipo: «Con el fin de lograr nuestro POE, y para superar las expectativas de nuestros clientes, hemos decidido...». Lo que viene después de las palabras «hemos decidido» es el indicador predictivo, y eso es lo único que necesita decir. Un claro enunciado el POE captura la mayoría de lo que usted diría en una introducción.

Nota especial sobre los indicadores predictivos dirigidos a procesos
Otra forma de identificar indicadores predictivos eficaces es pensar en su trabajo como los pasos de un proceso; particularmente si ya sabe que su POE surge de un proceso (por ejemplo, un POE de ingresos por procesos de ventas, un POE de calidad en el proceso de fabricación o un POE de conclusión de un proyecto a partir de un proceso de gestión de proyectos).

El ejemplo que aparece a continuación es un proceso de ventas básico de 11 pasos.

Pasos del proceso											Resultado
1	2	3	4	5	6	7	8	9	10	11	POE = $
Identificar clientes objetivo	Reunir información	Contacto inicial	Análisis de necesidades	Cualificar al cliente	Crear un informe del sector	Testar la propuesta de valor	Identificar decisores	Creación de propuesta	Presentación de propuesta	Resolver objeciones	

Los procesos siempre presentan los mismos retos: «¿El proceso genera los resultados que buscamos? ¿Estamos siguiéndolo correctamente? ¿Tenemos el proceso correcto?».

En todo proceso hay puntos donde apalancar, pasos críticos en los que el rendimiento del proceso decae. Si convertimos estos puntos en indicadores predictivos, el equipo podrá concentrar su energía sobre ellos.

En el cuadro anterior, el equipo ha decidido que mejorar de manera significativa el trabajo respecto al análisis de necesidades (paso 4) y en los informes del sector (paso 6) tendrá mayor impacto sobre sus resultados. La apuesta está sobre la mesa.

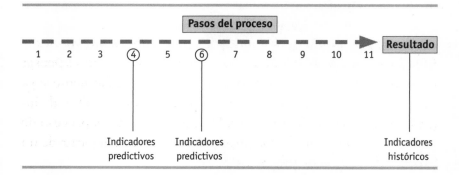

Ahora los miembros del equipo deben definir los indicadores predictivos para estos puntos de fulcro. Se preguntarán: «¿Cómo medir si hemos realizado un análisis de necesidades adecuado? ¿Cómo saber si tenemos un buen informe del sector?». Este tipo de indicadores predictivos es infinitamente más efectivo que proponer una mejora simultánea de todo el proceso. En ese caso, el líder tendría que repartir su energía para impulsar cambios en la totalidad del proceso y el equipo nunca abandonaría los viejos hábitos.

Las 4DX permiten al líder identificar los puntos críticos de un proceso y pasar paulatinamente a los siguientes.

¿Los hitos de proyecto son buenos indicadores predictivos?
Si su POE es un proyecto, los hitos de este pueden ser indicadores predictivos efectivos, pero deberá evaluarlos con cuidado. Si estos hitos sirven para predecir el éxito del proyecto (consulte la descripción de indicadores históricos de proyectos en la página 170) y si el equipo es capaz de influir sobre ellos, entonces podrían ser candidatos adecuados. Sin embargo, los hitos también deberán ser suficientemente significativos para que permitan establecer compromisos semanales. Un hito que se puede completar en menos de seis semanas por lo general no cumple con los requisitos para ser un buen indicador predictivo.

Por otro lado, si su POE se compone de múltiples proyectos, es más probable que sus indicadores predictivos sean los procedimientos que utiliza para garantizar la finalización con éxito de todos ellos. Por ejemplo, el hecho de llevar a cabo revisiones formales, la definición de requisitos funcionales, comunicación de proyectos y procedimientos de verificación. En este caso deberá escoger los componentes más predictivos e influenciables del proceso como sus indicadores predictivos.

EL PRODUCTO FINAL

El producto final de la Disciplina 2 es una pequeña serie de indicadores predictivos que moverán los indicadores históricos del POE.

Los indicadores predictivos finales del equipo de Susan eran claros y, a la vez, exigentes:

- Llevar a cabo dos visitas guiadas por las instalaciones por empleado cada semana.
- Convencer a los clientes de que compren el paquete de barra *premium* en el 90 % de los eventos.

La Disciplina 2 permite a Susan tener una estrategia clara, concisa y medible para mejorar el rendimiento de su equipo y al mismo tiempo generar grandes resultados para todo el hotel.

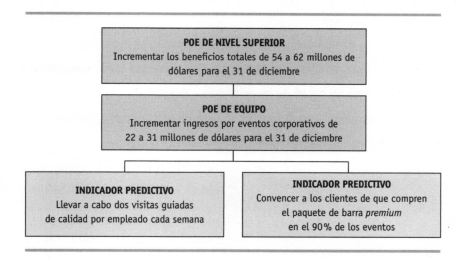

Para muchos equipos la Disciplina 2 es emocionante, y por buenas razones. No solo cuentan con un POE claro y con una línea de meta definida, sino también con una serie de indicadores predictivos diseñados con cuidado para alcanzar dicho POE. Muchas personas sentirán que se trata del plan más ejecutable en el que hayan participado; pueden confiar en que han hecho todo lo necesario para hacerlo realidad y que a partir de este punto todo será más sencillo. No podrían estar más equivocados.

A pesar de haber diseñado un bonito juego, este podría desaparecer dentro del torbellino pocos días después de su lanzamiento, a menos que continúen con la Disciplina 3.

Inténtelo

Utilice la herramienta de construcción de indicadores predictivos que encontrará a continuación para experimentar y crear los indicadores de su POE.

Herramienta de construcción de indicadores predictivos

1. Anote el Principal Objetivo Estratégico y el indicador histórico en las casillas superiores.

2. Realice un bombardeo de ideas sobre indicadores predictivos.

3. Realice un bombardeo de ideas sobre métodos para medir esas ideas.

4. Clasifíquelas en orden de impacto sobre el POE.

5. Ponga sus ideas a prueba según la lista de las páginas anteriores.

6. Redacte sus indicadores predictivos finales.

Ideas para indicadores predictivos	¿Cómo medirlos?	Clasificación

Indicadores predictivos finales

_____

_____

_____

_____

_____

_____

_____

_____

_____

_____

¿Lo ha conseguido?

Marque las casillas para asegurarse de que los indicadores predictivos de su equipo sirven para mover el indicador histórico y el POE.

☐ ¿Logró reunir ideas enriquecedoras sobre los indicadores predictivos del equipo y de otros?

☐ ¿Son realmente predictivos? Es decir, ¿se trata de las acciones de mayor impacto que el equipo puede implantar para impulsar su POE?

☐ ¿Cree que el POE de equipo seleccionado tendrá el mayor impacto en el proceso para alcanzar el POE de nivel superior?

☐ ¿Son influenciables? Es decir, ¿el equipo es capaz de mover el indicador predictivo?

☐ ¿Son verdaderamente medibles? ¿Será capaz de realizar el seguimiento del rendimiento sobre los indicadores predictivos desde el primer día?

☐ ¿Vale la pena hacer un seguimiento de los indicadores predictivos? ¿Cuesta más reunir los datos que lo que aportan en última instancia? ¿Podrían acarrear consecuencias no previstas?

☐ ¿Cada uno de los indicadores predictivos comienza con un verbo?

☐ ¿Todos los indicadores son cuantificables, incluyendo las medidas cualitativas?

Aplicando la Disciplina 3

Mantener un Cuadro de Mando Convincente

La Disciplina 3 parte del compromiso. Aunque usted ya haya definido un juego claro y efectivo en las Disciplinas 1 y 2, el rendimiento del equipo no alcanzará su tope a menos que sus miembros se comprometan emocionalmente. Y esto sólo sucede si pueden saber si están ganando o perdiendo.

La clave del compromiso es un Cuadro de Mando de Resultados grande, visible y actualizado de manera sistemática que sea convincente para los jugadores. ¿Por qué hacemos tanto hincapié en el cuadro de mando?

En un estudio reciente sobre tiendas de venta al por menor realizado por FranklinCovey, descubrimos que el 73 % de las personas de alto desempeño estaban de acuerdo con el siguiente enunciado: «Los indicadores de nuestros éxitos son visibles, accesibles y se actualizan con frecuencia». Solo el 33 % del personal de más bajo desempeño estuvo de acuerdo. En este sentido, los individuos de alto rendimiento son dos veces más propensos a ver e interactuar con algún tipo de cuadro de mando convincente para saber si están ganando o no. ¿Por qué sucede esto?

Recordemos los tres principios.

Las personas juegan de otra forma cuando siguen el marcador

Si nadie sigue el marcador, las personas no se esforzarán al máximo; es parte de la naturaleza humana. Y haremos hincapié en lo siguiente: Las personas juegan de otra forma cuando son «ellas» las que llevan el marcador. Existe una diferencia fundamental entre un juego en el que el líder lleva la puntuación y otro en el que los jugadores se puntúan entre sí. Esto último significa que el equipo hará suyos los resultados; este será su juego.

Un cuadro de mando del entrenador no es un cuadro de mando de jugador

El cuadro de mando de un entrenador es complejo y está lleno de datos. El de un jugador debe ser simple. En él se muestra una serie de indicadores que revelarán a los jugadores si están ganando o perdiendo el partido. Cada uno tiene propósitos diferentes. Como líder usted puede orientar, pero no se puede construir un cuadro de mando de los jugadores sin que ellos participen.

El propósito de un cuadro de mando de jugadores es motivar al equipo a ganar

Si el cuadro de mando no sirve para dar lugar a actuar con determinación, es porque a los ojos de los jugadores no es suficientemente convincente. Todos los miembros de un equipo deben ser capaces de verlo y observar los cambios paso a paso, día a día o semana a semana. Debe ser un tema de conversación en todo momento y nunca ha de estar lejos de su pensamiento.

En este capítulo aprenderá a involucrar al equipo en la creación de un Cuadro de Mando de Resultados convincente. También verá cómo diseños distintos conducen a comportamientos diferentes.

Hemos descubierto que cuanto mayor es el grado de implicación del equipo en el diseño del cuadro de mando, al otorgarle más responsabilidades definidas (véase la figura de la página siguiente), más se inclina la balanza del lado del compromiso.

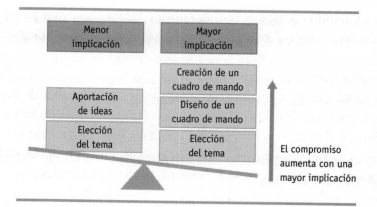

Paso 1: escoger un tema

Elija un formato para su cuadro de mando que muestre de manera clara e inmediata los indicadores sobre los que se hará el seguimiento. Existen varias opciones.

Línea de tendencias

Esta opción se lleva la palma a la hora de registrar indicadores históricos. Los gráficos de líneas trasmiten muy bien la fórmula «De X a Y

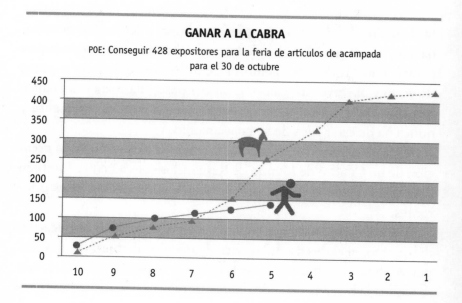

para Cuándo». La cabra muestra dónde deberíamos estar para llegar a Y en un tiempo determinado, y de esta forma sabrá si está ganando.

Velocímetro

Al igual que el velocímetro de un coche, este cuadro de mando muestra los indicadores a simple vista. Es ideal para medir tiempos (tiempo de ciclo, velocidad del proceso, plazo de lanzamiento al mercado, tiempos de recuperación, etc.). Puede utilizar otros medidores de este tipo como termómetros, barómetros, reglas y básculas.

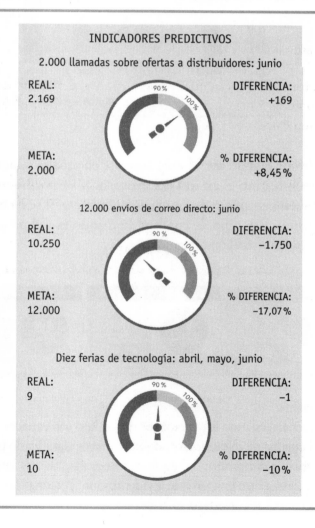

Gráfico de barras

Este cuadro de mando es útil para comparar el rendimiento de distintos equipos o de grupos dentro de los equipos.

INDICADORES PREDICTIVOS

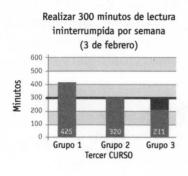

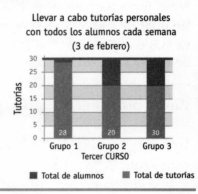

Semáforo

Un cuadro de mando semafórico consiste en señales o luces de colores que muestran el estado del proceso: si va por buen camino (verde), si está en riesgo de desviación (ámbar) o si se ha salido del camino (rojo). Este tipo de cuadros de mando es útil para mostrar cómo se encuentran los indicadores.

Personalizado

Con frecuencia, cuando los miembros del equipo son capaces de personalizar el cuadro de mando, este adquiere mayor significado para ellos. Pueden incluir el nombre del equipo, fotografías de sus integrantes, dibujos o alguna otra imagen que les identifique. Personalizar el cuadro de mando no solo es divertido, sino que cumple con un propósito mayor:

cuanto más se identifiquen con él, más suyos sentirán que son los resultados. Alcanzar el POE se convierte en una cuestión de orgullo personal.

Hemos visto que incluso los individuos más serios se unen a este esfuerzo. Por ejemplo, las enfermeras de cardiología pegaron instrumental quirúrgico en su cuadro de mando; los ingenieros instalaron luces parpadeantes y un equipo de chefs moteros le añadió prendas de cuero. Si se personaliza el cuadro de mando, este genera más compromiso.

Paso 2: DISEÑAR EL CUADRO DE MANDO

Una vez que haya determinado el formato o el tipo de cuadro de mando que desea, el equipo deberá diseñarlo con las siguientes preguntas en mente:

¿Es simple?

Resístase a la tentación de complicar el cuadro de mando añadiendo demasiadas variables o datos adicionales como tendencias históricas, comparaciones anuales y proyecciones a futuro. No utilice el cuadro de mando como un tablón de anuncios donde mostrar informes, seguimientos u otra información genérica que distrae al equipo de los resultados que necesita ver. En medio del torbellino, la simplicidad es la clave para mantener el compromiso del equipo.

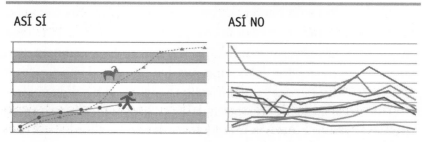

Con el cuadro de mando de la izquierda los miembros del equipo pueden saber de inmediato si están ganando, pero tendrían que estudiar con cuidado el cuadro de mando de la derecha para entenderlo, pues hay demasiadas variables que interpretar.

¿Está a la vista del equipo?
Coloque el cuadro de mando donde el equipo pueda verlo con frecuencia. Cuanto más visible sea, más fácil será que el equipo esté conectado con el juego. Si desea motivar a su gente todavía más, colóquelo en un lugar donde también puedan verlo otros equipos. Si los miembros del equipo no comparten ubicación geográfica, el cuadro de mando deberá poder consultarse de forma remota (encontrará más información sobre cuadros de mando electrónicos en el capítulo «Automatizar las 4DX»).

¿Contiene tanto indicadores predictivos como históricos?
Incluya el resultado real y el objetivo de referencia. El cuadro de mando no solo debe responder a la pregunta «¿Dónde estamos»?, sino también a «¿Dónde deberíamos estar?».

ASÍ SÍ

Cantidad de unidades planificada para finales de mayo	105
Cantidad real de unidades	97
Beneficio neto / pérdida neta	(08)

ASÍ NO

| Cantidad real de unidades a finales de mayo | 97 |

Si el equipo solo puede ver las unidades producidas cada mes, es imposible saber si está ganando o perdiendo; para ello es necesario conocer el número de unidades a alcanzar. Esto también sirve para que los miembros del equipo puedan calcular si han superado el objetivo o cuánto les falta para ello (beneficio o pérdida neta).

Incluya el indicador histórico del POE y los indicadores predictivos, así como rótulos o pequeñas leyendas que expliquen qué son; no dé por supuesto que todo el mundo sabe cuáles son. (Recuerde: ¡El 85 % de los miembros de equipo que hemos entrevistado no sabían citar los objetivos más importantes!)

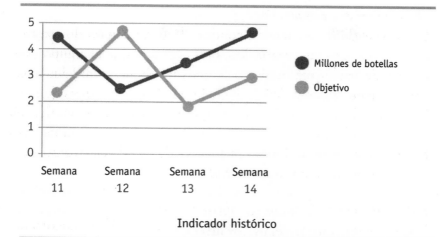

Indicador histórico

Semana	Unidad 1	Unidad 2	Unidad 3	Unidad 4	Unidad 5	Unidad 6	Unidad 7	Unidad 8	Unidad 9
11		✓							✓
12	✓	✓		✓	✓		✓	✓	✓
13	✓	✓	✓	✓		✓	✓	✓	✓
14	✓	✓		✓	✓	✓	✓	✓	✓

Indicador predictivo

El POE de este equipo consistía en fabricar un cierto número de botellas de agua cada semana. El indicador predictivo era proporcionar mantenimiento a las unidades embotelladoras según un calendario muy estricto. El equipo alcanzaría su objetivo siempre y cuando estas unidades se encontraran en condiciones óptimas de funcionamiento.

Al identificar una correlación entre la falta de mantenimiento y el descenso de la producción, quedó patente la necesidad de cumplir el indicador predictivo, lo que llevó al equipo a superar con creces el objetivo fijado.

¿Pueden saber a primera vista si están ganando?
Diseñe el cuadro de mando para que el equipo pueda determinar, en cuestión de cinco segundos, si está ganando o perdiendo. Se trata de la prueba más importante que un cuadro de mando de jugadores debe superar.

Paso 3: construir el cuadro de mando

Permita a su equipo construir el cuadro de mando. Cuanto más se involucren sus integrantes en ello, mejor. Si lo confeccionan por sí mismos, desarrollarán un mayor nivel de implicación.

Por supuesto, el cuadro de mando dependerá del tamaño y la naturaleza de su equipo. Si el grupo cuenta con muy poco tiempo libre, el líder deberá tener un papel más activo en la confección del cuadro de mando. De cualquier manera, recuerde que muchos equipos aprecian la oportunidad de crear su propio cuadro de mando y con frecuencia utilizan su tiempo libre de manera voluntaria para crearlo.

Por último, no importa qué técnicas utilice; puede ser electrónico, un cartel o una simple pizarra. Lo importante es que cumpla con las normas de diseño que hemos explicado.

Paso 4: actualizar el cuadro de mando

El cuadro de mando debe estar diseñado para permitir y facilitar su actualización por lo menos una vez a la semana. Si actualizarlo no resulta sencillo, su equipo estará tentado de diferirlo siempre que el torbellino azote, y el Principal Objetivo Estratégico será engullido entre el caos y el desconcierto.

El líder tiene que establecer claramente:

- Quién es responsable del cuadro de mando.
- Cuándo se implantará.
- Con qué frecuencia deberá actualizarse.

Ejemplo
Sigamos a Susan y a su equipo de gestión de eventos mientras diseñan y construyen su cuadro de mando.

El equipo aplicó la Disciplina 1 para definir el POE de equipo «aumentar ingresos por eventos corporativos de 22 a 31 millones de dólares para el 31 de diciembre». Después aplicó la Disciplina 2 para identificar dos indicadores predictivos de alto impacto:

- Llevar a cabo dos visitas guiadas a las instalaciones por empleado cada semana.
- Ofrecer a los clientes que compren el paquete de barra *premium* en el 90 % de los eventos.

Ahora que el juego estaba claro, Susan y su equipo se encontraban listos para construir su cuadro de mando. Comenzaron por definir cómo recoger el POE y el indicador histórico de manera inequívoca en el cuadro de mando:

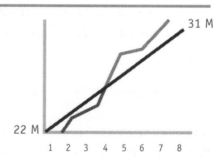

POE
Aumentar ingresos por eventos
corporativos de 22 a 31 millones
de dólares para el 31 de diciembre

Después añadieron el primer indicador predictivo con un gráfico detallado que permitiese realizar el seguimiento del desempeño individual de todos los miembros del equipo.

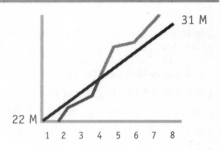

POE
Aumentar ingresos por eventos
corporativos de 22 a 31 millones
de dólares para el 31 de diciembre

Indicador predictivo
Realizar dos visitas guiadas
a las instalaciones por empleado
cada semana

EMPLEADO	1	2	3	4	5	6	7	Prom
KIM	1	1	2	2	4	X	X	2
BOB	2	2	3	2	X	X	3	2,4
KAREN	1	3	2	X	X	2	2	2
JEFF	0	0	X	X	1	1	1	0,6
EMILY	3	X	X	4	3	2	4	2,8
RICHARD	X	X	2	2	2	4	4	2,8
BETH	X	1	2	5	2	4	X	2,8
TOTAL	7	7	11	15	12	13	14	2,3

Por último, añadieron el indicador predictivo 2 y un gráfico de barras para medir los intentos de ventas cruzadas a clientes.

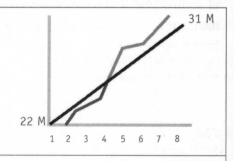

POE
Aumentar ingresos por eventos
corporativos de 22 a 31 millones
de dólares para el 31 de diciembre

Indicador predictivo
Realizar dos visitas guiadas a las
instalaciones por empleado cada semana

EMPLEADO	1	2	3	4	5	6	7	Prom
KIM	1	1	2	2	4	X	X	2
BOB	2	2	3	2	X	X	3	2,4
KAREN	1	3	2	X	X	2	2	2
JEFF	0	0	X	X	1	1	1	0,6
EMILY	3	X	X	4	3	2	4	2,8
RICHARD	X	X	2	2	2	4	4	2,8
BETH	X	1	2	5	2	4	X	2,8
TOTAL	7	7	11	15	12	13	14	2,3

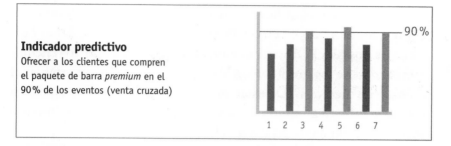

Indicador predictivo
Ofrecer a los clientes que compren el paquete de barra *premium* en el 90% de los eventos (venta cruzada)

El cuadro de mando de Susan cumple con las normas de diseño, pues el POE lo encabeza y los dos indicadores cuentan con gráficos claros.

Es simple, no está repleto de datos. Solo muestra sus tres componentes principales, y cada uno de ellos es claro y medible.

Es visible, pues es grande, el texto es claro, los títulos están resaltados y cuenta con elementos visuales fáciles de entender.

Es completo, pues muestra el juego en su totalidad. El POE del equipo, su indicador histórico y los indicadores predictivos están definidos con precisión. El desempeño real del equipo puede compararse con el esperado. El cuadro de mando es convincente, pues el equipo puede ver su posición real con respecto a la que deberían alcanzar semanalmente. La línea oscura del objetivo les permite saberlo.

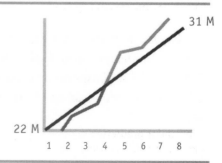

POE
Aumentar ingresos por eventos corporativos de 22 a 31 millones de dólares para el 31 de diciembre

En este caso, el indicador histórico es un objetivo financiero claro y conciso basado en los POEs de la organización. En el caso de otros posibles POEs, como mejorar la satisfacción de los clientes o la calidad de los productos, a lo mejor no puede predeterminar el método de medición. De estar en dicha situación, dibuje una línea de meta subjetiva basada en sus expectativas y su conocimiento sobre el rendimiento del equipo.

No importa si la línea de meta se establece de manera formal, o según un método subjetivo: siempre debe aparecer en su cuadro de mando. Sin ella, el equipo no sabrá, día tras día, si está ganando o no.

En el caso de los indicadores predictivos, se suele establecer una línea de meta para representar un estándar de rendimiento común (por ejemplo, la línea del 90 % del gráfico de la página siguiente). Este estándar no solo debe alcanzarse, sino mantenerse. En algunos casos podría representar el objetivo como una pendiente que asciende hasta el punto de desempeño que se quiere mantener, representado por una línea horizontal (como en el gráfico de la página siguiente).

Indicador predictivo
Llevar a cabo dos visitas guiadas a las instalaciones por empleado cada semana

Indicador predictivo
Ofrecer a los clientes que compren el paquete de barra *premium* en el 90 % de los eventos

Registrar el indicador predictivo que consiste en realizar dos visitas guiadas por empleado cada semana requiere informes individuales del desempeño de cada miembro del equipo. Cada uno de ellos deberá registrar en el cuadro de mando sus resultados cada semana.

EMPLEADO	1	2	3	4	5	6	7	Prom
KIM	1	1	2	2	4	X	X	2
BOB	2	2	3	2	X	X	3	2,4
KAREN	1	3	2	X	X	2	2	2
JEFF	0	0	X	X	1	1	1	0,6
EMILY	3	X	X	4	3	2	4	2,8
RICHARD	X	X	2	2	2	4	4	2,8
BETH	X	1	2	5	2	4	X	2,8
TOTAL	7	7	11	15	12	13	14	2,3

1. Cada empleado registra su propio rendimiento.

2. Los empleados actualizan el cuadro de mando.

3. El líder evalúa el rendimiento de acuerdo con el cuadro de mando y apoya a quien lo necesite.

El líder debe evaluar periódicamente el desempeño del equipo para asegurar la credibilidad del cuadro de mando y para corroborar que el desempeño observado se corresponde con lo registrado en él. El principio fundamental aquí es la confianza; sin embargo, es necesario verificar.

¿Es posible saber a simple vista si el equipo está perdiendo o ganando?

Como cada gráfico muestra los resultados reales y los esperados, los miembros del equipo pueden saber si están ganando o no en cada uno de los indicadores predictivos y con respecto al POE. En ocasiones se utilizan colores (rojo, verde) para simplificar más aún la interpretación del desempeño.

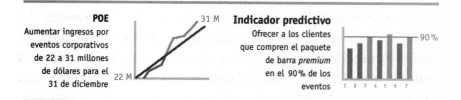

POE
Aumentar ingresos por eventos corporativos de 22 a 31 millones de dólares para el 31 de diciembre

31 M

Indicador predictivo
Ofrecer a los clientes que compren el paquete de barra *premium* en el 90% de los eventos

90%

Advierta que, con respecto al indicador predictivo 2, el equipo solo «gana» si todos los miembros del equipo alcanzan el objetivo de desempeño fijado.

EMPLEADO	1	2	3	4	5	6	7	Prom
KIM	1	1	2	2	4	X	X	2
BOB	2	2	3	2	X	X	3	2,4
KAREN	1	3	2	X	X	2	2	2
JEFF	0	0	X	X	1	1	1	0,6
EMILY	3	X	X	4	3	2	4	2,8
RICHARD	X	X	2	2	2	4	4	2,8
BETH	X	1	2	5	2	4	X	2,8
TOTAL	7	7	11	15	12	13	14	2,3

El producto final

El producto final de la Disciplina 3 es un cuadro de mando que mantenga el compromiso del equipo.

Existe una enorme diferencia entre el rendimiento de un equipo que entiende los POEs y los indicadores «como concepto», y otro que realmente puede seguir el marcador. Como dijo Jim Stuart: «Sin indicadores claros y visibles, el mismo objetivo puede significar cien cosas distintas para cien personas diferentes». Si los indicadores no se recogen en un cuadro de mando bien visible que se actualiza con regularidad, el POE desaparecerá entre las distracciones del torbellino. En pocas palabras, las personas pierden interés cuando no siguen el marcador.

La idea de ganar es lo que impulsa el compromiso, y nada genera mejores resultados que un equipo comprometido al cien por cien; usted será testigo de ello cada vez que actualice el cuadro de mando.

Después de poner en práctica las Disciplinas 1, 2 y 3, habrá diseñado un juego de equipo claro en el que se puede ganar. No obstante, la partida está todavía sobre el papel. Con la Disciplina 4 el juego entra en acción, pues todos deberán rendirse cuentas unos a otros para lograr el máximo rendimiento.

Inténtelo

Utilice la herramienta de diseño de cuadros de mando para explorar distintas alternativas y así encontrar el más indicado para su POE.

Herramienta para construir un cuadro de mando

Utilice este formato para crear un Cuadro de Mando de Resultados convincente y ponga sus ideas a prueba con el cuestionario que le sigue.

POE de equipo	Indicador histórico
Indicador predictivo 1	Gráfico
Indicador predictivo 2	Gráfico

¿Lo ha hecho bien?

Marque las casillas para asegurarse de que el cuadro de mando de resultados que ha creado es convincente y que servirá para impulsar el máximo rendimiento del equipo.

☐ El equipo ha participado activamente en la creación del cuadro de mando.

☐ Permite el seguimiento del POE del equipo, los indicadores históricos y los indicadores predictivos.

☐ Los gráficos ofrecen una visión completa del POE y de los indicadores.

☐ Los gráficos incluyen tanto los resultados actuales como los esperados. («¿Dónde estamos ahora y dónde deberíamos estar?»)

☐ Permite saber a simple vista si el equipo está ganando o perdiendo con respecto a cada indicador.

☐ El cuadro de mando está ubicado en un lugar visible donde el equipo puede consultarlo sin dificultad y con frecuencia.

☐ Es fácil de actualizar.

☐ El cuadro de mando está personalizado; representa de manera inequívoca al equipo.

Aplicando la Disciplina 4

Crear una Cadencia de Rendición de Cuentas

La Disciplina 4 trata de la rendición de cuentas. No importa que haya diseñado un juego efectivo y claro; si no establece una rendición de cuentas sistemática el equipo nunca dará lo mejor de sí. Es probable que todo comience bien; su equipo puede tener la mejor disposición para ejecutar, pero el torbellino no tardará mucho en hacerle volver al extenuante ciclo de reaccionar solo ante lo urgente.

En un artículo para la revista *Inc.*, John Case describió este fenómeno a la perfección:

> Los directivos cuelgan pizarras o corchos. Generan datos sin parar: ratio de defectos, tiempo medio de espera y docenas de indicadores de rendimiento. Es difícil entrar en una fábrica, almacén u oficina y no encontrar uno o dos cuadros de mando colgados de la pared.
>
> Durante un tiempo, las cifras de los cuadros de mando indican cierto progreso. Las personas se fijan con atención en ellos e imaginan cómo pueden mejorar su rendimiento.
>
> Después sucede algo curioso. Transcurre una semana en la que nadie lo actualiza; tal vez un mes entero. Alguien por fin se acuerda y actualiza las cifras y se da cuenta de que no han mejorado apenas. Así que nadie se siente motivado por actualizar el cuadro de mando la vez siguiente. No pasará mucho tiempo antes de que se deje de utilizar y, finalmente, se desmonte.
>
> Si ponemos todo esto en perspectiva, este resultado no resulta tan sorprendente. Se ejecuta aquello que se sigue, pero por un tiempo. Después surgen preguntas como: «¿Por qué nos miden todo el tiempo? A

fin de cuentas, ¿a quién le importa si alcanzamos esas cifras? ¿Debemos seguir con esto?». Un cuadro de mando puede convertirse en el temido recordatorio de «algo que deberíamos hacer y no estamos haciendo».[1]

La Disciplina 4 rompe este pensamiento nocivo al reconectar a los miembros del equipo con el juego de manera constante; y, lo que es aún más importante, los reconecta de manera *personal*. El hecho de que los miembros de un equipo tengan que rendirse cuentas unos a otros con frecuencia y regularidad hace que se impliquen con el resultado y que jueguen a ganar.

Es comprensible que muchos directivos se muestren escépticos al oír en qué consiste la Disciplina 4: «¿Otra reunión, y semanal? ¿De verdad se puede lograr tanto en una sesión tan corta?».

Tan solo algunas semanas después, esos mismos directivos con frecuencia nos dicen (como fue el caso de nuestro mayor cliente): «Pensé que una reunión más era lo último que necesitábamos. Ahora es la única que nunca cancelamos porque es la más importante de todas para nosotros».

La Disciplina 4 requiere que los equipos se reúnan con regularidad y frecuencia en sesiones de POEs en las que cada integrante realiza un compromiso personal para impulsar los indicadores predictivos.

Dado que una sesión de POEs puede precisamente sonar a otra reunión más apresurada, es posible que no vea nada novedoso en ello. No obstante, está a punto de descubrir que la Cadencia de Rendición de Cuentas requiere verdadero talento y cierto grado de *precisión*, si quiere que su equipo se desempeñe al máximo nivel.

¿Qué es una sesión de POEs?

Una sesión de POEs no se parece a ninguna otra reunión a la que haya asistido.

Tiene un propósito simple: reenfocar al equipo en el POE a pesar del torbellino diario. Debe llevarse a cabo regularmente, al menos una vez por semana, y en ocasiones con mayor frecuencia. Tiene un orden del día fijo, tal y como se muestra en el siguiente modelo.

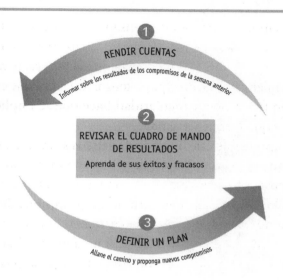

La sesión de POEs es una reunión corta e intensa dedicada a estas tres, y solo a estas tres, actividades. El propósito de la sesión de POEs es rendir cuentas sobre compromisos pasados y plantear otros nuevos para mover el Cuadro de Mando de Resultados del POE.

1. **Rendir cuentas: informar sobre los resultados de la semana anterior.** Cada integrante hace un informe sobre los compromisos que adquirió la semana anterior para mover los indicadores predictivos.

2. **Revisar el Cuadro de Mando de Resultados: aprenda de sus éxitos y fracasos.** El equipo evalúa si sus compromisos han servido para mover el indicador predictivo y si este, a su vez, ha logrado mover el indicador histórico. Se comparte el aprendizaje sobre lo que funciona y lo que no, y cómo aprovecharlo.

3. **Planificar: allane el camino y proponga nuevos compromisos.** Tras dicha evaluación, cada miembro del equipo plantea sus compromisos para la semana siguiente, con el fin de impulsar los indicadores predictivos hasta el nivel de rendimiento ne-

cesario. Ya que los miembros del equipo formulan sus propios compromisos, y al ser estos públicamente responsables de los mismos entre sí, saldrán de la reunión determinados a cumplir su palabra. Así los compromisos adquieren una componente *personal*.

ENCUENTROS DE POEs

Algunos equipos, como el de la sala de urgencias de un hospital, cuentan con poco o nada de tiempo libre. Por ello deberán realizar una reunión alternativa llamada «Encuentros de POEs».

Los encuentros de POEs se producen una vez por semana con una duración de entre 5 y 7 minutos.

Todo el equipo se reúne en torno al cuadro de mando para hacer tres cosas:

1. **Revisar el Cuadro de Mando de Resultados**, reforzando la rendición de cuentas y los resultados.
2. **Informar sobre el resultado del compromiso de equipo de la semana anterior.** Es decir, todo el equipo tiene un mismo compromiso para aumentar su rendimiento.
3. **Plantear compromisos para la semana siguiente.**

Aunque la Cadencia de Rendición de Cuentas es sencilla en teoría, requiere de concentración y disciplina para que se mantenga en medio del torbellino.

¿Por qué realizar sesiones de POEs?

• Estas sesiones mantienen al equipo concentrado en el POE a pesar del constante torbellino de las obligaciones urgentes.

• Estas sesiones permiten que los integrantes de un equipo aprendan los unos de los otros cómo impulsar los indicadores predictivos. Si una persona tiene éxito, otras podrán adoptar sus métodos. Además, si un curso de acción no da resultado, el equipo lo sabrá a las primeras de cambio.

• Esta sesión proporciona a los miembros del equipo la ayuda que necesitan para cumplir sus compromisos. Si alguien se topa con un obstáculo, el equipo puede hallar la forma de allanar el camino.

- Las sesiones permiten al equipo adaptarse rápidamente a las necesidades cambiantes del sector. La sesión termina con un plan *«just in time»* que permite hacer frente a los retos imposibles de prever en el momento de formular el plan anual.
- Las sesiones brindan una oportunidad para celebrar los avances, renovar la energía del equipo y volver a implicar a todos sus miembros.

Comenzamos a sopesar las sesiones de POEs tras aprenderlas del afamado hombre de negocios Stephen Cooper. Cuando este adquirió una pequeña compañía llamada ETEC, de Silicon Valley, la empresa perdía un millón de dólares al mes. Cooper fijó el POE de multiplicar por diez los ingresos en siete años. Pidió a cada equipo que identificase algunos objetivos predictivos medibles que permitieran alcanzar ese POE, y que plasmaran su plan en una sola hoja de papel.

Este ejercicio aportó a cada equipo mayor claridad, pero la verdadera clave del éxito rotundo de Cooper fue las revisiones semanales. Instituyó tres reglas para que dichas revisiones fueran rápidas y no perdieran el enfoque: «Cada persona hará un informe de no más de 4 minutos. Para cada objetivo, deberá presentar: valor deseado, situación actual, problemas y recomendaciones. Por último, las revisiones deberán fomentar la puesta en común de soluciones a los problemas, y no ser una mera exposición de estos últimos».

Uno de los líderes de equipo de Cooper dijo lo siguiente sobre las sesiones semanales:

> Han evitado que los problemas se conviertan en crisis [...]. Las personas tienen tiempo de reaccionar con calma, evitando situaciones de caos. Los directivos emplean pocos minutos en presentar y revisar los avances en los cuadros de mando, plantear problemas y hablar de cómo resolverlos. Esta rutina ayuda a no apartar la mirada del juego. Las personas avanzan mucho con un mínimo de orientación. Así todos saben cómo ponerse manos a la obra.[2]

Inspirados en Cooper, experimentamos durante muchos años con formatos diferentes para las sesiones de POEs. Hoy se trata de un concepto muy desarrollado y pulido, utilizado por cientos de organizaciones para hacer que sus objetivos más importantes avancen.

¿Qué sucede en una sesión de POEs?

Para ilustrar su funcionamiento, utilizaremos como ejemplo la transcripción de una de las sesiones de POEs del equipo de gestión de eventos de Susan.

Recuerde que el equipo tiene un POE definido, «Aumentar ingresos por eventos corporativos de 22 a 31 millones de dólares para el 31 de diciembre», y dos indicadores predictivos de alto impacto:

- Llevar a cabo dos visitas guiadas a las instalaciones por empleado cada semana.
- Ofrecer a los clientes que compren el paquete de barra *premium* en el 90 % de los eventos (venta cruzada)

Y también contaban con un Cuadro de Mando de Resultados del equipo.

Susan y su equipo llevan a cabo la sesión de POEs los lunes por la mañana; acaban de finalizar su tercer mes desde que emprendieron el proceso 4DX, y su cuadro de mando está actualizado.

SUSAN: Buenos días a todos. Son las ocho y cuarto. Comencemos con la revisión del cuadro de mando.

[**Revisión del cuadro de mando**.] Buenas noticias; hoy cumplimos tres meses en la ejecución y ya superamos el objetivo de nuestro POE de equipo, consistente en aumentar los ingresos por eventos corporativos. El resultado del indicador histórico del último mes es de 14 millones de dólares frente al objetivo de 10,4 millones. Felicidades a todos. Como podéis ver, la semana pasada el total de visitas guiadas aumentó a 14, el mejor resultado

POE

Aumentar ingresos por eventos
corporativos de 22 a 31 millones
de dólares para el 31 de diciembre

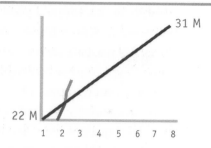

Medida de predicción

Realizar dos visitas guiadas a las
instalaciones por empleado cada semana

EMPLEADO	1	2	3	4	5	6	7	Prom
KIM	1	1	2	2	4	X	X	2
BOB	2	2	3	2	X	X	3	2,4
KAREN	1	3	2	X	X	2	2	2
JEFF	0	0	X	X	1	1	1	0,6
EMILY	3	X	X	4	3	2	4	2,8
RICHARD	X	X	2	2	2	4	4	2,8
BETH	X	1	2	5	2	4	X	2,8
TOTAL	7	7	11	15	12	13	14	2,3

Medida de predicción

Ofrecer a los clientes que compren
el paquete de barra *premium* en el
90 % de los eventos (venta cruzada)

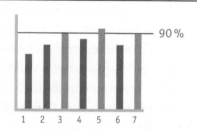

obtenido en las últimas siete semanas con respecto al indicador
predictivo 1. Felicidades a Emily y a Richard por su rendimiento
sobresaliente, han realizado cuatro visitas cada uno. Adicionalmente, hemos alcanzado el porcentaje más elevado hasta la fecha
en cuanto al indicador predictivo 2, al ofrecer el paquete de barra
premium en el 95 % de los eventos. Sin embargo, no hemos alcanzado el porcentaje que nos habíamos fijado en cuatro de las
últimas siete semanas. Sé que deberíamos estar satisfechos con
el resultado de la semana pasada, pero tenemos que trabajar muy
duro para demostrar que podemos mantenerlo. [**Informe sobre
los compromisos de la última semana.**] Ahora hablaré de mis

compromisos. La semana pasada me comprometí a trabajar 20 minutos con Kim y Karen para mejorar su argumentario de ventas para el paquete de barra y para practicar su presentación. Y lo hice. También me comprometí a asistir a la reunión de la Cámara de Comercio para obtener al menos tres contactos corporativos que todavía no han realizado eventos en el hotel. Me satisface decir que conseguí la información de cinco organizaciones. La compartiré con vosotros esta misma tarde.

Para esta semana me comprometo a terminar el informe final sobre el nuevo material promocional para el paquete de barra *premium*. También entrevistaré a tres candidatos para la vacante del equipo y haré una oferta al que se adapte mejor al perfil requerido.

Kɪᴍ: La semana pasada adquirí el compromiso de reunirme con los directivos de dos empresas que acaban de abrir sede en el centro de la ciudad y lo he cumplido. Buenas noticias: uno de ellos cerró una visita para la próxima semana.

De acuerdo con el cuadro de mando, realicé dos visitas guiadas, pero solo intenté vender el paquete en una de ellas. Por lo tanto, cumplí con los indicadores predictivos en un 50 %, pero intentaré mejorar la próxima semana.

También entonces hablaré, por teléfono o en persona, con dos de mis clientes que celebraron su reunión anual con nosotros el año pasado, pero que no se han comprometido a repetir este año. Quiero programar visitas para que vean el nuevo salón de banquetes y, con suerte, convencerlos de contratar nuestros servicios una vez más.

Bᴏʙ: La semana pasada me comprometí a crear una presentación especial comercial para el paquete de barra *premium* para tres clientes que habían cerrado una visita, pues todos ellos representan muy buenas oportunidades. Le pedí al chef que preparara una cata de vinos y canapés para cada cliente. Todo salió muy bien y los tres contrataron el paquete *premium* para sus eventos.

De acuerdo con el cuadro de mando, realicé tres visitas e

intenté vender el paquete en todas ellas, consiguiendo un éxito del 100 %.

La próxima semana solo tengo una visita cerrada. Por ello me comprometo a contactar al menos con cinco clientes potenciales hoy mismo y convencer como mínimo a uno de ellos de que cierre una visita antes de que termine la semana.

KAREN: La semana anterior me comprometí a mandar un «paquete recuerdo» a diez de mis clientes que contrataron eventos el año pasado. En cada uno incluí dos o tres fotos de su fiesta, así como el menú del banquete que solicitaron, así como una nota manuscrita donde les digo que estaría encantada de recibirlos nuevamente este año. Completé esta tarea y me alegra deciros que cuatro de ellos llamaron para darme las gracias y dos cerraron una visita para ver el nuevo salón de banquetes.

Según el cuadro de mando, realicé dos visitas guiadas y en ambas ofrecí el paquete *premium*, por lo que obtuve una puntuación del 100 %.

La próxima semana enviaré «paquetes recuerdo» a otros cinco clientes.

La sesión de POEs de Susan y su equipo prosigue así hasta que cada uno de sus integrantes termina su informe. Nótese que no solo rinden cuentas a su jefa, sino también a todos los presentes, pues deben saber si han cumplido sus compromisos y qué resultados han obtenido como equipo.

Compromisos semanales de alto impacto

La eficacia de las sesiones de POEs depende de la regularidad de la cadencia, pero los resultados del cuadro de mando se relacionan con la calidad de los compromisos. Usted es responsable de guiar al equipo para que sea capaz de plantear compromisos que generen el máximo impacto posible.

Comience por preguntarse: «¿Qué cosas decididamente importantes —una o dos— puedo hacer yo esta semana para influir sobre el rendimiento del equipo y sobre el cuadro de mando?».
Ahora analicemos esta pregunta para entender su importancia respecto al POE.

- **«Una o dos»:** en la Disciplina 4, cumplir con unos pocos compromisos de alto impacto es mucho más importante que adquirir muchos. Lo que usted busca es que el equipo ejecute un número determinado de cosas con excelencia, y no muchas de forma mediocre. Cuantos más compromisos establezca el equipo, menor será la probabilidad de que se cumplan. En ese sentido, es mejor adquirir dos compromisos de alto impacto y cumplirlos al pie de la letra, que adquirir cinco compromisos y cumplirlos a medias.
- **«Decididamente importantes»:** no pierda el tiempo con actividades secundarias. Invierta su máxima atención y esfuerzo en los compromisos que marcarán la diferencia.
- **«Yo»:** todos los compromisos de una sesión POE son responsabilidades personales. No se trata de comprometer a otros a actuar, sino de comprometerse a ejecutar acciones que usted mismo cumplirá. Aunque trabaje con otros miembros del equipo, comprométase a rendir cuentas solo con respecto a la parte del esfuerzo de la que pueda responsabilizarse personalmente.
- **«Esta semana»:** la Disciplina 4 requiere al menos una Cadencia de Rendición de Cuentas semanal. No establezca más compromisos que los que pueda cumplir la semana entrante para poder mantener la cadencia. Si se compromete a hacer algo con cuatro semanas de antelación, no podrá rendir cuentas durante tres de ellas. Si se trata de una iniciativa que ocupará varias semanas, comprométase a aquella porción de la misma que pueda cumplir en una semana. Los compromisos semanales aportan una sensación de urgencia que le ayudará a mantenerse concentrado aun cuando el torbellino esté desatado.
- **«Rendimiento sobre el cuadro de mando»:** esta es la cuestión

más crítica de todas; pues cada compromiso debe ir dirigido a mover los indicadores históricos y predictivos del cuadro de mando. Si no mantiene este enfoque, estará tentado de realizar compromisos pertenecientes al torbellino. Y aunque pueden ser urgentes, estos no contribuirán en nada al POE.

Si todo el mundo responde esta pregunta con exactitud durante cada sesión de POEs, el equipo podrá establecer un ritmo regular de ejecución que impulsará la consecución de resultados.

La sesión de POEs de Susan produjo una serie de compromisos que marcarán la diferencia deseada:

- «Trabajar 20 minutos con Kim y Karen para mejorar su argumentario de ventas para el paquete de barra y practicar su presentación.»
- «Asistir a la reunión de la Cámara de Comercio para obtener al menos tres contactos corporativos que todavía no han realizado eventos en el hotel.»
- «Terminar el informe final de los nuevos materiales promocionales para el paquete de barra *premium*.»
- «Entrevistar a tres candidatos para la vacante en el equipo y hacer una oferta al que se adapte mejor al perfil.»
- «Mantener reuniones con los representantes de dos empresas que acaban de abrir sede en el centro de la ciudad.»
- «Crear una presentación especial comercial para el paquete de barra *premium* para tres clientes que habían cerrado una visita.»
- «Enviar "paquetes recuerdo" a diez de los clientes que contrataron eventos en el hotel el año pasado, así como una nota manuscrita.»

Es más probable que los miembros del equipo hagan suyos los compromisos que ellos mismos formulan. Sin embargo, el líder del equipo debe asegurarse de que cada compromiso cumple con los siguientes requisitos:

- **Específico:** cuanto más específico sea el compromiso, mayor será la posibilidad de rendir cuentas sobre éste.
- **Diseñado en función del cuadro de mando:** asegúrese de que los compromisos muevan el cuadro de mando hacia delante, de otra manera puede que solo esté invirtiendo su energía en el torbellino. Por ejemplo, quizá se sienta tentado a adquirir un compromiso concerniente al presupuesto anual si la fecha límite para entregarlo es la semana siguiente, por el hecho de que se trata de un asunto urgente e importante. No obstante, si el presupuesto no tiene mucho que ver con los indicadores predictivos, no influirá sobre el POE, con lo que da igual lo urgente que pueda parecer.
- **Oportuno:** los compromisos de alto impacto deben completarse durante la semana siguiente, pero también deben tener una repercusión en el rendimiento del equipo a corto plazo. Si el impacto real de su compromiso se produce en un futuro lejano, esto no ayudará a construir el ritmo y sensación semanal de ir ganando que el equipo necesita.

El siguiente cuadro ilustra la diferencia entre compromisos de bajo y alto impacto.

COMPROMISOS DE BAJO IMPACTO	COMPROMISOS DE ALTO IMPACTO
Esta semana me concentraré en la formación del equipo	Esta semana trabajaré 20 minutos con Kim y Karen para mejorar su argumentario de ventas del paquete de barra y practicar la presentación oral
Asistiré a la reunión de la Cámara de Comercio	Asistiré a la reunión de la Cámara de Comercio para obtener al menos tres contactos corporativos que todavía no han realizado eventos en el hotel
Haré algunas entrevistas	Entrevistaré a tres candidatos para la vacante del equipo y haré una oferta al que se adapte mejor al perfil

COMPROMISOS DE BAJO IMPACTO	COMPROMISOS DE ALTO IMPACTO
Contactaré con nuevos clientes esta semana	Me reuniré con los representantes de dos empresas que acaban de abrir sede en el centro de la ciudad
Llamaré a antiguos clientes	Enviaré «paquetes recuerdo» a diez de los clientes que contrataron eventos con nosotros el año pasado, así como una nota manuscrita

Advierta la fuerza de los compromisos específicamente concebidos para mover los indicadores predictivos.

Cuidado

Evite caer en los típicos errores que podrían debilitar la Cadencia de Rendición de Cuentas.

Competir con las responsabilidades del torbellino. Este es el reto más común al que usted y su equipo deberán enfrentarse al aplicar la Disciplina 4. No confunda las urgencias del torbellino con compromisos del POE. Responder a la siguiente pregunta es una manera efectiva de verificar el compromiso: «¿Cuánto impacto tendrá su cumplimiento sobre el Cuadro de Mando de Resultados?». Si le cuesta responderla, es probable que el compromiso en cuestión esté enfocado al torbellino.

Realizar sesiones de POEs sin obtener resultados específicos. La Cadencia de Rendición de Cuentas no se mantendrá si el equipo carece de la disciplina necesaria para atenerse al orden del día de una sesión de POEs. Cada una debe abordar específicamente los compromisos de la semana anterior y permitir generar compromisos futuros.

Repetir un compromiso más de dos semanas consecutivas. No importa si se trata de un compromiso de alto impacto, si se repite semana tras semana se convertirá en algo rutinario. Hay que estar buscando siempre nuevas y mejores formas de mover los indicadores predictivos.

Aceptar compromisos incumplidos. El equipo debe cumplir sus compromisos a pesar del torbellino diario. Cuando un miembro del equipo fracasa en ello, a pesar de todo el esfuerzo invertido para aplicar las 4DX, se enfrentará al momento más crucial de todo el proceso.

Si logra inculcar a su equipo la disciplina de la rendición de cuentas, vencerán al torbellino cada semana. Sin embargo, si se toma a la ligera el cumplimiento de compromisos y la obtención de resultados, el torbellino acabará con el Principal Objetivo Estratégico.

Veamos cómo Susan gestiona esta crítica situación durante una sesión de POEs.

SUSAN: Jeff, te toca.

JEFF: Gracias, Susan. Me comprometí a contactar con varios de mis clientes del año pasado para cerrar visitas, pero, como todos sabéis, esta semana tuve que encargarme de un evento muy importante en el hotel. En vista de que se trataba del grupo más grande del año de entre todos mis clientes, quería asegurarme de que fuera un éxito. Por ello le dediqué mucha atención personal. Cuando el proyector de la sala principal se averió, tuve que hacer malabares para conseguir otro. Dediqué mucho tiempo a cerciorarme de que el cliente no se había molestado y de que todo estaba bajo control. Antes de que me diera cuenta, la semana había transcurrido y, simplemente, no tuve tiempo.

En pocas palabras, Jeff dice que no pudo cumplir su compromiso por culpa del torbellino. Lo más grave es que está convencido de que no debería rendir cuentas a nadie porque su torbellino había sido significativo esa semana. Es aquí donde la ejecución comienza a fallar.

La mayoría de los compromisos que adquirimos son condicionales. Por ejemplo, cuando un miembro del equipo dice: «Tendré listo el informe el jueves a las nueve», lo que quiere decir en realidad es: «A menos que surja algo urgente». No obstante, siempre hay alguna urgencia; así es la incansable naturaleza del torbellino.

Si deja que el torbellino arrolle sus compromisos, usted nunca invertirá la energía necesaria para avanzar. La disciplina de la ejecución empieza y termina con el cumplimiento de los compromisos formulados en las sesiones de POEs.

Por eso, el trabajo de Susan como líder, particularmente durante las primeras sesiones de POEs, consiste en establecer un nuevo principio: los compromisos son incondicionales. En palabras de uno de nuestros clientes: «Siempre que adquirimos un compromiso ante nuestro equipo, sabemos que la única opción es encontrar la manera de cumplirlo, pase lo que pase».

¿Cómo debe actuar Susan?

Paso 1: mostrar respeto

Susan: Jeff, quiero que sepas que el evento de la semana pasada fue un éxito y que gracias a ti se evitó un desastre. Todo el equipo entiende que trabajaste mucho y que se trataba de un cliente muy importante para nosotros. Gracias por todo lo que hiciste.

Este primer paso es vital. Susan demuestra que respeta a Jeff como miembro del equipo, pero también hace notar a todos que respeta la importancia del torbellino. Si se hubiera saltado este paso, habría mandado dos mensajes incorrectos: que Jeff no es valorado y que el torbellino no es importante.

PASO 2: REFORZAR LA RENDICIÓN DE CUENTAS

SUSAN: Jeff, también quiero que sepas lo mucho que contribuyes a este equipo. Sin ti no podríamos alcanzar el objetivo. Esto significa que cuando adquirimos un compromiso tenemos que encontrar la manera de cumplirlo, sin importar lo que suceda durante la semana.

Este es un momento decisivo para ambos. Una vez que Susan haya establecido claramente que respeta a Jeff y que entiende las exigencias del torbellino, él será capaz de ver la importancia de dar lo mejor de sí en beneficio del equipo.

PASO 3: INCENTIVAR EL DESEMPEÑO

SUSAN: Jeff, sé que quieres ayudarnos a alcanzar el objetivo. ¿Podemos contar con que te pondrás al día la próxima semana? ¿Cumplirás el compromiso de la semana pasada, así como el que vas a formular hoy para la siguiente?

De este modo, Susan le ofrece a Jeff la oportunidad de declarar con orgullo que ha cumplido todos sus compromisos.

Concluir esta interacción con éxito es fundamental. Es impor-

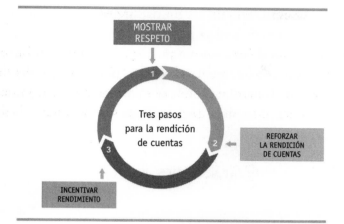

tante para Jeff porque ahora podrá mantener su compromiso con el equipo. Es vital para el líder porque el equipo puede ver su compromiso con el proceso de las 4DX. Y es importante para el equipo, para conocer el nuevo estándar de desempeño que se le pide.

Sin compromisos incondicionales, es imposible hacer avanzar lo negro en medio de lo gris. El torbellino gris invadirá los compromisos negros. Es así como se desmorona la ejecución.

Compromisos semanales

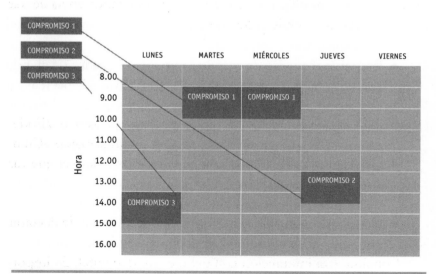

Hyrum Smith, uno de los fundadores de FranklinCovey, dijo: «Si su sueldo dependiera por completo de este compromiso, sucederían dos cosas de manera automática: sería más cuidadoso al hacerlo y estaría absolutamente seguro de poder cumplirlo». Este es el propósito de las sesiones de POEs: formular compromisos inteligentes y tener la disciplina de cumplirlos sin importar el torbellino.

Claves para realizar sesiones de POEs con éxito

- **Llevar a cabo las sesiones según lo programado.** Fije un lugar, hora y día de la semana para realizar todas las sesiones (incluso las efectuadas a distancia), y manténgalas a pesar del torbellino. Si usted no puede asistir, delegue la responsabilidad de dirigir la sesión en otro miembro del equipo.
- **Ser breve.** Mantenga un ritmo fresco y dinámico. No rompa la regla de oro: las sesiones nunca deben durar más de 20 o 30 minutos. Si son más largas, es probable que se convierta en una reunión de torbellino.
- **Liderar con el ejemplo.** Comience cada sesión de POEs con una revisión general de los resultados del cuadro de mando y después presente un informe sobre sus propios compromisos. Así dejará en claro que no exigirá nada a su equipo que usted no tenga la intención de hacer.
- **Preparar el cuadro de mando.** Actualice el cuadro de mando antes de la sesión y asegúrese de llevarlo. No es posible realizar una sesión de POEs sin él. Esto ayuda a reconectar al equipo con el juego y a mostrar lo que está y lo que no está funcionando. Sin él, la sesión de POEs sería como cualquier otra reunión.
- **Celebrar el éxito.** Felicitar al equipo por cumplir con éxito sus compromisos y conseguir un impacto sobre los indicadores fortalece su compromiso con el POE.
- **Compartir conocimiento.** A lo largo de la semana los miembros del equipo descubrirán qué mueve y qué no mueve los indicadores predictivos. También aprenderán que algunos

indicadores son más eficaces que otros. Esta información es útil para todos.

- **Prohibir la entrada al torbellino.** Limite el debate a los compromisos que pueden mover el cuadro de mando. Deje las conversaciones sobre el torbellino, el clima, el tráfico o los deportes para otro momento.

- **Abrirse camino unos a otros.** Colaborar para eliminar obstáculos. Despejar el camino no significa delegar problemas para que otros los resuelvan, sino aprovechar las virtudes de los miembros del equipo. Siempre que alguien acepte despejar el camino a uno de sus compañeros, deberá contarlo entre sus compromisos de la semana. Esto implica darle el mismo seguimiento que al resto de compromisos.

- **Ejecutar a pesar del torbellino.** Los integrantes de su equipo deberán rendir cuentas de sus compromisos incondicionalmente, sin importar el torbellino. Si uno no se cumple en el plazo acordado, deberá subsanarse la semana siguiente.

La recompensa

El ejemplo que abre la segunda parte del presente libro es el equipo de la tienda 334, que estaba fracasando en su intento de implantar las 4DX. Simplemente no estaba funcionando.

Por ejemplo, un día Jim no encontró más que pan duro y migas de galletas en los estantes de la panadería.

—¡Yolanda! —llamó a la encargada de la sección, quien apareció cubierta de harina y enfadada mientras él señalaba el cuadro de mando.

—Tengo demasiadas cosas que hacer para preocuparme por ese cuadro de mando —respondió con las manos en la cintura—. Debo terminar el pedido para un catering que me llevará todo el día. También necesito solucionar lo del inventario, porque ya no quedan ingredientes. No tengo tiempo; me falta personal.

Se repite la historia de Sísifo. La tienda era la misma de siempre a pesar de todo el esfuerzo que los empleados habían dedicado al POE, a los indicadores predictivos y a los cuadros de mando.

Pronto descubrimos por qué: no habían implantado la Disciplina 4.

La falta de una Cadencia de Rendición de Cuentas

En la tienda 334 no había una rendición de cuentas sistemática que permitiera decir: «La semana pasada hice esto y la próxima me dedicaré a esto otro para mover el cuadro de mando». Así que le rogamos a Jim que convocara una reunión para preguntar lo siguiente a cada uno de sus miembros: «¿Qué puedes hacer esta semana —una única cosa— para generar el mayor impacto posible sobre el Cuadro de Mando de Resultados?».

Al día siguiente Jim llevó a cabo su primera sesión de POEs. Prometió que solo le dedicaría unos minutos al cuadro de mando. Cuando los encargados de las distintas secciones llegaron, Jim dirigió su atención a la gerente de panadería.

—Yolanda, ¿qué puedes hacer esta semana para generar el mayor impacto sobre el objetivo de mejorar las condiciones de la tienda? Nombra solo una cosa.

Yolanda se sorprendió ante la mirada seria de Jim.

—¿Quieres que elija yo? —preguntó.

Jim asintió... y esperó.

—Supongo que podría limpiar el almacén de atrás.

—Muy bien, ¿cómo contribuiría eso a mover el marcador de mejorar las condiciones de la tienda?

—Está un poco abarrotado. Hay muchas cosas en el suelo. Si limpio el almacén podría quitarlas del suelo y tendría mejor aspecto.

—Excelente. Haz esa única cosa, Yolanda. Es todo.

Luego, Jim dirigió su atención al encargado de pescadería y marisco.

—¿Qué harías esta semana, Ted, para generar el mayor impacto sobre el objetivo de mejorar las condiciones de la tienda?

—Esta semana hay una gran promoción —respondió Ted—. Me concentraré en el especial de langostas que estamos preparando. Eso es lo que haré.

—Eso está muy bien, Ted. Sé que es importante y debes hacerlo, pero ¿qué efecto tendría esa acción en el cuadro de mando?

—Ah, ya veo por dónde vas. —Algo adquirió sentido en su cabeza. El especial, aunque importante, no contribuiría en sí mismo a mejorar las condiciones de la tienda. Este era el Principal Objetivo Estratégico—. Bueno, pues Bobby ha trabajado aquí tres semanas y todavía no sabe cómo colocar los mostradores cada mañana. Lo voy a enseñar para que pueda ayudar con eso.

—Perfecto —respondió Jim.

Es importante notar que todas estas ideas no estaban surgiendo de Jim, sino de los encargados de sección. ¿Marca esto alguna diferencia?

¿Había ejercido Jim un exceso de supervisión o celo? ¡No! El personal de la tienda fue capaz de escoger por sí mismo las actividades a realizar para mover el cuadro de mando. Sí es cierto que antes había mostrado un exceso de injerencia, no porque quisiera ser un jefe controlador, sino porque no sabía hacerlo de otra forma.

El equipo de Jim comenzó a reunirse cada semana alrededor del cuadro de mando para comprometerse ante todos a hacer una sola cosa para mover la puntuación. Cuando el equipo comenzó a trabajar a buen ritmo, en una Cadencia de Rendición de Cuentas unos a otros, sus actitudes cambiaron y la tienda también.

Tras diez semanas, la calificación media de las condiciones de la tienda subió de 13 a 38 en una escala de 50 puntos. Además, su apuesta estratégica dio frutos, pues los

LEA CON SU SMART PHONE

Lector de código de Android
iPhone-Red Laser

http://www.4dxbook.com/qr/334vid

Escanee la imagen superior para ver un vídeo de Jim Dixon y la tienda 334.

ingresos aumentaron al mismo tiempo que las condiciones de la tienda.

Pocos meses después nos invitaron a una reunión con el presidente de la división de Jim en la que informaría sobre los avances de la tienda.

—Todo va tan bien que ni siquiera he tenido que pasarme esta mañana por allí —dijo Jim.

El presidente le preguntó:

—¿Qué ha significado este cambio para ti en lo personal?

—Estaba dispuesto a cargar con todo en la tienda hasta que me trasladaran —respondió Jim—. Ahora me quedaré todo el tiempo que me dejen.

Jim Dixon y su equipo ahora sabían lo que significaba ganar y alcanzar un Principal Objetivo Estratégico. No necesitaban motivación externa.

En el fondo, todo el mundo quiere ganar. Todos queremos contribuir a lograr objetivos que realmente importen. Es muy desalentador intentarlo a diario y preguntarse si estamos marcando alguna diferencia. Por esta razón las 4DX son fundamentales. Las personas de la tienda 334 se dieron cuenta de ello. Las disciplinas marcan la diferencia entre empujar la roca ladera arriba una y otra vez, o alcanzar la cima.

El producto final

El producto final de la Disciplina 4 es establecer una sesión de POEs frecuente y regular que haga avanzar los indicadores predictivos.

No obstante, el resultado más importante de la Disciplina 4 es una Cadencia de Rendición de Cuentas que no solo produce resultados fiables, sino que también genera un equipo de alto rendimiento.

La Disciplina 4 mantiene a su equipo concentrado en el juego semana a semana, pues sus miembros conectan sus contribuciones personales con las prioridades más importantes de la organización. Esto no solo genera la conciencia de que están ganando con respecto a un objetivo clave, sino que también se transforman en un equipo ganador.

Y esa es la verdadera recompensa que se obtiene tras invertir en las 4DX.

Inténtelo

Utilice la siguiente herramienta de orden del día para sesiones de POEs.

Herramienta de orden del día para sesiones de POEs

Reparta el siguiente orden del día en papel o envíelo por medios electrónicos antes de cada sesión de POEs. Una vez terminada la sesión, compruebe si cumplió con los criterios que aparecen en la página siguiente.

ORDEN DEL DÍA DE SESIÓN DE POEs			
Lugar	Fecha y hora		
POE			
Reporte individual	Miembro del equipo	Compromiso	Estado
Actualización del cuadro de mando			

¿Lo ha conseguido?

Revise los siguientes criterios para comprobar si la sesión de POEs que usted dirige impulsa el más alto desempeño.

☐ Las sesiones de POEs se realizan de acuerdo con un programa.

☐ Son breves, frescas y dinámicas (de 20 a 30 minutos).

☐ El líder es un ejemplo a seguir para el reporte de los compromisos.

☐ El equipo revisa el Cuadro de Mando de Resultados actualizado.

☐ El equipo analiza por qué está ganando o perdiendo en cada indicador.

☐ El equipo celebra el éxito.

☐ Todos se rinden cuentas unos a otros sobre sus compromisos de manera incondicional.

☐ Todos los miembros del equipo se comprometen a realizar acciones específicas para la semana siguiente.

☐ El equipo colabora para despejar el camino, ayudando a sus miembros a afrontar los problemas que obstaculizan el cumplimiento de sus compromisos.

☐ La sesión de POEs se mantiene a salvo del torbellino.

Automatizar las 4DX

Ahora que hemos revisado el proceso para aplicar las 4DX en su equipo, exploraremos los grandes beneficios de su automatización. De acuerdo con nuestra experiencia, las probabilidades de implantar las 4DX con éxito aumentan de manera importante si el proceso se ayuda de herramientas automatizadas. Para más información sobre cómo aplicar los principios de las 4DX y herramientas que pueden ayudarle en la implantación, visite team.my4dx.com.

Lector de código de Android
iPhone-Red Laser

http://www.4dxbook.com/qr/My4DXVid

Escanee la imagen superior para ver una explicación de cómo usar my4dxos.com.

Este sitio también le ayudará a saber qué porcentaje de su equipo y de la organización actualiza su cuadro de mando, establece compromisos semanales sobre los indicadores predictivos y lleva a cabo sesiones de POEs. En este capítulo le enseñaremos a utilizar dicho software para demostrar que la tecnología puede potenciar la capacidad de su equipo para generar resultados, la cual usted necesitará aprovechar, sin importar qué tecnología utilice.

Dar de alta el juego

Todo sistema automatizado deberá registrar de manera exhaustiva el juego que ha diseñado a partir de las 4DX. En este capítulo describiremos los cinco componentes fundamentales que todo sistema debe incluir para cubrir las necesidades del juego de las 4DX.

1. *La estructura organizativa del equipo y los nombres de sus integrantes.*
2. *El POE y el indicador histórico según la fórmula «De X a Y para Cuándo», así como los objetivos de rendimiento de cada semana.*
3. *Indicadores predictivos y su estándar de desempeño diario o semanal.*
4. *Los compromisos de su equipo de la semana anterior y su estado, así como los compromisos de la semana siguiente.*
5. *Resumen visual en el que se registre el avance del POE, los indicadores predictivos, las sesiones de POEs y los compromisos.*

Aunque la mayoría de las organizaciones gestionan mucha información valiosa, no suelen registrar información como la que hemos mencionado y, de hacerse, está diseminada en distintos sistemas por lo que, para consolidarla, debe hacerse manualmente.

De acuerdo con la Disciplina 3, su equipo desarrollará un cuadro de mando físico diseñado para crear una rendición de cuentas pública y para generar compromiso en el equipo. My4dx.com ofrece un cuadro de mando electrónico para realizar el seguimiento del desempeño global del equipo desde el momento en que comienza a trabajar un POE hasta cuando lo alcanza. Además, my4dx.com también permite realizar el seguimiento a los compromisos individuales, cosa que el cuadro de mando no hace.

En resumen, el programa proporciona un panel de control sobre el que puede realizar el seguimiento del proyecto completo de POE en detalle. En my4dx.com, el panel de ejecución se parece a la siguiente imagen:

Revisemos las características principales del panel de ejecución con el ejemplo del equipo de gestión de eventos de Susan mencionado en capítulos anteriores.

COMPONENTE NÚM. 1 DE LAS 4DX:
El líder y cada miembro del equipo; información de la función de cada uno y elementos de identificación personal (p. ej., fotos).

En primer lugar, advierta que el panel está diseñado específicamente para Susan y su equipo. Aunque muchos equipos pueden utilizar el portal, cada uno tendrá un panel de control único. En la parte superior izquierda puede ver el nombre de Susan, además de los nombres de algunos miembros de su equipo.

COMPONENTE NÚM. 2 DE LAS 4DX:
El POE, el indicador histórico («De X a Y para Cuándo) y los objetivos de desempeño semana a semana.

A la derecha del panel encontrará el POE del equipo de Susan: «Aumentar los ingresos por eventos corporativos de 22 a 31 millones de dólares para el 31 de diciembre». La única manera de saber si están ganando o perdiendo con respecto al POE de equipo es conocer la puntuación; my4dx.com despliega el indicador histórico en parámetros claros, como dólares, porcentajes y otras cifras. Esto genera una rendición de cuentas específica.

Cada semana el equipo registrará su rendimiento real, pero también lo comparará con el objetivo semanal previamente establecido.

Esto permite al equipo responder de forma inmediata a la siguiente pregunta: ¿Dónde estamos? ¿Dónde deberíamos estar? En el panel de ejecución Susan y su equipo pueden ver de inmediato si están ganando en el POE de equipo, gracias a las cifras y al estado marcado en color verde.

> **COMPONENTE NÚM. 3 DE LAS 4DX:**
> *Los indicadores predictivos y el desempeño respecto a los compromisos de cada semana.*

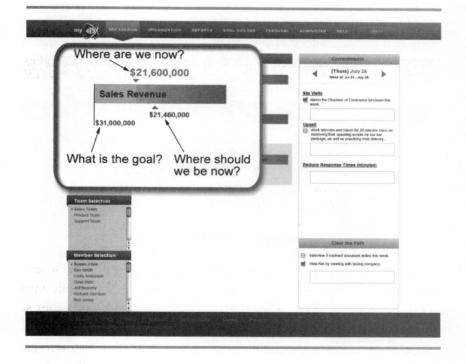

El programa le permite ver solo lo que tiene que saber sobre los indicadores predictivos y los indicadores históricos. Usted conoce su situación actual, la deseada y la que debe alcanzar al final. Según la relación entre la situación actual y la deseada, el indicador será verde, ámbar o rojo. Un poco más a la derecha encontrará los dos indicadores predictivos sobre los cuales el equipo de Susan actúa para impulsar y alcanzar el POE de equipo.

- Llevar a cabo dos visitas guiadas a las instalaciones por empleado cada semana.
- Convencer a los clientes de que compren el paquete de barra *premium* en el 90% de los eventos.

Los resultados reales de los indicadores predictivos se deben introducir cada semana. De este modo el equipo conoce la situación de estos y, todavía más importante, sabrá si los indicadores predictivos realmente predicen cambios en el indicador histórico.

Gracias al panel de ejecución, Susan y su equipo pueden observar que han tenido éxito con las visitas a las instalaciones, pero que se encuentran lejos del objetivo relacionado con los paquetes de barra.

Ahora que saben esto, Susan y su equipo podrán formular compromisos que mejoren los resultados, tanto en sus indicadores predictivos como en su POE de equipo.

COMPONENTE NÚM. 4 DE LAS 4DX:
Recoger los compromisos e indicar cuáles de ellos se han cumplido.

Los integrantes del equipo pueden mirar hacia atrás y contemplar los compromisos que adquirieron la semana anterior. De este modo, podrán rendir cuentas sobre su cumplimiento. En el siguiente ejemplo, el cumplimiento de los compromisos se indica con una marca de verificación en la casilla que se encuentra a la izquierda de cada uno de ellos.

Los miembros del equipo también podrán formular compromisos para la semana siguiente que hagan avanzar los resultados aún más. En la imagen de la página anterior se muestra la vista expandida de uno de los compromisos semanales de Susan.

Ahora todos los componentes del juego de Susan se pueden consultar en un mismo sitio, lo que permite entender el desempeño general del equipo de manera fácil y rápida.

La sesión de POEs

Cada semana, el equipo de Susan se reúne de 20 a 30 minutos para llevar a cabo una sesión de POEs según la cadencia anteriormente descrita.

Antes de la sesión, cada miembro del equipo tiene tres importantes responsabilidades:

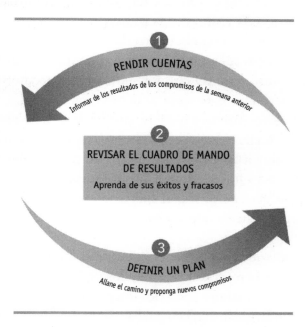

1. Comprobar el desempeño individual respecto a los indicadores predictivos.
2. Revisar que los compromisos de la semana anterior se hayan cumplido.
3. Formular los compromisos de la semana siguiente.

Estas tres responsabilidades deberán atenderse antes del inicio de la reunión. Así, la sesión de POEs fluirá a un ritmo rápido y al mismo tiempo permitirá que todos rindan cuentas de manera individual, pues los resultados de cada miembro del equipo se mostrarán uno a uno durante la reunión.

Por ejemplo, en el capítulo anterior leímos que Kim había informado de los siguientes resultados.

Kim: La semana pasada adquirí el compromiso de reunirme con los directivos de dos empresas que acaban de abrir sede en el centro de la ciudad y lo he cumplido. Buenas noticias: uno de ellos cerró una visita para la próxima semana.

De acuerdo con el cuadro de mando, realicé dos visitas guiadas, pero solo intenté vender el paquete en una de ellas. Por lo tanto, cumplí con los indicadores predictivos en un 50 %, pero intentaré mejorar la próxima semana.

También entonces hablaré, por teléfono o en persona, con dos de mis clientes que celebraron su reunión anual con nosotros el año pasado, pero que no se han comprometido a repetir este año. Quiero programar visitas para que vean el nuevo salón de banquetes y, con suerte, convencerlos de contratar nuestros servicios una vez más.

Al tiempo que Kim presenta su informe, Susan enseña el portal my4dx.com para mostrar los resultados de Kim.

De la misma manera, todos los integrantes del equipo verán sus resultados individuales en la pantalla mientras realizan el reporte de los mismos. Al final de la reunión, Susan mostrará los resultados conjuntos del equipo y la terminará con un consejo o un último reconocimiento al esfuerzo realizado.

Si el equipo de Susan trabajara en lugares diferentes, o en el caso de que algún miembro del equipo no estuviera presente, todos pueden fácilmente acceder al portal de my4dx.com mediante un navegador de internet, para ver los mismos datos que se mostraron en la sala donde se reunió el equipo. Esto es particularmente eficaz para dar soporte a la rendición de cuentas en equipos que están separados físicamente. En estas circunstancias, el software también hace las veces de cuadro de mando físico de resultados.

Automatizar las 4DX en la organización

Hemos limitado, intencionadamente, la información asociada a la tecnología que da soporte a las 4DX a los aspectos más básicos para usted y su equipo. Para más información puede visitar el portal team. my4dx.com.

> **COMPONENTE NÚM. 5 DE LAS 4DX:**
> *Tener a la vista un resumen del seguimiento de los POEs, los indicadores predictivos, las sesiones de POEs y los compromisos.*

No obstante, debemos subrayar que la necesidad de la automatización se vuelve más crítica si existen varios equipos dentro de una misma organización lanzando las 4DX. Si no se dispone de herramientas para evaluar la implantación y los resultados del proceso con un simple examen visual, será difícil, por no decir imposible, impulsar los resultados de manera eficaz.

Para dar respuesta a esta necesidad, será necesario disponer de resúmenes gráficos que muestren de forma instantánea el cuadro de mando de ejecución de toda la organización. Un ejemplo de este tipo de informes es el «Informe de situación del equipo» que puede encontrar en my4dxos.com:

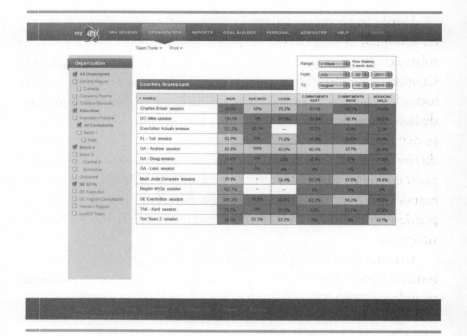

Este informe, el cual muestra el cuadro de mando ejecutivo en una línea por cada equipo, contiene la siguiente información:

Sesiones realizadas: porcentaje de los miembros del equipo que asisten a las sesiones de POEs.

Compromisos adquiridos: número de miembros del equipo que adquieren compromisos semanales.

Compromisos mantenidos: número de compromisos ejecutados.

Indicadores predictivos: situación real de los indicadores predictivos en comparación con la situación deseada.

POEs: situación real de los indicadores históricos en comparación con la situación deseada.

Las celdas resaltadas mediante los colores verde, ámbar y rojo permiten saber inmediatamente si la organización está ganando o perdiendo.

Desde la perspectiva organizativa, el trabajo del líder consiste en «eliminar el rojo» desde la última columna, que contiene datos sobre las sesiones, hasta la primera, que indica el estado de los POEs. Cuando el cuadro de mando es verde en su totalidad, significa que todos los equipos de su organización han logrado seguir el proceso de las 4DX al pie de la letra y están alcanzando los resultados que se marcaron. Si el índice de participación es alto y los porcentajes de ejecución son bajos, eso significa que las personas se han esforzado en identificar las actividades que impulsan sus cuadros de mando, pero no las están ejecutando correctamente. Los líderes pueden concentrarse en las áreas de ejecución insuficiente y ofrecer su apoyo.

Creemos que la simplicidad y la transparencia son las dos características que más influyen en el éxito de las 4DX y, por medio de la tecnología adecuada, se pueden lograr ambas. Esto implica tener una línea de visión clara de toda la organización y mostrar los resultados de cada equipo en tiempo real. Y lo que es más importante, usted puede ver al instante, si está ganando o perdiendo.

Cómo aplicar
las 4DX en su organización

En la primera parte de este libro, usted aprendió que las 4 Disciplinas de la Ejecución son un sistema operativo para alcanzar los objetivos que necesita lograr. La segunda parte estaba dedicada a la aplicación de las 4DX en un equipo de trabajo.

Ahora queremos extendernos a la dimensión organizativa y explicar cómo deben aplicarse las 4DX en una organización constituida por más de un equipo, ya sea una pequeña empresa, una corporación multinacional o un punto medio entre ambas.

En esta tercera parte descubrirá lo que muchos directivos de excepción han conseguido gracias a las 4DX. Estos le enseñarán que las 4DX no solo han transformado equipos de trabajo aislados, sino grupos empresariales y agencias gubernamentales, en organizaciones de alto rendimiento. Su experiencia demuestra que las 4DX no son un programa más, sino un sistema operativo capaz de transformar cualquier organización.

También aprenderá los pasos específicos para hacer que las personas se concentren en los POEs y para dar a conocer las 4DX en toda la organización.

Más adelante, el apartado de «Preguntas frecuentes» ofrece respuestas a las dudas más comunes.

Al igual que la segunda parte, esta se ha diseñado con el fin de ser un manual de campo para los directivos. Consulte la tercera parte siempre que necesite orientación y experiencias relativas a los retos que implica conseguir que una organización entera ejecute con excelencia.

Las mejores prácticas de los mejores

Hasta ahora hemos presentado conceptos y métodos para implantar las 4 Disciplinas, los cuales representan lo mejor de lo que hemos aprendido de nuestra experiencia de trabajo con miles de directivos. Sin embargo, si no pudiéramos presentar sus historias con sus propias palabras, no estaríamos ofreciendo un libro completo.

Hemos elegido a cuatro directivos para este capítulo, no solo porque son un ejemplo excepcional de habilidades y experiencia, sino porque han utilizado las 4 Disciplinas para alcanzar resultados extraordinarios, muchas veces a gran escala. Estos relatos muestran los desafíos a los que se han enfrentado y los beneficios que se pueden conseguir cuando un equipo aplica los principios de las 4DX, pues ofrecen una perspectiva que solo pueden transmitir aquellas personas que las han implantado.

Alec Covington y Nash Finch

Alec Covington es presidente y consejero delegado de Nash Finch, la segunda mayor cadena de distribución de alimentos al por mayor en Estados Unidos que cotiza en bolsa. Esta empresa abastece al sector minorista de alimentación, las tiendas del ejército y sus sistemas de intercambio. Sus ventas anuales están en torno a 5.000 millones de dólares.

El equipo de Nash Finch implantó las 4 Disciplinas de la Ejecución, que aportaron resultados extraordinarios en apenas seis meses. A continuación presentamos una descripción de la experiencia de Alec con las 4DX, así como el conocimiento que obtuvo del proceso.

Han pasado poco más de seis meses desde que implantamos las 4 Disciplinas y, al ver los resultados, solo puedo decir que ha sido fantástico. De hecho, es casi imposible creer el gran nivel de desempeño de nuestro equipo con respecto de los POEs: el proceso se ha seguido de cerca, las reuniones se han llevado a cabo de acuerdo con el plan, las actualizaciones han sido regulares y, por último, los cuadros de mando resultan emocionantes y son fáciles de leer y entender. Hoy tenemos una gran historia que contar sobre los directivos que han utilizado las 4 Disciplinas para marcar la diferencia y cómo estos han dejado una huella en nuestra empresa.

A lo largo de mi carrera en este sector he dicho muchas veces que, ante la falta de crisis, es casi imposible lograr una verdadera transformación. Al entrar en un negocio que se encuentra a unos pasos de la bancarrota, uno atrae la atención general de manera automática. Los clientes se preocupan, los empleados están inquietos porque su trabajo peligra, los proveedores se preguntan cómo podrán pagarles, o peor, si se les pagará. Gracias a esta incertidumbre, los clientes están dispuestos a cambiar y los empleados tienen mayor voluntad para hacer las cosas de otra forma. Además, están dispuestos a hacerlo hoy, y no mañana. Así, la crisis admite una alineación total con el sentido de la urgencia y permite concentrarse en lo más esencial. Incluso si existen cien problemas, todo el mundo es consciente de que no es posible resolverlos en el tiempo que lleva solucionar una crisis. Por eso una crisis, en realidad, es un catalizador del cambio.

No obstante, cuando la crisis se acaba, el siguiente reto es dibujar el camino a largo plazo. Nunca me ha gustado esa etapa, pues en ella se genera frustración, estrés y decepción. En ella, el torbellino siempre supera al plan estratégico. No se trata de un fenómeno específico de Nash Finch; lo he visto en todas las compañías en las que he trabajado.

A pesar de estos retos hemos sido capaces de avanzar en la agenda estratégica, pero, a falta de una crisis, ha requerido un abordaje diferente. Cuando comenzamos a implantar las 4 Disciplinas descubrimos que existe una forma organizada de reemplazar la sensación de urgencia generada durante una crisis: concentrarse solo en lo más importante y moverlo hacia delante. Funcionó maravillosamente.

Cuanto más nos comprometemos con este proceso, más aprendemos de él; se vuelve parte de nuestro ADN, parte de nuestra cultura. Hoy puedo llegar a una reunión que no está relacionada con las 4 Disciplinas y oír a alguien preguntar: «¿Qué significa "De X a Y para Cuándo"?». Se trata de un programa fascinante que ha sido implantado con éxito en Nash Finch y que marcará el camino del cambio en nuestra empresa durante muchos años.

Ahora entendemos nuestro progreso, así como la trayectoria que nos falta recorrer. Sabemos que necesitamos alcanzar nuestros POEs y afianzar cada uno de manera segura. Ahora nos preguntamos cuál será el nuevo POE para el próximo año. Las 4 Disciplinas se han convertido en parte de cómo dirigimos nuestro negocio.

También procuramos celebrar el éxito que hemos alcanzado. Sabemos que nunca hay que olvidar las celebraciones y la diversión; si lo hacemos, estaremos dejando atrás uno de nuestros pilares básicos. Las 4 Disciplinas funcionan estupendamente cuando las combinamos con las celebraciones y los festejos tanto para los éxitos que alcanzamos en conjunto como para los individuos y equipos que muestran un rendimiento extraordinario durante el proceso.

Cuando viajo a nuestras distintas instalaciones y no veo pancartas que celebran los logros siempre pregunto: «¿Por qué?». La respuesta casi siempre es que el torbellino ha mantenido a la gente demasiado ocupada. Pero ahora tenemos un nuevo programa, las 4 Disciplinas, con POEs y sus respectivas sesiones. A pesar de toda la presión que existe por terminar las cosas, ahora nos aseguramos de que no falte tiempo para celebraciones y diversión. Y eso se ve en las pancartas.

Quiero añadir que como directivo soy consciente de que no puedo hacerlo todo solo; así que siempre busco uno o dos indicadores clave que me digan con certeza qué sucede en la empresa. El indicador principal de las 4 Disciplinas es la regularidad de las sesiones de POEs y la asistencia a ellas. Se trata de la única pregunta que siempre hago, pues estoy convencido de que si las personas están comprometidas, participan en las reuniones y presentan sus informes, en poco tiempo la presión del entorno no será tan fuerte y el resto del proceso se desarrollará por sí solo. Todo gira alrededor de la participación y el compromiso.

El segundo indicador que no pierdo de vista es cuánto se prepara el personal antes de acudir a las sesiones de POEs. ¿Quieren saber qué hago para medir esto? Viendo lo que duran. Las sesiones de POEs están pensadas para ser reuniones breves y concisas que sirven para impulsar a los equipos. Si estas se prolongan demasiado es porque algo no funciona.

La mayoría de las empresas mantiene reuniones para que los directivos puedan informar de sus avances sobre un objetivo asignado por sus superiores. Es como si los de arriba escribieran mandamientos en piedra y los dejaran caer sobre toda la organización, esperando que los directivos les informen sobre su avance una o dos veces al año. Muy inspirador, ¿no?

En realidad, lo que deberíamos preguntarnos es qué resultados hemos obtenido con este método. Nada que sea relevante. Las 4 Disciplinas permiten un verdadero cambio de paradigma; uno en el que los altos mandos simplemente plantean cuánto desean crecer y avanzar a través de un POE en términos de «De X a Y para Cuándo». Después, los líderes y los equipos que conforman la organización deciden su POE de equipo y los indicadores predictivos para lograrlo. Ellos son los que deciden cuáles son los elementos clave para realizar el seguimiento del avance. La verdadera diferencia es que los directivos informan a sus superiores sobre sus propios objetivos, y no sobre los que les han asignado desde arriba.

Hoy en día, con las 4 Disciplinas, nuestros empleados hablan de las tareas que ellos mismos decidieron emprender, el plazo que ellos establecieron para cumplirlas y el avance que ellos han realizado respecto a sus propios objetivos. Un país corporativo como Estados Unidos funciona haciendo que el trabajo de unos sirva para cumplir los objetivos de otros; pero cuando se trata de triunfar o fracasar en un objetivo propio, la creatividad real comienza a fluir. Alcanzar los objetivos corporativos nunca será tan importante como lograr los objetivos que cada uno establece para sí mismo y cumplir los compromisos personales. La diferencia en la actitud es sorprendente; es algo muy poderoso.

Creo que no hay malas personas en esta empresa; todas son maravillosas. Sin embargo, es gente que lleva en la compañía veinte o treinta años, incluso más, y puede no darse cuenta de que es necesario cambiar. Deben abandonarse ciertas formas de trabajar para poder introducir nuevos métodos y procesos. Según varias personas, no existe otra forma de persuadir, convencer o, de alguna manera, dar a entender que las cosas tienen que cambiar. Las 4 Disciplinas ofrecen un proceso que ayuda a esclarecer qué cosas se deben modificar. También incentiva la rendición de cuentas, la aceptación y la adaptación a dichos cambios. Este proceso permite utilizar el conocimiento adquirido de diferentes formas de trabajar aplicándolo a otros aspectos del negocio.

Recuerdo el primer almacén que dirigí. Tenía 20 años y no sabía mucho sobre ellos porque hasta entonces había sido gerente de una tienda, y no sabía nada de gestión de stocks hasta que me adentré en el negocio de la distribución. Recuerdo que un día, mientras caminaba a lo largo del almacén, algo me llamó la atención. Dos empleados estaban en su hora de descanso y jugaban a las damas, lo cual me molestó. Me senté con ellos y les dije:

—Me encanta este juego, pero ¿por qué estáis jugando en este momento?

—Es nuestra hora de descanso y esto es lo que llevábamos esperando todo el día —respondieron.

¿Saben qué es lo que más me molestó de esa frase? Que el trabajo era tan aburrido que lo único que entusiasmaba a esos hombres era jugar a las damas.

Años después, mientras caminaba por otras instalaciones, vi un gran piano vertical. Cuando pregunté qué hacía eso en medio de una planta de producción, me dijeron que si esperaba unos minutos lo sabría. Poco después sonó la sirena y todos los empleados se reunieron alrededor del piano para cantar canciones tradicionales rusas, de su patria. Al instante pensé: «¿No sería magnífico concentrar esa energía y conectarla al trabajo? ¿Qué pasaría si, en lugar de cantar 15 minutos, enfocaran ese entusiasmo sobre el negocio?».

Desde que implantamos las 4 Disciplinas, cada vez que visito algunas de nuestras instalaciones encuentro el equivalente de las damas y del piano vertical. Nuestros empleados se están divirtiendo; están comprometidos. Es como un juego: en lugar de ir a colocar cajas todos los días, se trata de un trabajo significativo y, aún más importante, consiste en detalles que pueden entender. No es un indicador financiero como el EBITDA, no son los ingresos ni los beneficios por acción en la bolsa. Son cosas como el número de cajas que pueden seleccionar en una hora. Se trata de concentrarse en aquello que conecta con su realidad y que les permite, además de cumplir con su trabajo, divertirse y sentir que están logrando algo. Esto es lo que hace de las 4 Disciplinas una herramienta tan eficaz a todos los niveles de la empresa. Combinar estos elementos puede ser algo muy poderoso.

Otra cosa que recomiendo hacer durante la adopción de las 4 Disciplinas es encontrar a los futuros directivos en las sesiones de POEs. En ellas usted observará cómo las personas crecen dentro de su organización y se van convirtiendo en directivos. Quizá hoy están al volante de una grúa, o se encargan de recibir el transporte de carga, tal vez son parte del personal de control del inventario, pero este proceso permite verlos de cerca.

Sin embargo, no puedo afirmar lo anterior sin decir lo contrario, pues las sesiones de POEs no solo sirven para identificar a las personas cuyo desempeño es excepcional; también es una forma de encontrar a aquellos integrantes que no acuden a las reuniones y, por lo tanto, no establecen compromisos. Estas personas pueden llegar a ser un lastre; son las que dificultan el logro de un objetivo.

A fin de cuentas, las 4 Disciplinas de la Ejecución permiten identificar, promover, proteger y mantener a las personas que logran alcanzar sus objetivos, pero también sirven para descubrir a las que no lo hacen.

Los resultados más importantes que hemos visto provienen de los equipos que tienen los cuadros de mando más llamativos y reconocibles; son fáciles de leer, y un importante número de personas es capaz de entenderlos. Cuando vamos a algunas de estos almacenes nos sorprendemos ante la creatividad de nuestros empleados. Uno de cada cien resulta ser un artista. Lo hemos comprobado muchas veces. Si se enfrenta a un problema, observe su cuadro de mando y pregúntese: «¿Es visible? ¿Las personas que deben ver el marcador se relacionan con él? ¿Es simple y fácil de entender? ¿Lo crearon las personas que lo utilizarán o fue otro quien lo creó?».

Los cuadros de mando son herramientas muy útiles. Algunos le parecerán los objetos más ridículos del mundo, pero también podrían ser los más efectivos, pues significan algo para las personas que deben verlos todos los días. No importa que no le guste a usted; en verdad, eso es irrelevante.

El último consejo que puedo dar es que, a la hora de celebrar los triunfos, no felicite a los directivos de mayor rango. Se lo pido por favor. La alta dirección no ha hecho nada. Nunca en mi vida he visto a uno de ellos alcanzar un solo POE. Le diré cómo funciona esto en realidad: los directivos encontraron la herramienta, aceptaron el hecho de que las cosas no estaban funcionando y hallaron un proceso que podría ayudar, pero los equipos de todos los directivos son quienes lo adoptaron, aprendieron y utilizaron para generar resultados extraordinarios. La alta dirección no necesita agradecimiento, son ellos los que deberían dar las gracias a los directivos y a todos los equipos que se encuentran en los diferentes niveles de la organización.

Al fin y al cabo, la alta dirección de la organización es como los *caddies* en el golf. Si los directivos en el campo piden un hierro 9, el trabajo del *caddie* será darles un excelente hierro 9. Si necesitan un nuevo *driver*, deberán ofrecerles aquel que enviará la pelota a una mayor distancia. Esto es exactamente lo que sucede con las 4 Disciplinas.

Este programa proporciona los medios para lanzar la bola y, gracias a las disciplinas y a la organización que la rodea, podemos estar seguros de que alguien se hará responsable de ella cuando llegue al otro lado del campo. Es algo hermoso. Para los líderes y los equipos esto representa una forma de golpear la bola, correr con ella y asumir la responsabilidad; pero también es necesario obtener reconocimiento cuando se ha hecho un buen trabajo. Es algo muy poderoso.

Dave Grissen y Marriott International, Inc.

Dave Grissen, presidente de Marriott International en el continente americano, comenzó a implantar las 4 Disciplinas en ocho hoteles piloto. Estos produjeron resultados tan significativos que Dave y su

Lector de código de Android
iPhone-Red Laser

http://www.4dxbook.com/qr/Marriott

Escanee la imagen superior para ver un vídeo del caso de Marriott.

equipo decidieron probar con dos implantaciones piloto aún más grandes y, finalmente, implantaron las 4 Disciplinas en más de 700 hoteles Marriott durante los dos años siguientes. Fue una de las implantaciones de las 4 Disciplinas de mayor dimensión e importancia que se ha llevado a cabo en todo el mundo.

A continuación incluimos una descripción de la experiencia de Dave, así como el conocimiento que extrajo del proceso.

Permítanme empezar con una introducción. Marriott, una de las mayores cadenas hoteleras del mundo, cuenta con casi 3.700 establecimientos y cerca de 129.000 empleados. La familia Marriott estableció hace ochenta y cinco años el núcleo de los valores y principios de la organización, los cuales todavía se inculcan a todos los empleados. J. Willard Marriott creía que si la empresa cuida de su personal, este se preocupará de los huéspedes, y así estos regresarán. El espíritu de servicio reflejado en esta filosofía es la piedra angular del ambiente de trabajo, la satisfacción de los clientes y el crecimiento continuo de la empresa. Nosotros seguimos buscando formas de innovar y mejorar la operativa, así como de ampliar nuestros principios como organización.

Por ello, en cuanto me enteré de la existencia de las 4 Disciplinas de la Ejecución, pensé que serían perfectas para nuestro negocio. Fue como si alguien hubiera diseñado un proceso específico para nuestras necesidades tras observar cómo operábamos. La mejor prueba de esto es que se trata de un proceso al que las personas se acercan, en lugar de querer huir. De hecho, nunca hemos pedido a uno solo de nuestros hoteles que implante las 4 Disciplinas, todos deseaban participar en él.

Comenzamos con ocho hoteles piloto. Cuando el período de prueba finalizó, todos habían conseguido resultados extraordinarios. Quizá el mejor ejemplo es el mayor hotel operado por la compañía, el Marriott Marquis de Nueva York. Tan solo en el primer año de implantación de las 4 Disciplinas, el equipo alcanzó los índices más altos de satisfacción de los clientes en treinta años, es decir, en toda la historia de este gran hotel. Además de este triunfo, obtuvieron los resultados más altos en ingresos y beneficios. La mayoría de los directivos sabe que batir el récord de resultados en ventas, ingresos y satisfacción de los clientes en el mismo año no es moco de pavo.

A partir del éxito del programa piloto, decidimos implantar las 4 Disciplinas en más de 700 hoteles en el norte y el sur de EE.UU. para alcanzar el Principal Objetivo Estratégico de convertirnos en la empresa hotelera con mayor presencia en el continente. Lo primero que hicimos fue formar un equipo de directivos con muchos años de experiencia en Marriott que conformaría el núcleo de la infraestructura. Este grupo se encargaría de guiar, rendir cuentas y trabajar con FranklinCovey. Este equipo interno representó una inversión crucial para nosotros y, después de establecerlo, nos sentimos listos para implantar las 4 Disciplinas de manera sistemática en todos los hoteles de nuestros principales mercados. Podrá usted imaginarse la escala de este esfuerzo, pues requería una inversión significativa por parte de los directivos de cada nivel. Sin embargo, ciudad tras ciudad nos encontramos con directivos que no solo se comprometieron, sino que también mostraron una verdadera pasión por la fuerza de estas disciplinas y una capacidad extraordinaria de utilizarlas para alcanzar sus Principales Objetivos Estratégicos.

En dos años certificamos a casi 4.000 directivos y completamos la implantación de las 4 Disciplinas en más de 700 hoteles, así como en el equipo de ventas nacional y en muchos de los equipos corporativos centralizados, como el de recursos humanos y el de informática. Durante este tiempo, cerca de 10.000 empleados utilizaron este proceso y registraron más de un millón de compromisos dirigidos a alcanzar los Principales Objetivos Estratégicos. Esto último ilustra un alto nivel de entrega y dedicación, así como el alcance de la implantación.

Mientras tanto, tenemos planes para continuar la implantación, pues ya hemos comprobado que las 4 Disciplinas son un sistema operativo que enfoca a un gran número de personas en un objetivo muy preciso y mantiene esa concentración hasta que se alcanza. Esta plataforma de la ejecución permite a los distintos hoteles crear sus propios objetivos dirigidos y alineados con la visión de la organización. Gracias a esta claridad, los empleados entienden cómo sus actividades diarias se relacionan con los resultados generales de la empresa. De esta manera todos comparten la sensación de estar trabajando con un objetivo común. El resultado es un alto nivel de adaptabilidad, concentración, compromiso y rendición de cuentas, único en nuestro sector.

Ahora que puedo mirar atrás y pensar en los consejos que les daría a los directivos que lean este libro, quisiera contribuir con una serie de lecciones clave que considero importantes.

Antes que nada, diseñe la implantación de acuerdo con su propia cultura. Aunque las 4 Disciplinas funcionan en todas partes, el método de implantación puede variar según lo que mejor se acomode a las características particulares de su organización y su personal. Si en nuestra cultura yo me hubiera limitado a ordenar la implantación de las 4 Disciplinas en todos los hoteles, no habría funcionado. A pesar de que este puede ser el método más eficaz, lo que realmente necesitábamos era hacer que cada uno de ellos lo solicitara. Para lograrlo pedimos a los directivos de los ocho hoteles piloto, muchos de los cuales tenían décadas de experiencia con nosotros, que se reunieran con los de otros establecimientos en una convención regional. Cuando los directivos de los hoteles piloto tomaron la palabra y reconocieron que las 4 Disciplinas habían generado una manera más eficaz de centrarse y alcanzar resultados, eso no tuvo precio. Cuando añadieron que nunca volverían atrás, a la forma en que ejecutaban antes, se convirtió en contagioso.

Como directivo, siempre se tiene la tentación de implantar las ideas en las que uno cree apasionadamente. Sin embargo, usted debe ser consciente de que si presenta las 4 Disciplinas como otro de tantos buenos propósitos, no generará el nivel de compromiso necesario para triunfar. Todos hemos puesto en marcha ideas que en un principio creíamos que el resto compartiría, pero en poco tiempo nos damos cuenta de que la organización las ha dejado morir en silencio. La causa no es que las personas se opongan a la idea, simplemente sucede porque están demasiado ocupadas con su torbellino. Convencerlas de adoptar algo lleva más tiempo, pero en verdad funciona. Usted podría dar la orden de sacar al mercado algún programa nuevo con mayor rapidez, pero el auténtico reto es saber si realmente lo harán. Tomarse el tiempo suficiente para implantar bien las 4 Disciplinas significará un mayor éxito durante el lanzamiento y mejores resultados.

En segundo lugar, debe ser consciente de que es más difícil implantar las 4 Disciplinas en una organización que ya tiene éxito. Cuando las cosas van mal, es muy fácil dirigir la atención de su equipo hacia el incendio y, en consecuencia, hacia la necesidad de apagarlo. No obstante, cuando se trata de una empresa que ha tenido mucho éxito durante un período considerable, es muy complicado convencer a su equipo de probar algo novedoso. Esto también aumenta la probabilidad de que se cuestione la validez de las nuevas ideas. Los directivos con problemas están listos para aceptar cualquier cosa que pueda ayudarles. Por el contrario, aquellos que están ganando necesitan tiempo para pensar y darse la oportunidad de evaluar una idea por sí mismos antes de probar su valor. Los resultados piloto, en conjunto con nuestro espíritu de servicio y la creencia de que el éxito nunca es definitivo, ayudaron a convencer al resto de los directivos. El lanzamiento debe ser meticuloso; es un aspecto esencial que debe tener en cuenta las peculiaridades de la cultura y del estilo de liderazgo, y saber cómo introducir nuevas ideas.

El tercer paso es contar con un director general que solicite la rendición de cuentas a todos sus directivos. En otras palabras, si se embarca en esta aventura, todos deben estar a bordo. Hacerlo bien requiere disponer de herramientas, como sistemas de información y de rendición de cuentas periódicas como las que Las 4 Disciplinas y el software [my4dx.com] ofrecen. Cuando los líderes encargados de presentar sus avances ante usted entienden que es una actividad lo bastante importante para que usted asista cada semana, verán que va en serio y que esto permanecerá. El sistema debe llegar hasta usted para que pueda evaluar el desempeño cada semana. La forma más clara de demostrar que existe una nueva manera de ejecutar es hacer que todos rindan cuentas sobre los resultados. En el momento en el que permita a uno de los directivos faltar a esta responsabilidad, los demás recibirán el mensaje y su enfoque comenzará a debilitarse. Un sistema transparente es esencial, pues todos los altos ejecutivos, incluyéndome, pueden observar los detalles de cada hotel. Incluso los líderes más apasionados y comprometidos necesitan la presión adicional de la rendición de cuentas para mantener su concentración en medio del torbellino.

El cuarto paso es asegurarse de que tiene la infraestructura necesaria para sustentar la implantación. Si esta se lleva a cabo a pequeña escala, bastará con tener uno o dos coaches de las 4 Disciplinas. Me di cuenta de que, para lograr un lanzamiento de la magnitud y rapidez que estábamos planificando, era indispensable contar con la infraestructura adecuada. Hacer una inversión de esta envergadura nunca es fácil; se necesitan personas con verdadero talento. Seleccionamos a individuos con mucha experiencia, directivos que habían dirigido nuestros hoteles y que gozaban de cierta credibilidad e influencia para hacer que el resto cumpliera con su trabajo. Viéndolo en retrospectiva, esta fue una de las decisiones más importantes que tomamos.

Aprendí que, además de directivos con talento al frente de la implantación, necesitábamos herramientas, sistemas y formación para sostener dicho esfuerzo. Como empresa, decidimos respaldar el programa para demostrar nuestro compromiso de convertirlo en parte de nuestra política. También diseñamos y pusimos en marcha herramientas para generar informes y así realizar el seguimiento de la participación y los resultados. Por último, nos apoyamos en medios virtuales para formar a nuestro personal. En vista de que el lanzamiento se llevaría a cabo en quince países y en varios idiomas, necesitábamos contar con distintas metodologías de formación con el fin de implantar el programa dentro del período deseado y asegurar la salida al mercado.

El quinto y último consejo es recordar que implantar las 4 Disciplinas aumentará el nivel de compromiso de su equipo. Ya que comencé subrayando lo importante que resulta entender la propia cultura, cerraré el círculo haciendo hincapié en que las 4 Disciplinas pueden hacer que un fuerte espíritu de trabajo, como el que nosotros tenemos, llegue a un nivel aún más alto. El hecho de que cada miembro del equipo pueda ver el impacto de su rendimiento en el cuadro de mando semana tras semana no solo les hace rendir cuentas, sino comprometerse. Cada persona podrá ver con claridad que su trabajo diario importa, y mucho. Aunque esto siempre ha sido así en nuestra empresa, introducir las 4 Disciplinas nos ha ayudado a fortalecer dicho nivel de compromiso. Como ya dije, cada empleado tiene a la vista objetivos claros, los cuales se conectan de manera directa con nuestros valores. Existe un entendimiento general, desde el personal de la línea operativa y los equipos de gestión hasta los directores, de que cada acción tiene un efecto sobre el todo. Esto hace que la voz de nuestros empleados tenga mucha fuerza; cualquiera puede marcar la diferencia. Estamos innovando desde la base.

Aunque las 4 Disciplinas se concentran en la ejecución para alcanzar resultados de empresa, cuentan con una ventaja adicional para nuestros empleados: habilidades que podrán utilizar en otros aspectos de su vida y a lo largo de toda su carrera. Hemos oído relatar incontables historias de cómo han utilizado estos conceptos para mejorar su vida personal. Ofrecer esta formación y capacitación, así como invertir en los directivos, es otra forma de comprometer a nuestros empleados aún más.

Actualmente, la implantación de las 4 Disciplinas prosigue. Se trata de una inversión única que hicimos para el beneficio de la empresa y de nuestra gente. Está cambiando la forma en que operamos día a día. No importa si nos concentramos en Principales Objetivos Estratégicos sobre la cuota de mercado, ingresos o satisfacción de los huéspedes, sabemos que las 4 Disciplinas nos permitirán alcanzarlos.

Ya sea para obtener habilidades extraordinarias para los negocios o en la vida personal, las 4 Disciplinas es un proceso global sobre cómo rendir cuentas a uno mismo y hacer que otros nos las rindan. En última instancia, se trata de aprender a ejecutar mejor.

LeAnn Talbot y Comcast

LeAnn Talbot es vicepresidenta sénior de la Freedom Region de Comcast, que incluye la oficina central en Filadelfia y áreas circundantes. Con anterioridad, ocupó el mismo puesto en la zona que comprende la ciudad de Chicago y su área metropolitana, conocida como Greater Chicago Region (GCR). LeAnn era responsable de marketing, ventas y operaciones en el centro y el norte de Illinois, el noroeste de Indiana y el suroeste de Michigan. La GCR era una de las regiones más grandes de Comcast, pero a la vez la que ofrecía mayores retos en cuanto a desempeño.

En palabras de LeAnn: «Aunque había potencial, la región no había sido capaz de cambiar la trayectoria de desempeño». Dos años después, ella y su equipo habían logrado que de la GCR pasara del último lugar al segundo, de acuerdo con el índice interno de la empresa para sus 12 regiones.

A continuación presentamos una descripción de la experiencia de LeAnn, así como el conocimiento que extrajo del proceso.

«Haz en Chicago lo que hiciste en tu última región; llévala a la primera posición.» Esa fue la misión que me asignó el presidente de Comcast Cable cuando me entrevistó para el puesto de directora de la región de Chicago, área conocida por dos características principales: era una de las más grandes (el 10 % de la compañía) y su desempeño dejaba mucho que desear.

En los últimos nueve años la región había ocupado la última posición en prácticamente todos los indicadores que Comcast usaba para medir el rendimiento, incluso a pesar de todos los directivos que estuvieron al frente. En pocas palabras, no era un lugar agradable, y los empleados con talento no querían correr el riesgo de que los trasladaran a esta región porque creían que eso podría influir negativamente sobre sus carreras.

Esta era la situación. Era evidente que teníamos que mejorar los resultados rápido y demostrar que esta región tan esencial iba por buen camino. Su importancia llamaba mucho la atención, cosa que aumentaba la presión. Era muy simple: necesitábamos un plan disciplinado para ejecutar con excelencia, y lo necesitábamos ya.

Lo primero que hicimos fue asegurarnos de contar con el equipo de dirección adecuado, uno que crease un ambiente de pensamiento diverso, respeto y rendición de cuentas. Esto significaba que, en última instancia, el 70 % de las personas que ocupaban puestos de dirección tendrían que cambiar mientras creábamos un equipo de directivos visiblemente comprometido.

A continuación, necesitábamos que nuestro equipo se creyera capaz de ganar, así que aprovechamos todas las oportunidades que tuvimos para celebrar un triunfo sin importar lo pequeño que fuera. Al principio fueron difíciles de encontrar. Sin embargo, en los meses siguientes, el éxito generó más éxitos y nuestro equipo comenzó a creer en sí mismo poco a poco. Además, procuramos que gente que ocupaba puestos clave en la organización se comprometiera con nosotros, y nos ayudó a difundir nuestro éxito a través de Comcast, lo cual reforzó la nueva mentalidad del equipo.

Ahora que los ingredientes básicos habían sido establecidos, teníamos que encontrar el enfoque que sería el catalizador primario para lograr mejoras drásticas, tarea aún más complicada cuando existen demasiadas áreas operativas que requieren atención.

Todos hemos oído decir que «el maestro aparece cuando el discípulo está listo». Eso fue precisamente lo que sucedió en nuestro caso. Uno de los directivos de nuestro equipo asistió por casualidad a una reunión de las 4 Disciplinas de la Ejecución. Cuando regresó fue directo a mi oficina y dijo: «Esto es lo que necesitamos». Esa misma noche escuché el CD de las 4 Disciplinas de camino a casa. Estuve de acuerdo con él. De hecho, no podía esperar, quería arrancar de inmediato. Mi equipo estaba atrapado en el torbellino y yo estaba convencida de que las 4 Disciplinas nos liberarían.

Solo había un problema: como región, todavía no habíamos alcanzado nuestros objetivos. Dentro de mis funciones como nueva directora, me enfrenté a la difícil decisión de justificar la inversión en un «programa» desconocido cuando al mismo tiempo teníamos que eliminar todos los gastos salvo los más elementales. En lo personal, me preocupaba la posibilidad de que hacer esta inversión pudiera mandar el mensaje equivocado de que no creía que mi equipo fuese capaz de cambiar la región por sí solo.

Finalmente, corrí ese riesgo. Estaba segura de que las 4 Disciplinas nos darían la estructura y concentración que necesitábamos. A lo largo de su implantación, nunca lo consideré un simple programa de formación, ni siquiera uno de gestión. En lugar de eso, las 4 Disciplinas serían el sistema operativo que nos permitiría mantener a raya el inevitable torbellino y cambiar el marcador de nuestros objetivos más importantes de manera simultánea. En esencia, las 4 Disciplinas se convertirían en una forma de trabajar sistemáticamente el plan que habíamos formulado con el fin de asegurar mejores resultados. Todo esto a pesar de las exigencias más urgentes de las operaciones diarias.

Comenzamos con un proyecto piloto en Chicago, la tercera ciudad más grande de Estados Unidos, un lugar cuyo ambiente no se puede comparar con ningún otro. Dirigir un sistema de comunicación por cable en dicha ciudad es un verdadero reto, pues tenía las cifras más bajas de rendimiento en la región.

Lo que sucedió después con nuestros resultados, pero aún más con la entrega del equipo, catalizó la decisión de implantar las 4 Disciplinas en toda la región. Uno de los indicadores clave en este negocio es el índice de «repetición», el cual pudimos reducir casi a la mitad. Las repeticiones consisten en volver al hogar de un cliente para solucionar un problema que ya se había intentado resolver al menos una vez. Además, duplicamos el número de clientes «rescatados», es decir, clientes que deseaban rescindir su contrato y a los que convencimos de no hacerlo. No solo eso: una larga serie de indicadores operativos comenzó a avanzar en la dirección correcta. La pequeña inversión que habíamos hecho en las 4 Disciplinas nos ayudó a reducir más de 2 millones de dólares en costes en tan solo cinco meses.

Más allá de los resultados operativos, el efecto que esto tuvo en el equipo fue significativo. Los supervisores técnicos, que suelen ser hombres corpulentos, caminaban por los pasillos con pelucas rosas cuando se dirigían a su sesión de POEs sobre su Principal Objetivo Estratégico. Los veía con osos de peluche en las manos durante las reuniones, riendo y trabajando juntos. Cada semana los operarios esperaban la actualización de los resultados reunidos alrededor de los cuadros de mando y, durante todo el proceso, el marcador siguió avanzando de forma sostenida hacia nuestro POE.

Reconocer la existencia del torbellino ante nuestros equipos hizo que ganásemos credibilidad. Fuimos honestos al decir que el trabajo diario no se desvanecería: el torbellino nunca desaparece. Pero también prometimos, y comprobamos, que las 4 Disciplinas nos permitirían progresar en las áreas clave cuya consecuencia sería reducir el torbellino.

También aprendimos la importancia de contar con un coach de las 4 Disciplinas dentro de los equipos. Introducir este recurso en la organización es fundamental para el éxito de las 4 Disciplinas. Al mismo tiempo, nos ayudó a formar a nuestros propios expertos dentro de la empresa. Los coaches eran empleados de recursos humanos que ya habían sido introducidos en los grupos y cuyas responsabilidades crecieron para cumplir con el papel de entrenadores. Debían asegurarse de que las sesiones de POEs se llevaban a cabo cada semana, que los equipos encontraban su propia cadencia, creaban y actualizaban sus cuadros de mando y celebraban sus triunfos, y de que los integrantes del equipo rendían cuentas sobre sus compromisos.

Además de esto, detectamos que un beneficio adicional comenzaba a aparecer, pues los equipos empezaron una «cadena de favores» para ayudar a los nuevos equipos. Aquellos que apenas habían puesto el lanzamiento en marcha fueron invitados a las sesiones de POEs y a las reuniones de equipos con más experiencia. Los veteranos se convirtieron en consultores para otros equipos. En un principio, decidimos implantar las 4 Disciplinas para alcanzar objetivos financieros y de servicio al cliente, y los resultados fueron extraordinarios. Sin embargo, el impacto de este sistema operativo sobre nuestra cultura laboral fue la guinda del pastel.

El éxito en el liderazgo de la región de Chicago no se debió únicamente a la implantación de las 4 Disciplinas. Establecimos un equipo de dirección sólido, evaluamos nuestras carencias rápidamente y desarrollamos un plan de acción que impulsaría los resultados. No obstante, el engranaje se puso en marcha cuando encontramos un sistema operativo [las 4 Disciplinas] que nos permitió navegar hacia la victoria.

Hoy estamos muy cerca de las primeras posiciones y seguimos mejorando nuestro desempeño en los aspectos financieros y de servicio al cliente. Incluso hemos comenzado a recibir reconocimientos como empleadores, como aparecer en la lista de «los 100 mejores lugares donde trabajar de 2011» del diario *Chicago Tribune*. Cuando emprendimos este viaje, nunca me imaginé que veríamos este progreso en tan poco tiempo.

Las 4 Disciplinas son como los cimientos de una casa; pero nunca olvido que esta es imposible de construir sin personas con talento, entrega, datos sólidos, apoyo de los niveles superiores, líderes fuertes, y sin ese *champion* encargado de dirigir toda la operación.

B. J. Walker y el departamento de servicios sociales de Georgia

B. J. Walker ha trabajado en la administración de dos gobernadores (Illinois y Georgia), así como en la del alcalde de Chicago. En 2004 el goberna-

Lector de código de Android
iPhone-Red Laser

http://www.4dxbook.com/qr/BJWalker

Escanee la imagen superior para ver el vídeo de caso de estudio de B. J. Walker.

dor Sonny Perdue la propuso para dirigir el departamento de servicios sociales de Georgia, una agencia con un presupuesto combinado de más de 3.200 millones de dólares y casi 20.000 empleados. La agencia debía supervisar prácticamente todos los servicios sociales del estado.

En 2007 comenzó a utilizar las 4 Disciplinas para impulsar reformas dentro de la agencia, en particular las relacionadas con las áreas cuyos errores podrían resultar en lesiones o, incluso, el fallecimiento de sus usuarios. Bajo su gestión había una serie de indicadores clave que avanzaban de manera constante y significativa, como los programas de bienestar infantil, las prestaciones laborales, la pensión alimenticia para niños, los programas de búsqueda de empleo y formación, y los vales de comida.

A continuación incluimos una descripción de la experiencia de B. J. Walker, así como el conocimiento que obtuvo del proceso.

En 2007 el gobernador Sonny Perdue me pidió que probara las 4 Disciplinas de la Ejecución de FranklinCovey, pues deseaba mejorar una agencia con demasiados problemas que, a pesar de mostrar un avance lento y constante, estaba en crisis. Sin embargo, luchábamos por tener un desempeño sólido, para así convencer a esa inmensa burocracia de que nuestras prioridades eran las correctas, de utilizar indicadores como una herramienta eficaz en el desempeño de los empleados en la línea operativa y, al mismo tiempo, sortear la tormenta del constante escrutinio mediático y político. Había muchos días en que me sentía agobiada por la cantidad de cambios que había que hacer en tan poco tiempo y con tan poco personal y escasos recursos.

Implantar las 4 Disciplinas de la Ejecución me ayudó a cambiar el juego.

Primero, me convenció de que los resultados son mejores cuando el partido se juega en equipo, en vez de contar con el talento individual de un par de superestrellas.

Después, me convenció de que dejase de esperar los informes de indicadores históricos para determinar si estaba ganando o perdiendo; los resultados siempre llegaban demasiado tarde para resultar útiles. Una de las cosas que aprendí cuando jugaba al sóftbol es que duele menos perder un partido que soportar derrotas en cada una de las entradas. Operar solo con los indicadores históricos es como ver el marcador al término de cada entrada; el equipo puede ver que está perdiendo, pero es muy tarde para cambiar la estrategia, y las derrotas comienzan a acumularse.

En una organización de asistencia social es particularmente fácil racionalizar las cosas y decir: «Mi trabajo es bueno, estoy ayudando a la gente y estoy ocupada todo el tiempo». Si hacemos esto, entonces nos limitamos a jugar el partido que conocemos y a esperar el resultado final. Si el equipo pierde, experimentará un dolor momentáneo, en lugar de la presión diaria y semanal que representan los indicadores predictivos.

La buena noticia es que si uno se concentra en los indicadores predictivos verá cómo estos avanzan; y si eso sucede, los indicadores históricos comenzarán a cambiar también. Es trágico que la mayoría de las organizaciones del sector público nunca hayan usado un cuadro de mando que cada semana muestre su avance y, en consecuencia, pocas de ellas se consideran equipos ganadores. Asumí la responsabilidad de no perder de vista el cuadro de mando y publicarlo cada semana. Al final, mantuvimos este enfoque y creamos un equipo que pronto se acostumbraría a ganar.

Por último, y quizá lo más importante: me convencí de que necesitaba estar dispuesta a adquirir nuevos comportamientos. Un ejemplo es que tuve que aprender a liderar desde una posición en el campo, así como desde un puesto ejecutivo. Desde lo alto del pedestal hasta en el campo de juego; tenía que aprender a pasar intencionadamente y de forma ágil del punto de vista de un directivo a la perspectiva del equipo en la base de la pirámide. Implantar las 4 Disciplinas le obliga a cambiar la forma en que usted dirige, porque querrá jugar a ganar.

Las 4 Disciplinas de la Ejecución ayudan a variar la manera en que el equipo mueve el marcador con respecto a los objetivos de máxima prioridad. Sin embargo, está en sus manos determinar qué necesita hacer para integrarlas en su organización.

Todos sabemos que puede ser muy difícil involucrar a otros en nuestra misión y nuestros objetivos. Esto sucede porque son nuestros y no suyos. Al implantar las 4 Disciplinas aprenderá a actuar de forma diferente y utilizar la participación del equipo para generar compromiso. Esto comienza cuando se cultiva una relación muy específica y, en algunos casos, muy distinta, con los equipos operativos, pues son los encargados de las acciones que producen los resultados. No importa si se trata del equipo de ventas, del personal de atención al cliente, de operarios de producción o de gerentes de sección, su primer trabajo cuando implanta las 4 Disciplinas es estimular el apetito de éxito en la organización para alcanzar un POE general.

Esto representó un reto particular para nuestro equipo, pues nadie tiene ganas de hablar de decesos, incluso a pesar de que los accidentes y los fallecimientos fuesen los factores más decisivos que nos impedían llegar a nuestro objetivo. Era una guerra de la que no podíamos escapar. El fracaso nos preocupaba día a día, pero también lo hacía que la culpa recayera sobre nosotros. Así que, cuando implantamos las 4 Disciplinas, decidimos extraer nuestro POE de nuestro miedo más profundo: reducir un 50 % el número de incidentes que pueden producir lesiones graves o fallecimiento entre las personas bajo nuestro cuidado, custodia y supervisión.

Una vez que lo dijimos en voz alta, todos en el equipo admitieron abiertamente que se trataba de nuestra verdadera misión. Resulta interesante que los integrantes del equipo siempre hubieran querido hacer esto y, para muchos, era la razón por la que volvía al trabajo todos los días. Crear nuestro Principal Objetivo Estratégico nos permitió apropiarnos de nuestra auténtica misión: evitar que le sucedieran cosas malas a niños y a adultos vulnerables. Esta sensación de propiedad cambió por completo nuestro enfoque del problema. En lugar de esperar y responder cuando las cosas malas ya habían sucedido, comenzamos a planificar, de manera espontánea, métodos para prevenirlas. Al final utilizamos las 4 Disciplinas para asumir públicamente la responsabilidad de reducir fallecimientos y lesiones serias y, en consecuencia, empezamos a trabajar como un equipo para asegurarnos del éxito.

Mucha gente me pregunta qué aspecto específico de las 4 Disciplinas impulsó más a mi equipo. Mi respuesta siempre es la misma: las sesiones de POEs semanales. Gracias a la cadencia y el ritmo de estas utilísimas reuniones es posible hacer que los integrantes del equipo formulen compromisos que están dispuestos a cumplir para mover el marcador. Se trata del proceso que mejor elimina la distancia entre jefes y empleados en el gobierno.

La cadencia saca a la superficie tanto asuntos políticos como de operativa; si no fuera por estas sesiones, muchos de estos permanecerían invisibles (u ocultos) ante los ejecutivos. Además, las sesiones de POEs permiten compartir el conocimiento y la experiencia de todos los niveles de la institución. Esto elimina la brecha entre las responsabilidades por las que los directivos de una organización deben rendir cuentas, y las acciones que los empleados desempeñan para impulsarlas.

Para el gobierno, los resultados importantes suelen ser los indicadores históricos, ya sean entidades federales o estatales, gobernadores o alcaldes. Por lo general, también es un resultado que no se ha alcanzado recientemente, si es que alguna vez se ha llegado a él. Por ello, es poco probable que los directivos sepan qué comportamientos promueven el éxito, ni cómo identificar aquellos que abocan el fracaso. Quizá se sientan responsables, pero no saben qué pueden hacer para cambiar ese marcador.

Las sesiones de POEs cierran la brecha entre la visión de un líder y el trabajo de los empleados en la base de la organización. Esto se logra al ponerlos a todos en la misma habitación. El flujo de datos sobre indicadores predictivos y compromisos semanales obliga a los directivos a ver y escuchar a todo el personal con regularidad y, simultáneamente, permite que los empleados de distintos niveles tengan un acceso sin precedentes a los ojos y oídos de los ejecutivos, pues en las sesiones de POEs, están en posiciones similares.

Puedo asegurar que cuanto más grande y burocrática sea la organización, mayor será el impacto del programa. Muchos directivos del sector privado se sorprenderían ante lo normal que resulta dirigir una organización del sector público sin realmente entender, ni tan siquiera involucrarse, en el trabajo diario. Las 4 Disciplinas convencen hasta al ejecutivo más importante de que debe estar en la misma sala de juntas con los empleados de la línea operativa para conocer su trabajo.

El segundo aspecto de mayor impacto de las 4 Disciplinas es aquello que llamo mi segunda tarea: crear un ambiente que posibilite hacer bien el trabajo correcto y por las razones correctas. Esto se puede ver con más claridad en la Disciplina 2, Actuar sobre Indicadores Predictivos. Esta se convirtió en el cemento que unía el trabajo operativo con el POE general que buscábamos alcanzar, así como a los directivos con su equipo. No fue difícil hacer que los empleados de la línea operativa entendieran la importancia de su trabajo diario; todos ellos sabían lo vital que era. Lo complicado fue convencerlos de que los directivos compartían la misma perspectiva y enfoque.

Los empleados de la línea operativa de una agencia de servicios sociales donde la amenaza de muerte y de lesiones serias era cosa de todos los días no podían confiar por completo en los directivos. Sobre todo porque estos últimos se mantienen distantes. La pregunta que nunca hace nadie es: «¿Quién terminará debajo del autobús si algo sale mal?». Crear confianza es una parte fundamental para implantar las 4 Disciplinas con éxito.

La mejor manera de crear esa confianza es que los directivos se involucren realmente en el trabajo. Cada semana deberán rendir cuentas y serán responsables de cumplir con sus compromisos para ayudar al equipo; deberán presentar los resultados del equipo a sus propios jefes, y deberán eliminar obstáculos y despejar el camino para que el equipo pueda avanzar. Esto sí es involucrarse en el trabajo.

Para los líderes de mi equipo, los siguientes tres puntos se convirtieron en obligaciones indiscutibles.

- **Como líderes de las 4 Disciplinas, siempre debemos mantener el curso de nuestros POEs.** Los equipos de la línea operativa prefieren a un líder firme, en particular cuando hay mucho en juego. Nada erosiona más la confianza del equipo que cambiar las reglas a la mitad del partido.
- **Como líderes de las 4 Disciplinas, debemos dar a los empleados todo lo que necesitan.** Esto significa que se debe jugar el partido que se celebra en la cancha. Pronto aprendimos que un equipo altamente funcional se hará cargo de sus propios rezagados. Aunque los empleados de bajo rendimiento y los que se resisten al cambio pueden retrasar los esfuerzos del equipo al principio, esto no será por mucho tiempo. Con las 4DX no hay donde esconderse, pues todos deben rendir cuentas sobre los resultados de manera visible. Esto también implica sortear la burocracia que obstaculiza el camino hacia el cumplimiento de algunas tareas. Muchas veces esto significa librar batallas políticas para cambiar normas, eliminar restricciones, resolver cier-

tos problemas o incluso conseguir más fondos. Un líder que no puede despejar el camino es poco útil para los equipos, y es más difícil que lo respeten.

- **Como líderes de las 4 Disciplinas, debemos ser congruentes con nuestro propio mensaje.** En nuestro equipo, esto implicaba que yo tenía que ser la primera persona en abordar el tema de las lesiones graves y los fallecimientos. Si yo quería que los equipos cambiaran su comportamiento, entonces necesitaba decir que era seguro modificar nuestras prácticas, e incluso operar fuera de los límites de las políticas existentes, si eso nos ayudaba a reducir el número de incidentes graves o mortales.

Como habrá visto en mi introducción, al final tuvimos éxito y superamos nuestro Principal Objetivo Estratégico: reducir los casos de reincidencia de maltrato infantil en un sorprendente 60 %. Gracias a esa experiencia aprendí unas lecciones muy importantes que ayudarán a todo líder a implantar las 4 Disciplinas. Para concluir, las compartiré con usted:

- **Integre el lenguaje de las 4 Disciplinas en su cultura.** Una de las formas más habituales de que las personas olviden la rendición de cuentas es decir que ya están siguiendo un programa idéntico a las 4 Disciplinas. Sin embargo, estas son específicas y precisas. A menos que las implante todas nunca verá los beneficios reales. Lo más importante es que, si el líder deja de hablar y de promover las 4 Disciplinas, la organización entera dejará de creer que hay que tomárselas en serio.
- **Asegúrese de que los líderes despejan el camino para sus equipos.** Deberá identificar inmediatamente una brecha en la ejecución si ve que no se establecen compromisos diarios para despejar el camino de la línea operativa. No olvide que si los indicadores predictivos de la línea operativa permanecen estáticos, los POEs de la organización se estancarán.
- **Comuníquese abierta y frecuentemente con la línea operativa.** Cada integrante de su equipo necesita ver y oír su compromiso con las 4 Disciplinas para alcanzar el POE general. En mi caso, lo logré enviando correos electrónicos a los empleados de la

línea operativa todos los días directamente desde mi cuenta, sin pasar por mandos intermedios que pudieran filtrar mi mensaje.

- **Asegúrese de que todos sean conscientes de que el trabajo de la línea operativa es el más importante.** Su equipo necesita entender que es obligatorio alcanzar el POE. El liderazgo sin duda es necesario; pero todos los empleados deben saber que el trabajo en la base es lo que a fin de cuentas produce resultados. No permita que las 4 Disciplinas se centren solo en usted. Deje muy claro que se refieren a la capacidad de ganar de todo el equipo, y que seguirán en pie incluso si usted se va.

- **Concéntrese en hacer que el desempeño de los mandos intermedios alcance el de sus empleados de alto rendimiento.** El mejor método para lograrlo es llevar a cabo las sesiones de POEs con regularidad: son sagradas. Aproveche esta práctica para demostrar que las 4 Disciplinas acentúan el liderazgo y que el éxito depende de ellas. Los mandos intermedios no están acostumbrados a dirigir equipos ganadores, sobre todo los que trabajan en organizaciones grandes y burocráticas. Con frecuencia, su labor se reduce a asignar y vigilar políticas impuestas por otros, sin importar su eficacia. También son los que dirigen estas organizaciones en los períodos de transición de la cadena de mando, tanto de niveles superiores como inferiores. Por eso necesitan las 4 Disciplinas.

- **Siempre debe estar dispuesto a aprovechar la ventaja moral que le otorga su liderazgo.** Al principio algunos criticarán las 4 Disciplinas. Dirán que se trata solo de números y no de personas. Cuando esto suceda, tendrá que mantenerse firme y demostrar por qué los números importan. Esto sucede con particular frecuencia en organizaciones de asistencia social, donde los números siempre se refieren a personas vulnerables y formas eficaces de ayudarlas a vivir seguras y mejor. Este principio es cierto en todo tipo de instituciones. Como líder ejecutivo, debe estar dispuesto a mantener una posición firme tras el enfoque sobre el desempeño que las 4 Disciplinas ofrecen, da igual si su trabajo consiste en ayudar a niños o en fabricar algún producto.

Cuando me presentaron las 4 Disciplinas de la Ejecución, me enfrentaba al mayor reto de mi carrera. Mis 20.000 empleados estaban desmoralizados; nos encontrábamos bajo el escrutinio constante de los medios por fallecimientos y accidentes que implicaban a niños. Y yo era la sexta directora en cinco años.

Gracias a estas eficaces disciplinas y al nivel de entrega y el arduo trabajo de las personas que dedican su vida a esta misión, sabíamos que los niños bajo nuestro cuidado estaban más seguros y mejor protegidos. No podíamos haber esperado un resultado más significativo.

Alinear la organización a los Principales Objetivos Estratégicos
(Contribución de Scott Thele)

Usted ha visto cómo los líderes de los cuatro relatos anteriores se enfrentaron al reto de concentrar la mente y el corazón de miles de personas en una serie de Principales Objetivos Estratégicos. Hasta que no generaron este enfoque, sus organizaciones no lograron cosas en verdad extraordinarias.

En la primera parte hemos mencionado cuatro reglas que lo ayudarán a concentrar el enfoque de toda la organización:

REGLAS DE LA DISCIPLINA 1	
1	No más de **dos POEs por persona a la vez.**
2	Las **batallas** tienen que servir para ganar la **guerra.**
3	Puede **vetar,** pero no **imponer.**
4	Un POE debe tener una **línea de meta («De X a Y para Cuándo»).**

Aunque estas reglas parezcan muy directas, incluso simples, seguirlas requiere un enorme compromiso y disciplina. Desarrollar un enfoque nunca es sencillo en ninguna organización; parece fácil una vez que se ha logrado. Sin embargo, los resultados hacen que el esfuerzo valga la pena. De hecho, todas las implantaciones con éxito de las 4DX comienzan cuando los directivos se enfrentan al reto de concentrar el enfoque de la organización.

En este capítulo abordaremos las cuatro reglas en profundidad y le mostraremos, paso a paso, cómo traducir la compleja agenda estratégica de su organización en una serie de POEs concentrados y con líneas de meta claras. También utilizaremos ejemplos concretos para mostrar cómo traducir los POEs hasta llegar a la línea operativa. De esta forma, todos los niveles de la organización ganarán en claridad y obtendrán resultados extraordinarios al final del proceso.

Traduciendo estrategias de la organización en POE: el caso del Opryland

Cuando conocimos a los directivos del hotel Opryland, de Nashville, Tennessee, el centro de convenciones más grande de Estados Unidos después de Las Vegas, tenían docenas de prioridades urgentes, por ejemplo:

- Introducir nuevos programas de marketing y publicidad.
- Planificar una ampliación de más de 37.000 metros cuadrados con 2.000 habitaciones.
- Lanzar diversas iniciativas diseñadas para mejorar el índice de ocupación.
- Controlar gastos para mejorar el balance final.
- Emprender múltiples programas nuevos para elevar el nivel de satisfacción de los clientes.
- Identificar maneras de ayudar a los huéspedes a desplazarse por las instalaciones, con casi 23 hectáreas.

Como la mayoría de los directivos, estos estaban muy ocupados. Es probable que usted tenga su propia lista y que, a pesar de sus esfuerzos de simplificarla, se sienta desbordado por todas las prioridades. Puede estar seguro de que no es el único.

El primer paso del equipo del Opryland al iniciar el proceso de las 4DX fue determinante: hacer que todo el personal del hotel se concentrara en el Principal Objetivo Estratégico. Esto nunca es automático, sobre todo en organizaciones muy grandes; implica mucho trabajo y este siempre comienza respondiendo a la siguiente pregunta: «Si todas las áreas de nuestra operativa mantuvieran el nivel de rendimiento actual, ¿cuál de ellas querríamos que mejorase más?». Recuerde evitar preguntarse cuál es su mayor prioridad. Con ello solo abrirá un debate interminable.

Después de que cada miembro del equipo ejecutivo expresara sus ideas sobre las áreas que querían mejorar, la satisfacción de los clientes ocupó el primer puesto por el impacto que tendría. La razón primordial es que la experiencia de un huésped impacta literalmente en todos los demás aspectos del negocio, desde las reservas hasta la cuota de mercado. También era un enfoque al que todos los empleados del hotel podrían contribuir.

Poco a poco su enfoque comenzó a ser más nítido, y Arthur Keith, el director general, recomendó que la satisfacción de los clientes se convirtiera en el POE de todo el hotel. Su papel fue vital y oportuno en este punto del proceso. Los directivos siempre deben estar dispuestos a recibir, escuchar y explorar las alternativas, pero también tienen que intervenir en el momento preciso para ayudar al equipo a tomar una decisión. El directivo debe estar preparado para cumplir con ambos papeles: necesita participar activamente durante la discusión, pero también deberá decantarse por una opción.

Seleccionar un POE de alto nivel para toda una organización suele generar una sensación similar a la de ponerse zapatos nuevos. Hay que caminar un poco con ellos antes de decidir si nos resultan cómodos. Nunca es bueno apremiar al equipo para elegir un POE. En lugar de ello, seleccione el POE que parezca adecuado y deje que los directivos caminen con él mientras desarrollan los POEs de soporte que asegurarán su cumplimiento. Si muchos no se sienten cómodos con el objetivo seleccionado, siempre pueden formular otro que puedan aplicar en toda la organización.

Los POEs de alto nivel son compromisos institucionales serios. Por esta razón muchos equipos directivos suelen tener sus dudas a la hora de elegir, lo que hace que muchas organizaciones no consigan concentrar su enfoque de verdad. Si su equipo es libre de escoger y de reconsiderar su elección, dudará menos a la hora de dar este paso.

Antes de continuar con el proceso del Opryland, veamos de dónde surgen los POEs de la mayoría de las organizaciones.

Tres fuentes de POEs en las organizaciones

Hemos notado que casi todos los equipos directivos, sin importar sector, tamaño o ubicación, seleccionan el POE general de entre una de estas tres áreas: financiera, operativa o de satisfacción del cliente.

Los POEs financieros se miden en euros, ya sean los ingresos totales, el beneficio operativo o algún otro indicador clave intermedio. Es sorprendente que, a pesar de que los resultados económicos suelen estar entre las mayores prioridades, menos de un tercio de nuestros clientes eligen un POE financiero como su máxima prioridad.

Los POEs operativos se concentran en la producción, la calidad, la efectividad o las economías de escala. La mayoría de los equipos directivos suelen empezar por aquí. Estos POEs acostumbran a concentrarse en indicadores operativos clave, como volumen de producción, mejoras de calidad, aumento de la cuota de mercado o crecimiento en nuevas áreas.

Los POEs de satisfacción del cliente se orientan a cerrar la brecha entre el nivel actual de desempeño y el nivel que representa la excelencia, ya sea respecto a los clientes de una tienda, los pacientes de un hospital o los huéspedes de un hotel. A diferencia de los POEs financieros y operativos, estos dependen de la percepción de un tercero, el cliente.

De la misión al POE

El POE de más alto nivel para su organización no es su misión institucional. Tampoco se trata de su visión ni representa a la estrategia organizacional en su totalidad. El mejor POE global se encuentra en un punto muy concreto, uno al que tendrá que asignar una cantidad ingente de energía, pues requerirá un cambio de comportamiento en las personas.

El siguiente diagrama le ayudará a ver su POE en el contexto global de una organización.

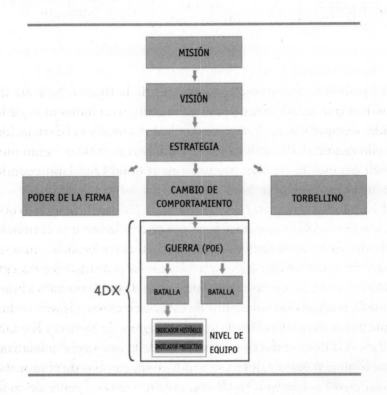

Si su organización es como la mayoría, entonces cuenta con una misión o propósito que explica su existencia. Una vez que la dirección establece una misión, muchos definen cómo será el éxito futuro, por lo general con un margen de cinco años o más. A esto último se le llama «visión». Tanto la misión como la visión son aspiracionales, es decir, declaraciones o ideas que expresan lo que queremos que sea la organización. Entonces se crea un mapa estratégico que señala cómo convertiremos esa misión en una realidad. Creemos que por lo general existen tres componentes en toda estrategia eficaz:

ESTRATEGIA

PODER DE LA FIRMA   CAMBIO DE COMPORTAMIENTO   TORBELLINO

El primer componente es el «poder de la firma». Se trata de iniciativas que usted puede poner en marcha en el momento que lo decida, siempre y cuando cuente con la autoridad y la financiación que ello requiere. Por lo general, son iniciativas críticas, como muchas de las que ya estaban previstas en el hotel Opryland cuando comenzaron a implantar las 4DX.

El segundo componente es el torbellino. Esto incluye todo lo que los directivos deben gestionar para poder confiar en que el trabajo diario de sus equipos se lleva a cabo de manera adecuada. Aunque los directivos utilizan las 4DX para ejecutar las prioridades estratégicas clave, nunca deben perder el enfoque de dirigir la operativa base. Se puede realizar el seguimiento de estos elementos a través de herramientas como el «Cuadro de mando integral» de Norton y Kaplan.

Esto nos lleva al tercer componente de la estrategia: iniciativas que solo tienen éxito cuando se produce un cambio de comportamiento. Este es, con mucho, el componente más exigente de cualquier estrategia y el objetivo principal de las 4DX.

Las 4DX se centran en el POE, las batallas clave y los indicadores históricos y predictivos. Esta visión holística del mapa estratégico es útil porque coloca todos los imperativos estratégi-

LEA CON SU SMART PHONE

Lector de código de Android
iPhone-Red Laser

http://www.4dxbook.com/qr/StrategyMap

Escanee la imagen superior para ver un vídeo con una explicación más completa del mapa estratégico.

cos en el lugar adecuado. También refuerza la importancia crítica del torbellino. Pero lo más importante es que esta guía le advierte de los peligros que conlleva eliminar la frontera que limita las 4DX. Cuando las 4 Disciplinas comienzan a generar resultados, muchos sienten la tentación de introducir cada vez más iniciativas dentro del territorio marcado, pero si lo hace perderá su concentración de enfoque, uno de los puntos clave del sistema.

Traduciendo una estrategia global en líneas de meta específicas

Ahora que los directivos de Opryland habían elegido la satisfacción de los clientes como su POE global, necesitaban establecer la línea de meta que definiría su éxito.

Su sistema para medir la satisfacción de los clientes solo aceptaba calificaciones perfectas. Se referían a esto como calificaciones de la «última casilla» en una escala del 1 al 5. Este es un estándar muy exigente, superior a las mediciones habituales de satisfacción de los clientes. Se preguntaron cuál sería la casilla más alta que podrían alcanzar. El índice de la última casilla del año anterior había sido del 42 % (es decir, el 42 % de los huéspedes les dieron una calificación de 5). El porcentaje más alto hasta ese momento había sido del 45 %. Después de un largo debate, decidieron que el indicador histórico sería alcanzar el 55 % de calificaciones de 5.

Tras definir el POE general —a veces nos referimos a él como «la guerra»—, los líderes del Opryland estaban listos para formular los POEs de los demás niveles —a los que llamamos «batallas»— que asegurarán la victoria.

Una vez declarada la guerra, la responsabilidad principal del líder será definir las batallas. Esta metáfora es útil por varias razones. La primera es que idealmente nadie debería pelear en más de una guerra a la vez. La segunda es que el propósito de todas las batallas (los POEs de equipo) es ganar la guerra y no cumplir un objetivo independiente; después de todo, solo queremos emprender las batallas que pueden ayudar a ganar la guerra. Por último, implica que todos los equipos deben identificar los POEs esenciales para tener éxito. Los líderes se preguntarán: «¿Cuál es el número mínimo de batallas necesario para ganar la guerra?». El nivel de energía de un equipo siempre aumenta cuando sus miembros trabajan de acuerdo con esta pregunta; lo comprobamos durante la implantación en Opryland.

El equipo directivo Opryland nunca se había enfrentado a esta pregunta. ¿Por qué? Porque nunca se habían visto obligados a concentrar su enfoque en una sola guerra. Como muchos equipos directivos, estaban involucrados en tantas guerras que nunca se habían parado a definir las batallas. Cuando intentaron identificar qué batallas necesitaban librar para ganar la guerra de la satisfacción de los clientes, encontraron tantas candidatas que la tarea se volvió abrumadora. Cada directivo hizo una lista con docenas de posibles batallas, hasta que advirtieron que no les habíamos preguntado cuántas podían nombrar, sino cuál era el mínimo número necesario para alcanzar el éxito. Esta pregunta requería un verdadero pensamiento estratégico por parte del equipo directivo.

Al final se decidieron por tres batallas críticas que tenían que ganar para obtener el 55 % de calificaciones perfectas (de última casilla) en las encuestas de satisfacción del cliente: experiencia de llegada, solución de problemas y calidad de la restauración.

Experiencia de llegada. Esta batalla era esencial. Sus estudios habían demostrado que si un huésped se formaba una opinión negativa del hotel durante los primeros 15 o 20 minutos era casi imposible cambiarla. Cuanta más alta fuera la calidad de la primera experiencia, mejor sería la impresión general del hotel.

Solución de problemas. Los líderes sabían que, a pesar de sus esfuerzos, cualquier cosa podía salir mal. Mejorar la satisfacción de los clientes no es una cuestión hipotética; no se trata de preguntarse qué pasaría si se presentara un problema, sino qué sucederá cuando inevitablemente esto ocurra. La forma en que los equipos responden a estos problemas puede salvar o arruinar toda la experiencia de un cliente. Por ello, los empleados deben estar preparados para resolver problemas con maestría.

Calidad de la restauración. El Opryland dispone de unas amplias instalaciones. Por eso muchos clientes prefieren no salir a restaurantes fuera del complejo. Además, muchos de los restaurantes que están dentro de las instalaciones son conocidos por su reputación a nivel mundial. Por consiguiente, las expectativas respecto a la calidad de la comida son excepcionalmente altas. Cumplir con ellas de manera consistente podría aumentar la calificación de los clientes significativamente.

El equipo de dirección del Opryland creía que si todo el hotel invertía su energía en estas tres batallas críticas y triunfaba en estos tres aspectos, esta sería la manera de ganar la guerra y, tan pronto se dieron cuenta de ello, alcanzar el 55 % de últimas casillas les pareció un objetivo posible. Esta es la verdadera fuerza del liderazgo: dejar que el equipo determine el menor número de batallas le permite saber si podrá ganar la guerra.

Sin embargo, seleccionar las batallas solo era la mitad del trabajo. Ahora tenían que establecer una línea de meta («De X a Y para Cuándo») para cada una de ellas. No solo debían calcular la puntuación más alta posible para todas las batallas, sino asegurarse de que el conjunto de estos resultados los llevaría a ganar la guerra.

Si las batallas no le sirven para ganar la guerra es porque usted no ha creado una estrategia efectiva, y vencer así le resultará imposible.

Recuerde el principio clave de la palanca: hay que accionarla muchas veces para mover la roca un poco.

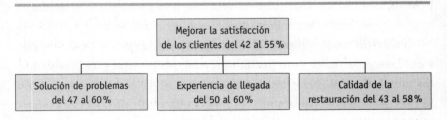

Estas son las batallas bien definidas que ayudaron al Opryland a ganar la guerra de la satisfacción de los clientes.

El equipo directivo del Opryland pasó un día entero definiendo la guerra, las batallas y las líneas de meta. Al finalizar, Danny Jones, director de Calidad y Satisfacción del Cliente, dijo:

—Ahora que hemos terminado, parece muy simple. Cualquiera diría que lo escribimos en una servilleta a la hora del almuerzo.

Tenía razón, pero también sabía que la simplicidad y la claridad del plan serían factores fundamentales para su efectividad.

Arthur Keith, director general, añadió:

—Este ha sido el día más valioso que hemos vivido como equipo directivo. Por primera vez podemos expresar, en unas pocas frases, la orientación y la apuesta estratégica del hotel.

Aunque el equipo directivo del Opryland estaba emocionado y esto le daba alas, el verdadero impacto de su trabajo solo se veía reflejado en el resto de los equipos. Ahora, los 75 equipos que operaban en el hotel serían capaces de utilizar la claridad y la dirección planteadas por el equipo directivo como una palanca para elegir sus propios POEs, los cuales apoyarían la victoria en una de las tres batallas (este proceso se describe en la página 175).

Por ejemplo, la batalla para mejorar la experiencia de llegada estaba, en gran medida, en manos del equipo de recepción, cuyo POE era agilizar el registro. Sin embargo, necesitaban la ayuda de otros para ganar. El POE del equipo responsable de las habitaciones estaba orientado a la misma batalla: aumentar la disponibilidad de habitaciones para los huéspedes que solicitaran adelantar su registro. Este es un factor esencial para acelerar el proceso de *check-in*.

El equipo que más llamó nuestra atención fue el de los botones. Durante años, sus integrantes habían luchado por entregar el equipaje más rápido. Sin embargo, por culpa de sistemas anticuados y el inmenso terreno de casi 23 hectáreas, el tiempo medio de entrega era de 106 minutos. Así es: los huéspedes tenían que esperar su equipaje una hora y 46 minutos. El equipo de botones sabía que, incluso si la habitación estaba disponible y el registro era rápido, la imposibilidad de repartir el equipaje en menos tiempo tendría un efecto negativo en la calificación final de la experiencia de llegada.

Los botones eligieron el Principal Objetivo Estratégico de reducir el tiempo de entrega de 106 a 20 minutos. Tan solo un par de meses de enfoque intenso sobre su POE bastaron para que los botones superaran su objetivo y redujeran el tiempo de entrega a 12 minutos.

El siguiente esquema ilustra la arquitectura de las 4DX para ganar la batalla de «experiencia de llegada» dentro del contexto de la guerra del hotel por mejorar la satisfacción del cliente.

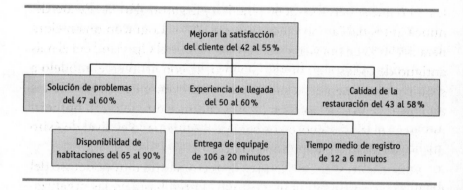

Es importante recordar que ninguno de estos equipos dejó de invertir tiempo en su torbellino: administrar el hotel, dar servicio a los huéspedes y reaccionar ante docenas de retos inesperados cada día. La diferencia era que, ahora, el juego había cambiado. Cada equipo contaba con un Principal Objetivo Estratégico que los mantendría enfocados en medio de las responsabilidades diarias y, en vista de que todos los POEs de equipo implicaban una línea de meta, no solo tenían que rendir cuentas al respecto, sino que deseaban ganar.

Lector de código de Android
iPhone-Red Laser

http://www.4dxbook.com/qr/Opryland

Escanee la imagen superior para ver un vídeo de estudio del caso del Opryland.

Además de esto, los equipos habían definido indicadores predictivos para sus POEs, habían creado un Cuadro de Mando de Resultados y se reunían cada semana para establecer los compromisos que impulsarían el marcador, tal como lo describimos en la segunda parte. Ahora que contaban con 75 equipos de trabajo concentrados en el mismo objetivo general, podrían lograr resultados increíbles.

¡Y vaya si lo hicieron! Nueve meses después, los empleados del Opryland no solo habían alcanzado el 55 % de calificaciones perfectas, sino que superaron dicho objetivo y llegaron al 61 %. Recuerde: nunca antes habían obtenido más del 45 %. Lograron una mejora neta del 50 % en nueve meses. A pesar de que el Opryland era el más antiguo de todos los hoteles Gaylord, se convirtió en el modelo a seguir para aumentar la satisfacción del cliente en el resto de los establecimientos de la cadena. Emprendimos este reto con optimismo, pero ni siquiera nosotros habíamos anticipado el nivel de éxito que alcanzarían en un período tan corto.

Para nosotros, el Opryland es un recordatorio muy poderoso del talento y el potencial ilimitados que existen hasta en las organizaciones mejor gestionadas. Esto se demuestra cuando el personal pasa de un enfoque estratégico ambiguo a una serie de líneas de meta específicas.

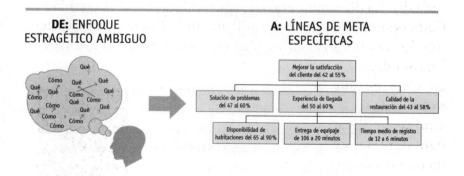

La mayoría de los objetivos organizativos son ambiguos e imprecisos. Esto genera que el personal se pregunte qué hacer y cómo hacerlo. Las líneas de meta claras y específicas sirven para que la gente sepa exactamente cuál es el éxito que persigue.

Traduciendo POEs en organizaciones de funciones similares

Los 75 equipos del Opryland cumplían diversas funciones, desde logística, limpieza de habitaciones, registro, servicio de botones y de restaurante, hasta tareas administrativas, contabilidad y recursos humanos.

Existen otras organizaciones formadas por unidades similares que cumplen las mismas funciones, como tiendas, fábricas y equipos de ventas. Los principios de las 4DX se aplican a ellas de la misma manera; sin embargo, en organizaciones con muchas unidades el método para traducir los POEs a la línea operativa es distinto, como veremos a continuación.

Consideremos nuestra experiencia al implantar las 4DX en una cadena de alimentación con cientos de tiendas. Al igual que en el Opryland, su POE general se enfocaba en mejorar la experiencia de los clientes. En su caso, se trataba de incrementar el «índice de probabilidad de recomendación», una forma de medir la lealtad de los clientes diseñada por el estratega de negocios Fred Reichheld. Muchos de sus estudios habían mostrado una relación directa entre la rentabilidad de las tiendas y la probabilidad de que los clientes las recomendaran a sus amigos. Después de establecer este POE, el equipo directivo dedicó un día para definir el menor número de batallas que necesitarían para ganar la guerra. Este proceso suele ser muy intenso. Finalmente, identificaron las tres de mayor impacto:

- **Mejorar la relación con los clientes**, aspecto esencial para incrementar la probabilidad de recomendación de la tienda. Esta batalla se centraba principalmente en el servicio y la disponibilidad de los empleados para ayudar a los clientes a encontrar lo que buscan desde que entran en la tienda.
- **Reducir la cantidad de productos agotados** también constituiría un paso crítico. Cuando un cliente busca un artículo agotado, esto no solo representa una venta perdida, sino que la probabilidad de recomendación disminuye.

- **Incrementar la velocidad del pago por caja** marcaría una enorme diferencia. El mundo de las ventas se rige por la rapidez. Disminuir el tiempo que un cliente tarda en pagar influye de manera sustancial. Si lo último que este recuerda de la tienda es el frustrante proceso de pago, esto influirá mucho en su percepción de la experiencia de compra completa.

Quizá piense que esta selección de batallas es muy obvia. Pero, como en el caso del Opryland, los miembros del equipo directivo, muchos de los cuales habían trabajado en el sector durante décadas, evaluaron docenas de batallas posibles antes de decantarse por estas tres. De hecho, consiguieron simplificar factores de enorme complejidad. Para decidirse por este plan simple y eficaz tuvieron que invertir una tremenda cantidad de tiempo y energía, además de participar en discusiones acaloradas. (Al comenzar este proceso recuerde que, cuanto más cerca se encuentre usted de la operativa, más difícil será concentrar su enfoque.)

Ante la pregunta: «¿La estructura de guerra y batallas parece simple?», la respuesta es sí, y esto se debe a que dicha simplicidad es una de las claves para el éxito de una implantación. No olvide que desarrollar el plan no es el mayor reto, sino cambiar el comportamiento de los equipos en la línea operativa, pues ellos serán los encargados de ejecutarlo al mismo tiempo que responden a las interminables demandas del torbellino.

Ahora veamos cómo traducir el POE a la línea operativa en una organización con muchas unidades. En aras de la simplicidad, describiremos cómo una región de la compañía tradujo su POE en los distritos y cómo cada uno de ellos lo hizo en las tiendas. A diferencia de las unidades con funciones diversas del Opryland, estas cumplían con las mismas funciones. Por lo tanto, todas adoptaron los mismos POEs e idénticas batallas. Sin embargo, eran libres de elegir sus propias líneas de meta.

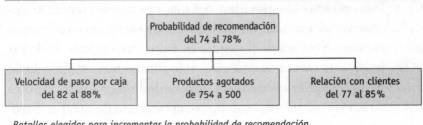

Batallas elegidas para incrementar la probabilidad de recomendación.

Cada región se encargó de definir las líneas de meta «De X a Y para Cuándo» de acuerdo con sus necesidades específicas. Después, los jefes de distrito, que habían ayudado a desarrollar la estructura general de la guerra y las batallas, asignaron líneas de meta específicas en términos de «De X a Y para Cuándo» para representar los objetivos de cada distrito.

El jefe de la región no impuso las líneas de meta a los distritos, sino que sus jefes se apropiaron de dicha responsabilidad. Ellos eran libres de solicitar ajustes si no estaban de acuerdo con los números. A fin de cuentas, cada región se aseguraba de que todos los distritos hubieran establecido un juego que pudieran ganar.

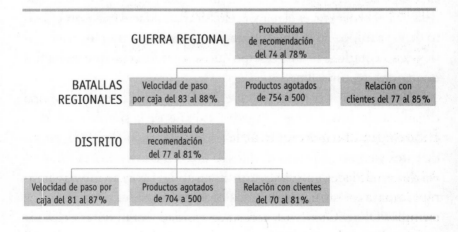

Los POEs de las tiendas eran los mismos que en los distritos, pero la fórmula «De X a Y para Cuándo» era específica. No obstante, hay un matiz, llegados a este nivel. Las tiendas tenían la opción, supervisadas por el jefe de distrito, de elegir las batallas que presentaran mayores oportunidades de éxito en cada una. Si el desempeño de una tienda ya era ejemplar en productos agotados o relación con los clientes, tenía la posibilidad de centrarse en otra batalla. De esta forma lograron dos cosas. Naturalmente, los directivos capaces de elegir su batalla muestran un compromiso mayor con respecto a ella. También les permitió concentrarse en el aspecto más relevante para su tienda.

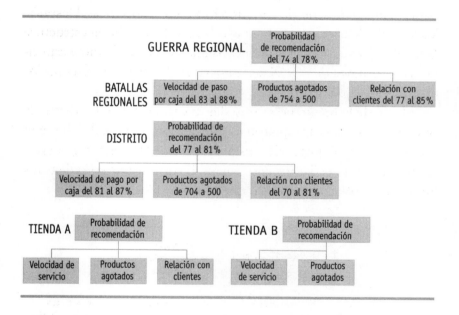

Estrategia clara y ejecutable

A lo largo de este capítulo hemos descrito un proceso intenso pero rápido para lograr un resultado simple pero profundo. En ambos ejemplos, el del Opryland, con su diversidad de equipos, y el de la cadena de tiendas, los POEs generales se definieron en un día. El resultado fue una estrategia clara y simple y, todavía más importante, ejecutable.

Recuerde que, para una organización, las 4DX no son iniciativas del tipo del «poder de la firma». Tampoco se trata de definir todos los indicadores que permiten realizar el seguimiento de una adecuada operativa diaria o, en otras palabras, del torbellino. Las 4DX sirven para impulsar los cambios de comportamiento necesarios. En vista de que muy pocas organizaciones y líderes cuentan con este tipo de disciplina, la habilidad para concentrar a toda una empresa sobre el Principal Objetivo Estratégico podría convertirse en su mayor ventaja competitiva.

Desplegando las 4DX
en su organización

El capítulo que está a punto de leer representó un gran reto durante el proceso de redacción de este libro. Nuestra intención es la de describir un método probado para desplegar las 4DX, y no solo para su equipo, sino para múltiples equipos dentro de una organización de mayor dimensión. Hemos estado desarrollando este método durante años.

A lo largo de los primeros tres años que dedicamos a implantar las 4DX con nuestros clientes, refinamos las disciplinas hasta que estuvimos seguros de su efectividad, tanto en la teoría como en la práctica, para generar resultados extraordinarios. Sin embargo, la forma de desplegar las 4DX a lo largo y ancho de una organización nos seguía produciendo dolor de cabeza.

Desde el principio nuestros clientes adoptaron los conceptos de inmediato y, en casi todas las implantaciones, fuimos testigos de nichos de éxito que denominamos «fogatas». Entre estos lugares aislados de excelencia encontramos a un grupo de ingenieros aeronáuticos, una tienda de una cadena, un equipo de programadores de software y una fábrica. Estos nichos casi siempre tenían líderes que habían entendido la visión de lo que las 4DX podrían llegar a significar para el equipo y para ellos en el ámbito personal.

Esto hizo que se dieran unos resultados excepcionales. Sin embargo, reproducir este éxito dentro de toda una organización, es decir, convertir las fogatas en incendios, parecía una tarea imposible.

Sabíamos que aplicar el proceso requería el mismo nivel de refinamiento que habíamos aplicado a cada una de las disciplinas. Pero primero debíamos entender qué era lo que no estaba funcionando.

¿Qué es lo que no funciona?

Durante más de treinta años, FranklinCovey ha sido una de las organizaciones de formación de mayor éxito del mundo. En vista de este legado, era inevitable presentar las 4 Disciplinas como un programa de formación; sin embargo, se trataba de un error.

En palabras de Bernard Baruch: «Si lo único que tiene usted es un martillo, creerá que todo tiene forma de clavo». Sabemos impartir formaciones, y es algo que hacemos muy bien. En las primeras implantaciones, sacamos a docenas de directivos del torbellino durante algunos días para enseñarles los conceptos de las 4DX. Todos ellos valoraron la formación como relevante e interesante. Al final de cada sesión, los directivos se expresaban de forma apasionada sobre lo que les acabábamos de enseñar. No obstante, tanto nosotros como ellos teníamos que enfrentarnos a la dura realidad de que no es lo mismo entender un concepto que aplicarlo.

El problema es que el torbellino siempre está ahí, esperando a que usted vuelva de la sesión de formación. Cuando por fin logra ponerse al día con los temas que surgieron mientras asistía a la formación, es fácil haber perdido la emoción y el ímpetu que los nuevos conceptos le habían inspirado.

También resulta complicado implantar nuevos conceptos si el equipo con el que trabaja no los entiende de la misma forma que usted, en especial si estos van en contra del sentido común. Se dará cuenta de que está intentando implantar una disciplina que a nadie le importa y que va en contra de la corriente natural de su equipo.

Por último, aunque las 4 Disciplinas son fáciles de entender, al fin y al cabo, siguen siendo disciplinas. Es decir, integrarlas en la operativa y cultura de la organización requiere un verdadero esfuerzo.

El doctor Atul Gawande expresó este reto a la perfección:

> Tener disciplina es difícil, mucho más que adquirir confianza y habilidades, incluso más que dejar de ser egoísta. Somos criaturas imperfectas e inconstantes por naturaleza. Ni siquiera podemos evitar

picar algo entre comidas. La disciplina es algo en que tenemos que mejorar.[1]

Sin embargo, con frecuencia nos hemos encontrado con directivos activos que adoptaron las 4DX y produjeron resultados extraordinarios a pesar de los retos anteriormente descritos. No obstante, estos casos son la excepción entre todos los directivos a los que formamos. Llegamos a la conclusión de que adiestrar a una organización entera para generar resultados a gran escala requeriría un sistema de implantación que asegurara el éxito organizativo.

¿Qué es lo que funciona?

Conforme estudiábamos a los directivos y a los equipos que sí habían tenido éxito, comenzamos a desarrollar un sistema muy diferente para implantar las 4 Disciplinas. Estos son los cuatro aspectos clave de nuestro método:

Las 4 Disciplinas deben implantarse como un proceso, no como un hecho aislado. En este capítulo le mostraremos los seis pasos básicos que debe dar para desplegar las 4 Disciplinas en una organización. Estos seis pasos son siempre necesarios, ya se trate de implantar las 4DX en un equipo o en un colectivo de mayor dimensión de la organización.

Las 4 Disciplinas deben implantarse por equipos completos. En lugar de trabajar de manera aislada con determinados líderes de distintas áreas en la organización, debemos trabajar con todos los líderes necesarios para alcanzar el POE global o de primer nivel. Esto es fundamental, pues lograr un objetivo global casi siempre requiere el esfuerzo conjunto de múltiples equipos. Sin embargo, esto no significa que usted deba desplegar las 4 Disciplinas al mismo tiempo en toda la organización. Hemos comprobado que lo más efectivo para grandes empresas es trabajar con 10 equipos (máximo 20) a la vez.

Por ejemplo, si el POE de nivel superior es aumentar los ingresos, un buen punto de arranque sería 10 jefes de ventas y sus equipos, o 10 sucursales o, incluso, 10 departamentos dentro de una importante unidad de producción. Cuando los primeros equipos comienzan a tener éxito, el interés del resto de la organización aumenta y facilita la implantación en otros ámbitos.

El líder debe asumir la implantación de las 4 Disciplinas. Nuestro mayor descubrimiento fue darnos cuenta de que el método más efectivo para implantar las 4 Disciplinas era a través de los directivos más próximos a la línea operativa. En lugar de confiar en alguno de nuestros consultores para presentar y lanzar las disciplinas, cambiamos el proceso para centrarnos en dar herramientas y certificar a los directivos que aplicarán el programa con sus propios equipos. A partir de este punto nos referiremos a este proceso como «certificación de directivos».

Existen varias explicaciones de por qué este cambio marcó una diferencia tan sustancial en los resultados.

- Cuando aprendemos algo a sabiendas de que lo tendremos que enseñar a su vez, lo hacemos de veras. De hecho, la mejor forma de aprender algo es enseñándoselo a otros. Hemos visto funcionar este principio en cientos de implantaciones.
- Si tenemos que enseñar algo, de inmediato nos volvemos partidarios de ello. Cuando uno de nuestros consultores enseñaba el proceso, los directivos podían permanecer al margen. Sin embargo, cuando estos presentaban las 4 Disciplinas a sus equipos, tenían que mostrar un pleno compromiso. En otras palabras, si usted aboga por las 4 Disciplinas, deberá demostrar que está convencido; de lo contrario, no funcionarán.
- Si usted aboga por implantar las 4 Disciplinas, asume la responsabilidad de aplicarlas. Ningún directivo digno de confianza presentaría las 4 Disciplinas para luego quebrantarlas y, finalmente, dejar de hacerles seguimiento.

- Cuando usted implanta las 4 Disciplinas, genera un nivel de respuesta diferente de su equipo debido a su propia credibilidad. Si las disciplinas vienen de un consultor, formador interno o incluso de uno de los directivos de la organización, la mayoría de los equipos tiende a ver qué pasa para saber si esto va en serio. Muchas veces, la persona a la que observan para salir de dudas es usted, su líder. Y si usted es el encargado de enseñar, defender y lanzar el proceso, sabrán de inmediato que sí hay que tomárselo en serio.

Siempre que describimos este método, los directivos entienden los beneficios al instante; sin embargo, algunos se sienten inseguros de su propia capacidad para co-

Lector de código de Android
iPhone-Red Laser

http://www.4dxbook.com/qr/LCP

Escanee la imagen superior para ver un vídeo en el que se describe el proceso de la certificación de líderes.

municar e implantar de manera eficaz todos los cambios. Sin duda, un lanzamiento con éxito requiere preparación, pero podemos asegurarle que hemos visto a miles de directivos, con todo tipo de experiencia y capacidades, dirigir excelentes sesiones de lanzamiento.

Proceso de implantación de las 4DX

Los siguientes seis pasos del proceso de implantación no solo conducen a resultados, sino que, además, implican la adopción de un sistema operativo para alcanzar los objetivos más importantes de su organización de manera constante.

Ya que la mayoría de nuestros clientes prefiere la velocidad y la eficacia de una implantación simultánea en múltiples equipos, le presentamos una visión general de cómo lanzar el proceso con 10 equipos o más a la vez. En un proceso múltiple, el cual utilizamos para certificar directivos en las 4DX, los líderes de equipo trabajan juntos durante un par de días para establecer definiciones tentativas de POEs e indicadores predictivos. Después comparten dichos resultados con sus respectivos equipos para conseguir su validación y compromiso.

Paso 1: aclare el POE global. Si dirige múltiples equipos, este paso es para determinar el Principal Objetivo Estratégico global. Puede consultar el proceso específico descrito en la página 278.

Paso 2: diseñe los POEs de equipo y los indicadores predictivos. Este paso suele ocupar dos días. Los directivos se forman en los conceptos de las 4DX en profundidad, observan vídeos de estudios del caso, y trabajan con ejemplos reales, diseñados para que cada directivo desarrolle una idea sólida sobre el funcionamiento de las 4 Disciplinas y su aplicación.

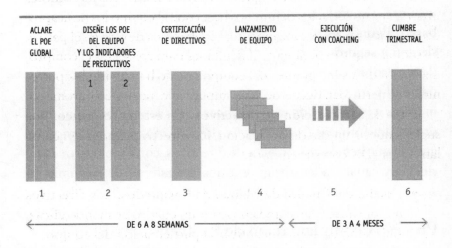

Este diagrama representa los seis pasos para aplicar las 4DX y el tiempo recomendado para las distintas partes del proceso.

Ahora, siguiendo el proceso descrito en la página 156, cada líder debe elegir un POE que represente la mayor contribución que el equipo puede hacer para alcanzar el POE global. La alta dirección juega un papel crítico llegados a este punto, ya que puede decidir si la combinación de los POEs de los equipos conducirá a la consecución del POE global. La alta dirección puede aconsejar o incluso vetar el POE de un equipo, pero no puede imponerlo —solo su líder puede definirlo con su equipo.

Una vez que los POEs de equipo se han establecido, los directivos se enfrentan a la parte más desafiante del proceso de las 4DX: definir los indicadores predictivos. Como comentamos en la página 175, no hay muchos directivos que hayan realizado esta tarea con anterioridad. Definir indicadores que sean predictivos y sobre los que se pueda influir es una tarea compleja que suele necesitar múltiples intentos.

Tras definir los POEs y los indicadores predictivos, todos los directivos tendrán una clara línea de visión desde el POE general de nivel superior y la contribución de su propio equipo. Se trata de un momento crucial, y muchas veces único, en el que verá todo con claridad. Por favor, recuerde que el POE de equipo y los indicadores predictivos no serán los definitivos hasta que el equipo los haya aprobado en una sesión de lanzamiento. Hablaremos de esto en el paso 4. Es probable que experimente dificultades para conseguir el compromiso total de los integrantes del equipo que no han tenido la oportunidad de participar. Recuerde: «Sin implicación, no hay compromiso».

Paso 3: certificación de directivos. En este paso crítico, que suele requerir un día de dedicación, los directivos aprenden cómo lanzar las 4DX con sus equipos.

- **Diseño del Cuadro de Mando de Resultados.** Los directivos no solo aprenden cómo construir un cuadro de mando eficaz, sino también cómo incentivar la participación del equipo.
- **Técnicas para dirigir las sesiones de POEs.** Los directivos aprenden algunas técnicas antes de llevar a cabo su primera sesión de POEs. En particular, se les enseña a dirigir el proceso de rendición de cuentas de todos los integrantes del equipo frente al resto de sus compañeros. Muchos directivos tienen problemas en sus primeros intentos de conducir una sesión de POEs eficiente. Por ello, la práctica incluye simulaciones con otros directivos.

- **Preparación de la reunión de lanzamiento.** La última y más importante fase de la certificación de un directivo es la preparación para la reunión de lanzamiento con cada equipo. El éxito en esta reunión es esencial para el logro del POE.

Los directivos deben adquirir un entendimiento profundo de las 4DX. Pueden practicar entre sí, utilizar vídeos, manuales y transparencias de presentaciones. Aprenderán a comunicar claramente el POE de nivel superior, el candidato a POE de equipo y los posibles indicadores predictivos. Además, sabrán cómo estimular la información de retorno por parte del equipo y realizar las revisiones pertinentes.

Tras completar el paso 3, los directivos estarán certificados para lanzar las 4DX con sus equipos. Esta certificación también marca el final de la sesión de trabajo con otros directivos.

Paso 4: lanzamiento de equipo. Los directivos deben programar y dirigir una reunión de lanzamiento con sus equipos que, por lo general, dura dos horas. En ella presentarán un resumen de las 4DX, de aproximadamente 45 minutos, y luego revisarán el POE de nivel superior, así como el candidato a POE de equipo y los indicadores predictivos.

En esta sesión el equipo debe plantear el diseño del cuadro de mando y designar a los responsables de construirlo. La reunión concluye con una simulación de sesión de POEs como práctica previa a las sesiones reales, que comenzarán la semana siguiente. Esta simulación es una oportunidad para discutir el formato y las reglas básicas que se aplicarán tan pronto como el equipo empiece a perseguir su POE. Los equipos con poca experiencia o reticentes pueden beneficiarse de asistir a una sesión de un equipo más experto, como recomienda LeAnn Talbot, de Comcast. Los veteranos de las 4DX pueden responder a muchas preguntas sobre el proceso.

Paso 5: ejecución con coaching. Los pasos 1 a 4 representan la fase de lanzamiento en el proceso de las 4 Disciplinas. Aunque son fundamentales, todavía forman parte de un plan de juego que no ha comenzado. El paso 5 es el saque de inicio del partido.

En este punto, los directivos y sus equipos comenzarán el proceso semanal de hacer avanzar los indicadores predictivos para alcanzar el POE de equipo. Esto requiere disciplina y rendición de cuentas. Semana a semana, el equipo evoluciona y madura, los compromisos tienen cada vez mayor impacto, y el índice de cumplimiento aumenta en cada sesión. Los indicadores predictivos comienzan a moverse y el equipo podrá ver que su esfuerzo concentrado marca la diferencia sobre los indicadores históricos. Y tras cada jugada, el equipo puede saber si está ganando.

De acuerdo con nuestra experiencia, los directivos necesitan el asesoramiento de un experto, o coach, durante cerca de tres meses, mientras intentan establecer por primera vez ciertos comportamientos y se enfrentan a retos inesperados. Un coach de las 4DX ayuda a los directivos a aplicar el proceso, a tener éxito con los indicadores predictivos y a preparar las cumbres trimestrales. Nuestros asesores supervisan a los directivos y al mismo tiempo los capacitan para convertirse en coaches internos de la organización. Abordaremos este tema con más detalle en las secciones siguientes.

Paso 6: cumbre trimestral. Se trata de una reunión en la que los directivos presentan sus avances y resultados frente a la alta dirección y otros colegas. Por lo general, un trimestre es un período de tiempo suficiente para ver el progreso de los indicadores predictivos y el impacto que han tenido sobre los históricos. Cuántos más directivos asistan a la cumbre, mayor será la presión por generar resultados, factor importante para que se considere al POE de equipo y sus respectivos indicadores predictivos, como una apuesta importante.

Para muchos, será la primera vez que se reúnan con la alta dirección y también su primera oportunidad de exponer cómo han contribuido sus ideas a los objetivos de la empresa y ser reconocidos por ello. Alec Covington, de Nash Finch, apuntó que es una experiencia muy distinta a la de recibir «órdenes» y tener que rendir cuentas de objetivos que no se entienden.

Cuando Sonny Perdue, gobernador de Georgia, asistió a la primera cumbre de cinco agencias estatales, observó de cerca a los directivos mientras exponían sus POE de equipo, los indicadores predictivos y los resultados. Había una enorme energía en el aire, no solo por la presencia del gobernador, sino porque los directivos podrían ver que estaban marcado la diferencia.

Al final de la reunión, Perdue realizó un discurso de clausura espontáneo: «Cuando deje este puesto, no quiero estatuas ni edificios con mi nombre. Quiero que los funcionarios de este estado sean mi legado». Mientras se preparaba para salir, dio una instrucción muy clara a uno de los miembros de su personal: «Quiero que todos los directivos del estado aprendan este proceso». Las cumbres trimestrales combinan la fuerza de la rendición de cuentas con la oportunidad del reconocimiento; por ello son un elemento motivador para los directivos en la implantación de las 4DX. Siempre hay una nueva cumbre al cabo de unos meses.

El papel de un coach interno

Hemos observado que nombrar un coach interno de las 4DX es un factor decisivo en su implantación con éxito. Solemos decir que si alcanzar un Principal Objetivo Estratégico es como conducir un Fórmula 1, el coach es como el jefe de mecánicos.

En la función de mecánico, un coach de las 4DX cumple dos tareas. La primera es ayudar a reparar averías operativas con respecto a las 4DX. El coach guía a los directivos que se enfrentan a miembros reticentes de su equipo, que necesitan consejos sobre la calidad de los indicadores predictivos o que requieren ayuda para establecer la Cadencia de Rendición de Cuentas. El coach también supervisa el mantenimiento preventivo, es decir, asegura que los equipos siguen el proceso al pie de la letra, y ayuda a identificar oportunamente las señales de aviso de un equipo que comienza a dejarse arrastrar por el torbellino.

Recomendamos firmemente que dos personas compartan esta función para prevenir conflictos de horario y rotaciones inesperadas.

Los coaches internos representan los siguientes beneficios para la organización:

- **Capacidad de respuesta.** Son una fuente de conocimiento y apoyo inmediato a los directivos de las 4DX dentro de la organización. No será necesario solicitar soporte externo.
- **Independencia.** Cuanta más experiencia y habilidades desarrollen los coaches internos, menor será la necesidad de mantener la supervisión constante de coaches externos.
- **Continuidad.** Cada vez que se contrata o promociona a directivos, el coach interno puede jugar un papel fundamental a la hora de orientarles rápidamente sobre el proceso de las 4DX.

Aunque ser coach interno no es un trabajo a tiempo completo, es esencial seleccionar a las personas indicadas. Un coach de las 4DX debe tener un conocimiento sólido del negocio, habilidades comunicativas y capacidad de desarrollar y mantener buenas relaciones laborales. La efectividad de un coach depende en gran medida de su influencia, no de la autoridad formal que posea en la organización.

Con el paso del tiempo, hemos visto excelentes coaches en diversas áreas: gestión operativa, programas de liderazgo, supervisión de la calidad, Six Sigma y fabricación *lean*.

Más que cualquier otra característica, existen dos cualidades que debe poseer todo coach: interés y disponibilidad para cumplir con la función. Puede haber coaches muy interesados, pero cuyo torbellino sea demasiado absorbente, y aunque muestren verdadera pasión hacia las 4DX, al no poder invertir suficiente tiempo en su implantación, no puedan apoyar al éxito de esta. Aquellos que cuentan con la disponibilidad, pero no muestran interés, podrían incluso retrasar la implantación de las 4DX y, por lo tanto, el logro de resultados. Tal y como uno de nuestros clientes comentó: «Si tiene mucho tiempo libre, probablemente es porque no aporta mucho valor».

Según nuestra experiencia, toda implantación con éxito de las 4DX ha contado con la supervisión de un coach eficaz. Aunque al-

canzar el Principal Objetivo Estratégico implica combinar el esfuerzo de directivos y equipos, el coach 4DX es esencial para el éxito de
la implantación y para obtener resultados extraordinarios de forma
sostenida.

Cuidado

Por último, manténgase alerta ante los tres puntos de riesgo que
señalamos a continuación. Si se encuentra con uno de ellos, podría
ser preferible posponer la implantación de las 4DX hasta que haya
sido resuelto.

- **Carecer de un objetivo realmente importante.** Las 4DX son
  un proceso eficaz para alcanzar los objetivos clave; son el medio hacia un fin, no un fin en sí mismas. Cuanto más esencial
  sea el POE de nivel superior, mayor será el compromiso de la
  organización y sus directivos. En consecuencia, adoptarán las
  4DX rápidamente. Sin este enfoque, las disciplinas no tendrán
  el mismo impacto.
- **Falta de compromiso por parte de la alta dirección.** Si la cabeza de la organización no se compromete por completo con
  las 4DX, nadie lo hará. No nos referimos al presidente de la
  empresa, sino al directivo responsable de la iniciativa. Implantar las 4 Disciplinas requiere un compromiso absoluto, sin
  importar qué partes de la organización estén involucradas. Si
  para los directivos que se interesen en ellas, las 4DX son algo
  que se puede abandonar en cualquier momento, su implantación habrá fracasado incluso antes de empezar.
- **Certificar directivos en el nivel incorrecto.** Es vital certificar
  a los directivos que serán los verdaderos responsables de enseñar y dirigir el proceso de las 4DX. Es imposible ganar sin
  ellos. Si certifica a directivos de un rango demasiado alto, el
  plan de juego nunca llegará a los equipos de la línea operativa,
  que son los que producen resultados a partir de los indicado-

res predictivos. Por el contrario, si certifica a directivos en un nivel demasiado bajo, carecerán de la experiencia necesaria para crear el mejor POE de equipo y los indicadores predictivos, así como de la autoridad para conducir la rendición de cuentas sobre los resultados.

Una orientación útil es certificar a los directivos a tiempo completo que se encuentren por encima de la línea operativa. Por ejemplo, en una tienda de alimentación el encargado de la panadería no sería una buena opción, pues las personas que desempeñan este papel suelen trabajar solas. El jefe de la tienda, que está un peldaño más arriba, es una buena opción por encontrarse en el nivel correcto. En contraste, el director de planta en una fábrica está en un nivel demasiado alto. En este caso, la mejor opción sería certificar a los supervisores de turno.

Considere la cantidad de energía que el líder puede invertir a su discreción en las 4DX. Por lo general, los directivos que controlan su planificación son capaces de dirigir un POE de equipo. También es fundamental que los equipos tengan tiempo de formular, programar y cumplir compromisos semanales.

En este capítulo hemos descrito el proceso general y los retos a los que nos hemos enfrentado cientos de veces durante la implantación de las 4DX. Con ello, intentamos ofrecerle la ventaja de conocer nuestra experiencia de prueba y error.

Implantar las 4 Disciplinas en 10 o más equipos de manera simultánea, algo que hacemos en algún lugar del mundo casi todos los días, implica una serie de consideraciones importantes. Al final, la habilidad de concentrar múltiples equipos en un indicador predictivo y lograr un empuje constante hacia un objetivo crítico es algo muy poderoso. Este proceso es clave para generar resultados extraordinarios, así como para mejorar el rendimiento y la eficacia de toda una organización.

Preguntas frecuentes sobre las 4DX

Aquí encontrará respuesta a las preguntas más frecuentes sobre la implantación de las 4DX. Se agrupan según los siguientes temas:

- Cómo generar compromiso y adhesión en torno a las 4DX.
- Cómo dar soporte a las 4DX.
- Consejos y trampas del proceso.

También hay respuestas relacionadas con la aplicación de las 4DX en equipos específicos (aunque los temas que se tratan son de interés para todos los lectores):

- Equipos de fábrica.
- Equipos de ciencia y tecnología.
- Equipos de ventas.
- Equipos estatales y militares.

Generar compromiso y adhesión en torno a las 4DX

¿Cuáles son los errores más comunes que un líder puede cometer durante la implantación de las 4DX?

Los dos errores más habituales que un líder puede cometer son la falta de participación y la falta de paciencia.

Primero, muchas veces los directivos presuponen de forma inconsciente que el éxito de las 4DX descansa sobre aquellos que han seguido el proceso de certificación. Aunque estos directivos son vitales para el éxito de los POEs y los indicadores predictivos, es precisa la implicación activa de los directivos a quienes ellos reportan. Los directivos dirigen las sesiones de POEs e informan del feedback de forma transparente, reconocen las contribuciones de los directivos certificados y los miembros de sus equipos, refuerzan los principios de las 4DX y eliminan las barreras que impiden alcanzar el POE u obstaculizan el cumplimiento de los indicadores predictivos.

En segundo lugar, todos los directivos buscan resultados y quieren obtenerlos tan rápido como sea posible. Sin embargo, suelen pasar por alto el hecho de que el éxito de un POE depende del rendimiento constante y continuo sobre los indicadores predictivos. Si los indicadores implantados son eficaces y el equipo se concentra en ellos, el indicador histórico asociado al POE se moverá, a menos que existan circunstancias externas que impidan alcanzar el POE. El proceso es largo. En lugar de tirar la toalla, el líder necesita reforzarlo armándose de paciencia.

¿Cómo lidiar con los miembros de un equipo que se muestran reacios al proceso?

Antes que nada, debe entender por qué se resisten. Una vez que lo sepa, podrá desarrollar una solución.

A algunas personas reacias les pueden preocupar otros asuntos ajenos a las 4DX. En este caso, solo necesitan ser escuchados.

Sin embargo, es más habitual encontrar miembros cuya actitud no cambia después de escucharlos. Es posible que se muestren escépticos ante el cambio, se burlen de las nuevas ideas, defiendan su independencia con fuerza o estén convencidos de que las 4DX implantarán una burocracia excesiva en vez de un sistema operativo diseñado para generar resultados.

Si no dejan de oponer resistencia, deberá solicitar su apoyo como miembros de un equipo más grande que ellos mismos. Por lo general, al ver los resultados que el resto del equipo experimenta, comenzarán a seguir el programa (a veces con desgana o en secreto).

¿Cuáles son los retos más comunes de la aplicación semanal de las 4DX?

¿Cómo afrontarlos?

Con frecuencia los equipos se enfrentan a tres retos: desempeño constante sobre los indicadores predictivos, mantener el cuadro de mando actualizado y asistir a las sesiones de POEs con regularidad.

Primero, los miembros del equipo tienen que separar en su mente los POEs de los indicadores predictivos, es decir, deben concentrarse en cumplir con éxito los indicadores predictivos antes de notar que los indicadores históricos han evolucionado. Es como ir al gimnasio todos los días: uno necesita ejercitarse con paciencia antes de ver los resultados. Si el rendimiento de los miembros del equipo sobre los indicadores predictivos es esporádico, nunca verán el impacto sobre los indicadores históricos.

Segundo, los integrantes pueden creer que mantener el cuadro de mando actualizado es un trabajo innecesario y agotador. A menos que este muestre los resultados actualizados, nadie podrá ver la puntuación y el equipo no podrá saber si los indicadores predictivos han tenido efecto sobre los históricos. Además, las sesiones de POEs pierden fuerza si los resultados del trabajo en equipo no están a la vista.

Tercero, si las sesiones de POEs se posponen o cancelan, el interés del equipo comienza a diluirse. Sin sesiones de POEs regulares, las personas pierden el enfoque y ya no se sienten responsables de sus compromisos. Las sesiones de POEs deben ser sagradas. Los integrantes del equipo deben contribuir a la calidad de la reunión por medio de compromisos que tengan un impacto sobre los indicadores predictivos y aseguren el éxito del POE.

Hemos pasado por muchos programas de este tipo. ¿Cómo superamos el escepticismo que han generado para poder embarcarnos en las 4 Disciplinas?

Muchas organizaciones suelen adoptar programas que captan la atención de todos durante un día y son olvidados al siguiente. Los directivos que buscan la solución mágica solo generan escepticismo en el ambiente laboral. En palabras de Stephen Covey: «Tus palabras no te bastarán para salir de una situación a la que has llegado con tus acciones». Al aplicar las 4DX en un entorno de escepticismo e incredulidad, comience con un Principal Objetivo Estratégico pequeño, pero que marque un antes y un después en la vida diaria de los empleados y en la calidad de su vida profesional.

Después de plantear un objetivo único, ambicioso y decisivo, tenga particular cuidado con el diseño de los cuadros de mando, su actualización y las sesiones semanales de POEs. De esta manera le demostrará al equipo que en verdad puede alcanzar un nivel de éxito sin precedentes.

Vigile la consistencia del proceso y busque un éxito rápido. Ahora que el equipo está seguro de lograr mejoras sustanciales con las 4DX, podrá proponer objetivos más ambiciosos en el futuro.

¿Las 4DX deben comenzar en la cima de la organización?

No, de hecho casi nunca sucede así. Lo más frecuente es que las 4DX sean una iniciativa a nivel intermedio. Existen ventajas evidentes cuando el presidente de la empresa se involucra desde el principio, pero muchos altos directivos, o incluso líderes de equipos pequeños, han sido capaces de lanzar el proceso con éxito. Este puede comenzar casi en cualquier lugar de la organización y crecer desde ahí.

Aunque sería fantástico que todos los integrantes de una organización apoyaran las 4DX para impulsar los resultados, no es necesario. No obstante, el líder que promueve las 4DX necesita asumir la responsabilidad sobre los indicadores históricos relevantes en los niveles más altos. Si la intención es aplicar las 4DX en una organización, los resultados iniciales tienen que ser importantes para la alta dirección.

¿Qué hago si mi jefe me impone nuevos objetivos a todas horas?

Nos hacen esta pregunta muy a menudo. He aquí la respuesta final: la mayoría de las personas no pueden controlar cuántos objetivos les imponen, pero sí cuáles introducirá en las 4DX: aquellos que consideren objetivos estratégicos.

¿Cómo implantar las 4DX en una organización matricial?

La metodología de las 4DX no requiere ni sugiere reorganizar la estructura de una empresa, tenga o no tenga estructura matricial. Lo único necesario es la cooperación y la rendición de cuentas conjunta.

Por ejemplo, una empresa cuyo POE sea incrementar su cuota de mercado, quizá necesite apoyarse sobre la estructura de ventas de otra matriz que opera en varios continentes: Estados Unidos y Canadá; Centroamérica y Sudamérica; Europa, Oriente Próximo y África; Extremo Oriente, etc. El éxito de este POE depende del desempeño cooperativo de esta organización matricial dispersa geográficamente. En las 4DX, un equipo interfuncional involucrado en certificación de directivos se asegurará de que todos aquellos que contribuyen al POE se mantengan concentrados sobre este.

La estructura organizativa suele ser poco relevante a la hora de designar el equipo correcto para un determinado POE; quizá este requiera personal con una serie de capacidades presentes en distintos ámbitos organizativos.

Si dirijo una función de soporte, como recursos humanos, contabilidad o soporte técnico, ¿a quién recurro para elegir un POE?

Hemos concluido que es mucho más fácil y eficaz que las estructuras de soporte elijan su POE después de que los equipos con funciones de línea (ventas, producción, operaciones) escojan el suyo. Si los equipos que desempeñan las funciones de línea tienen claro su Principal Objetivo Estratégico, las de soporte pueden elegir un POE que contribuya a la consecución del POE operativo.

Por ejemplo, si el POE del equipo de ventas es implantar la venta consultiva, el departamento de recursos humanos puede establecer un POE para asegurarse de que cada vendedor reciba formación adecuada sobre el nuevo modelo. Si el POE de la empresa es adquirir una presencia significativa en las redes sociales, el departamento de tecnologías de la información puede utilizar su conocimiento en un POE de equipo con el fin de formular la mejor infraestructura para hacerlo.

Mi equipo trabaja en diferentes turnos, así que nunca estamos juntos. ¿Cómo podemos llevar a cabo la sesión de POEs para la rendición de cuentas?

El término clave es «rendición de cuentas». El propósito principal de las sesiones semanales de POEs es mantener una Cadencia de Rendición de Cuentas con todos los jugadores de su equipo.

La rendición de cuentas se divide en dos partes. La primera es que todos los miembros del equipo asumen la responsabilidad ante los demás de cumplir compromisos personales (uno o dos a la semana). La segunda, igual o más importante, consiste en la satisfacción que conlleva cada pequeño éxito y haber cumplido con su palabra. Es una forma sutil de reconocimiento que todos los jugadores reciben cada semana cuando informan sobre el estado de sus compromisos.

Por lo tanto, todos deben hacer un esfuerzo para que cada miembro del equipo tenga la oportunidad de asistir a la sesión de POEs o rendir cuentas de alguna manera.

Los directivos que dirigen más de un turno pueden llevar a cabo varias sesiones de POEs para que todo el equipo pueda participar. Si un miembro tiene el turno de noche y el líder lo ve en raras ocasiones, una llamada a la semana para hacer el seguimiento de su trabajo puede ser una buena oportunidad para su rendición de cuentas personal y ponerlo al día sobre el estado del equipo.

¿Cómo estar seguros de que el mensaje de nuestro POE llega a todos los niveles de la organización y hasta la línea operativa?

Uno de los mejores métodos para generar conciencia sobre el objetivo es la repetición. Si los directivos y los coaches internos de las 4DX establecen la práctica común de preguntar a cada empleado: «¿Cuál es nuestro POE», o «¿En qué indicador predictivo estamos concentrados?», la noticia se difundirá con rapidez y cada vez más empleados conocerán la respuesta.

¿Cómo llevar a cabo sesiones de POEs con miembros de un equipo que casi nunca están en el mismo lugar al mismo tiempo y cuyo torbellino es demasiado absorbente?

Recuerde que las sesiones de POEs solo necesitan de 20 a 30 minutos a la semana, y las de encuentros de POEs solo 5 o 7 minutos a la semana, así que no representan una inversión de tiempo considerable.

Podría realizar la sesión de POEs antes de empezar o al finalizar otra reunión programada, o cuando la mayoría de los miembros estén disponibles. También está la posibilidad de reunirse de manera individual con aquellos que no puedan estar presentes.

Pero recuerde la disciplina clave para el enfoque y la rendición de cuentas: todos los miembros del equipo deben participar en una sesión realizada alrededor del cuadro de mando una vez a la semana.

¿Cómo hacer que un directivo que opone resistencia adopte las 4DX?

El directivo es el mejor recurso para lidiar con este problema, que el coach deberá identificar como un punto de la lista de «despejar el camino». Con frecuencia, una conversación privada con el directivo basta para resolver la cuestión.

Solicite a todos los directivos un informe sobre su cumplimiento con respecto al proceso. Pídales que incluyan:

- Resultado semanal del equipo sobre el indicador histórico.
- Resultado semanal del equipo sobre el indicador predictivo.
- Número de sesiones de POEs y porcentaje de asistencia.
- Porcentaje de compromisos de equipo cumplidos.
- Compromiso personal de la semana anterior y resultados.
- Compromiso personal de las semanas siguientes.

Cuando los directivos con una actitud reacia se enfrentan a una rendición de cuentas pública y oyen que otros directivos han tenido éxito, casi siempre cambian de actitud.

Sostenibilidad de las 4DX

¿Qué tipo de reconocimiento es el mejor para mantener el compromiso del equipo?

- **Reconocimiento público al rendimiento individual.** Todos quieren que sus contribuciones sean reconocidas, en particular frente a sus compañeros. Premios como el de «Líder de ejecución de la semana» o «Mejor rendimiento de la semana» pueden ser muy apreciados. Asegúrese de que los criterios para seleccionar a los premiados sean justos y coherentes.
- **Reconocimiento público al rendimiento del equipo.** Un premio conjunto semanal o mensual, como «Líderes de indicadores predictivos» por mejor rendimiento, puede ayudar a impulsar un verdadero cambio de comportamiento.
- **Reconocimiento público al lanzamiento de ejecución.** Un premio al proceso de lanzamiento más rápido, al mejor cuadro de mando o a la mejor sesión de POEs puede ayudar a reforzar comportamientos que generan resultados.
- **Celebración significativa.** Como ya hemos mencionado, dedicar tiempo a agradecer el rendimiento del equipo de manera significativa es esencial para mantener el compromiso. Un premio como una pizza o un helado lo supera con creces la recompensa que conlleva una pequeña felicitación por parte del líder.

¿Cómo formular buenos compromisos cada semana?

Un líder de equipo nunca sufrirá una sequía de buenos compromisos, pues siempre hay aspectos que mejorar en la disciplina de ejecución de un equipo. En última instancia, la disciplina de trabajar sobre el sistema distingue al líder de cualquier otro contribuyente. Aunque en un principio esto pueda representar un reto, pronto se convertirá en una parte emocionante de su rol, pues verá el impacto que esto genera.

Mientras los miembros establecen compromisos individuales que impulsan los indicadores predictivos, los acuerdos de un líder proporcionan la palanca necesaria para mejorar las capacidades del equipo. En lugar de formular responsabilidades que afecten de manera directa a los indicadores predictivos, el líder debe plantear aquellas que permitan al equipo entero mover dichos indicadores.

En palabras de uno de nuestros clientes: «Nadie le paga a un líder por lo que hace, sino por lo que logra que otros hagan».

Si no se le ocurren buenos compromisos, considere alguno de las siguientes áreas:

- **Formación.** Siempre habrá miembros del equipo que necesitarán formación o comprometerse con las mejores prácticas del equipo. Elija a un miembro del equipo y ofrézcale coaching o formación sobre un asunto específico durante la semana siguiente. Este compromiso también le servirá a usted para mantenerse actualizado.
- **Comprometer al equipo para que mejore su rendimiento.** Una de las prácticas más efectivas de los grandes directivos de la ejecución es involucrar a los miembros del equipo en un diálogo sobre su rendimiento y sus sugerencias para la mejora. Escuchar sus ideas y luego implantarlas no solo mejora el rendimiento, sino que aumenta el interés. En este sentido, ellos mejoran como equipo, pero también como individuos, pues se sienten valorados y respetados. Esto añade fuerza y entusiasmo a su rendimiento.
- **Reconocimiento y modelos a seguir.** Identifique a los miembros de alto rendimiento y felicítelos ante sus compañeros. Todos quieren ser ganadores y modelos a seguir. El reconocimiento demuestra qué comportamientos y nivel de rendimiento son valorados por el líder. Reclute a estos integrantes destacados para asesorar a los demás.

Como miembro de la alta dirección, ¿cuál es el factor más importante para mantener las 4DX?

La contribución más importante de un miembro de la alta dirección es permanecer concentrado en un Principal Objetivo Estratégico y resistirse a la tentación de implantar su siguiente gran idea. Recuerde que hay tantas buenas ideas que nunca tendremos capacidad suficiente para ejecutarlas todas. Su habilidad de enfoque marcará la pauta para el enfoque de la organización.

En segundo lugar, asegúrese de ser un modelo a seguir durante el proceso. Con el paso del tiempo sus acciones, y no sus palabras, serán las que influyan en los equipos que dirige.

Por último, aplique las sugerencias planteadas a lo largo de este libro para celebrar el rendimiento conseguido, tanto de personas como de equipos.

El último año hicimos todo bien: creamos nuestro POE y nuestros indicadores, y los ejecutamos sistemáticamente semana a semana. Sin embargo, todavía no vemos resultados. ¿Qué hacemos?

Recuerde que un POE es como una apuesta estratégica. Cuando usted establece un POE está apostando por un nuevo producto o servicio, o por una forma de afrontar un problema. Después hace una apuesta de ejecución: define las actividades críticas y los indicadores predictivos para luego desarrollarlos de manera implacable, confiando en que generarán beneficios.

No obstante, en ocasiones no hay retorno. Las estrategias brillantes no son tales a menos que funcionen. Un producto de éxito no lo es hasta que se vende como el pan recién salido del horno. No hay forma de impulsar logros académicos hasta que los estudiantes superan los niveles anteriores. Usted está haciendo una apuesta. Por supuesto, debe hacerla con cuidado, pero no deja de tener cierto riesgo.

Una empresa de seguros hizo una apuesta estratégica por un nuevo tipo de póliza dirigida a un nuevo mercado. Sus ejecutivos diseñaron la estrategia con detalle y reunieron al equipo de ventas para involucrarlo en las acciones críticas que les llevarían al objetivo. Trabajaron sin parar; cada semana lograron que los indicadores predictivos mejoraran en el cuadro de mando, todo fue conforme al plan. Sin embargo, seis meses después, los indicadores históricos seguían igual. La razón fue que, en este período, la competencia había diseñado un producto de menor coste, cuya presentación fue oportuna y aprovechó las ventajas de los medios digitales. En este sentido, la apuesta estratégica de la competencia había sido mucho mejor.

Así que, sin perder la confianza y el entusiasmo, sea modesto y realista al plantear sus POEs. Haga la mejor apuesta estratégica que pueda, pero mantenga siempre un ojo puesto en el cuadro de mando y el otro mirando por encima de su hombro.

Hemos avanzado con rapidez respecto a nuestro POE y ahora creemos que es probable que lo superemos. ¿Deberíamos incrementar el objetivo?

Antes que nada, felicidades. Cuando un equipo se da cuenta de que alcanzará o superará su objetivo siempre es emocionante.

La primera reacción del líder ante este triunfo suele ser incrementar el objetivo. Aunque la intención es buena (mejorar el rendimiento aún más), puede resultar decepcionante para el equipo. A menos que el cambio se haga con mucho cuidado, el equipo perderá el sentimiento de logro y se desconectará del nuevo objetivo. Recuperar el compromiso del equipo es más difícil que lanzar las 4DX por primera vez.

A continuación presentamos los tres escenarios más comunes en estos casos y consejos para afrontarlos.

- **El objetivo era demasiado modesto y el equipo lo superó rápidamente o está a punto de hacerlo.** En este caso, lo correcto es felicitar al equipo por su rendimiento y luego asumir la responsabilidad de haber establecido un objetivo inadecuado. Si es posible, involucre al equipo en el proceso para formular un nuevo POE a un nivel que represente un reto y que al mismo tiempo sea realista.

- **El objetivo era el correcto, pero el equipo superó las expectativas del líder y lo alcanzó antes de lo previsto.** En este caso, felicite y premie al equipo por su rendimiento sobresaliente y declare el POE original todo un éxito. Después, establezca un POE que puedan alcanzar en el tiempo restante, es decir, defina un nuevo «De X a Y» para el mismo plazo. Si no celebra el éxito, los miembros del equipo llegarán a la conclusión de que toman parte en una carrera en la que la línea de meta se mueve más rápido de lo que ellos pueden correr. La consecuencia es que se debilitará su compromiso. Celebre el triunfo y luego involucre al equipo para establecer el objetivo adicional.
- **Su objetivo era el correcto, pero un factor externo ayudó al equipo a alcanzarlo.** Declare el éxito del POE y establezca uno nuevo de inmediato. Si no lo hace, el equipo puede comenzar a titubear. Recuerde que su objetivo no solo es alcanzar el POE, sino forjar un equipo de alto rendimiento.

Consejos y trampas del proceso de las 4DX

¿Cómo se sabe cuándo hay que cambiar un indicador predictivo?

Cambiar un indicador predictivo demasiado rápido puede ser peligroso. La mayoría de los equipos comienza a buscar uno nuevo cuando el cuadro de mando presenta datos estancados. Si el líder reacciona demasiado pronto, todo el impulso de ese indicador se perderá y el equipo empezará de cero, a pesar de que un poco más de tiempo con este podría marcar la diferencia.

Antes de renunciar a un indicador predictivo considere las siguientes preguntas:

- ¿Ha tenido impacto sobre el indicador histórico? Si es así, tenga cuidado; no cambie algo que está funcionando.
- ¿El indicador histórico se ha movido lo suficiente? Si no es así, considere aumentar el estándar de rendimiento sobre el indi-

cador predictivo antes de cambiarlo. Recuerde que hay que accionar muchas veces la palanca para levantar la roca un poco.

- ¿La puntuación del indicador predictivo es correcta? Si no lo es, el equipo puede hacerse una idea equivocada sobre su valor.
- ¿El equipo ha cumplido con el indicador predictivo por lo menos durante 12 semanas consecutivas? De acuerdo con nuestra experiencia, este es el tiempo mínimo para el desarrollo de hábitos en un equipo. De lo contrario, sus miembros nunca conocerán los beneficios del rendimiento estable.
- ¿Es posible mantener el rendimiento del equipo si el indicador predictivo se elimina del cuadro de mando? Si al retirarlo el rendimiento disminuye, quizá sea mejor mantener el enfoque sobre este hasta que se convierta en un hábito, siempre y cuando el indicador predictivo tenga impacto sobre el POE.

Recuerde que el objetivo general de las 4DX es establecer un nuevo estándar de constancia y excelencia en ciertas áreas de la operación de un equipo. Debe mantenerlo hasta que se convierta en un hábito.

¿Qué pasa si el indicador predictivo se mueve pero el histórico no?
Es muy común que esto suceda, sobre todo al principio. A continuación encontrará las explicaciones posibles.

- Con frecuencia es cuestión de tiempo. No podemos decirle cuántas veces hemos presenciado un retraso entre el indicador predictivo y el histórico.
- Es posible que el equipo no esté moviendo el indicador predictivo de manera constante. Al invertir energía en un nuevo indicador predictivo, las personas tienden (consciente o inconscientemente) a manipular el sistema un poco. Asegúrese de que los números son los correctos y que los miembros del equipo no le hayan mostrado solo lo que creen que usted quiere ver. (Esta es una de las razones por las que insistimos en no ofrecer incentivos por los indicadores predictivos.)

- Simplemente, el indicador predictivo no es predictivo. Deje esta explicación para el final porque suele ser fácil llegar a esta conclusión sin reflexionar. Si es un hecho que el indicador predictivo no tiene impacto sobre el histórico, quizá sea tiempo de revisar sus hipótesis. Hemos visto a muchas organizaciones enterrar ideas que nunca fueron cuestionadas o probadas. Otra posibilidad es que las condiciones externas hayan cambiado de manera radical y, por ello, el indicador predictivo ya no sea efectivo.

¿Cómo saber si el indicador predictivo es bueno?

Primero, usted debe establecer un indicador predictivo, es decir, no solo correlacionado, sino causal; no solo necesario, sino suficiente para mover un indicador histórico «De X a Y» en un período determinado.

Examine la diferencia entre los dos indicadores predictivos que aparecen a continuación, diseñados para un POE de aumentar las ventas:

A. El representante de ventas visitará un número X de clientes a la semana.

B. El representante de ventas visitará un número X de clientes a la semana para desplazarlos uno o dos niveles en el ciclo de ventas, tal y como indica nuestro modelo.

La opción A tiene correlación con el POE y es necesaria para alcanzarlo; sin embargo, la opción B no es tan específica para causar un incremento en las ventas.

En segundo lugar, debe buscar la frecuencia adecuada. ¿Está actuando sobre el indicador predictivo de manera suficiente? ¿El indicador predictivo es correcto, pero es necesario actuar más (o menos) sobre él? ¿Tres visitas a clientes son suficientes? ¿Cuatro? La única forma de averiguarlo es poner a prueba la medida.

Durante años, las grandes empresas farmacéuticas planificaban campañas con el equipo de ventas porque creían que realizar visitas a los médicos con mayor frecuencia aseguraría que prescribieran sus productos. No obstante, estos últimos se cansaron pronto de recibir hordas de representantes y los vetaron de sus consultas. La frecuencia de este indicador predictivo era incorrecta.

En tercer lugar, usted debe plantear un indicador predictivo que inspire un alto rendimiento. ¿Ha aplicado su máximo esfuerzo sobre este? Un vendedor, por ejemplo, no solo debe hacer llamadas, sino que estas tienen que ser excelentes según la definición del equipo.

Algunas farmacéuticas preguntaron a los médicos cómo podrían ayudarlos. Ellos respondieron: «Ayúdennos a entender la ciencia que está detrás de sus productos». En consecuencia, estas empresas adoptaron un nuevo modelo de ventas. Ahora, los vendedores son investigadores y su misión es la de educar, no la de endosar productos. Este indicador predictivo tuvo tal éxito en las ventas que cambió el sector de manera radical.

Si la medida es predictiva, la frecuencia es adecuada y el nivel de calidad es alto, tendrá un buen indicador predictivo y, con paciencia, verá su impacto sobre el POE.

¿Cómo armonizar el sistema de retribución para apoyar las 4DX?

No hay una respuesta única a esta pregunta.

Si la cultura de su organización y su sistema retributivo premia el rendimiento según objetivos claramente articulados en todos los niveles, ofrecer incentivos asociados al POE sería apropiado y cumpliría las expectativas de sus empleados. Esto puede reforzar la importancia de las 4DX como un sistema operativo para obtener resultados.

Incluso si el plan de incentivos actual no está asociado al rendimiento, premiar los POEs podría ser una decisión sensata. No obstante, recuerde que el propósito de las recompensas no es obtener comportamientos correctos de las personas incorrectas, sino reconocer a las personas correctas desde un principio y lograr que se mantengan así. Esta es la lección que Jim Collins aprendió en su estudio *Empresas que sobresalen*. Premiar el desempeño sobre los POEs puede funcionar, siempre y cuando el equipo esté compuesto por las personas correctas.

¿Las 4DX pueden apoyar nuestro sistema de gestión del desempeño?

Depende del sistema.

Las 4DX pueden apoyar un sistema que subraye el rendimiento sobre los objetivos específicos y sobre los indicadores en períodos de tiempo establecidos. Los planes de desarrollo individual también pueden hacerse compatibles con el POE, por ejemplo, si un POE exige que el personal desarrolle ciertas habilidades.

En algunos casos nuestros clientes han reemplazado las evaluaciones anuales de rendimiento con sesiones de POEs, pues creen que son más inmediatas y útiles para calibrar el rendimiento de los miembros de un equipo. Otros han cambiado el propósito de las evaluaciones del desempeño para concentrarse en las contribuciones individuales a los POEs. Sin embargo, los hay que conservan las evaluaciones tradicionales además del sistema de rendición de cuentas de las 4DX.

He tenido problemas para determinar si nuestros compromisos semanales son de calidad. ¿Qué define un compromiso eficaz?

Un compromiso eficaz cumple tres características:

- **Es específico.** No se conforme con compromisos como: «Me centraré en convencer a los clientes de que compren el producto». En lugar de eso, exija algo que sea más específico: «Asesoraré a tres miembros del equipo para formular un argumentario adecuado que nos ayude a vender nuestros mejores vinos».
- **Está alineado.** Asegúrese de que todos los compromisos están alineados con el POE. No apruebe ninguno que se origine en el torbellino. En la sesión de POEs semanal cada miembro del equipo debe responder a la siguiente pregunta: «De lo que puedo hacer esta semana a nivel personal, ¿qué tendrá mayor impacto sobre el POE?». Esta pregunta generará una serie de respuestas, cada vez mejores y siempre distintas. Estas deberán armonizarse con los cambios en las prioridades del equipo.
- **Es oportuno.** Asegúrese de que el compromiso pueda cumplirse en una semana. Tenga cuidado con los compromisos

múltiples. No se conforme con respuestas como «estoy avanzando».

Antes de cambiar un indicador predictivo, ¿hay algo que podamos hacer para impulsar el rendimiento en torno a este?

Sí. Antes que nada, es de sabios intuir que el rendimiento que impulsa los resultados iniciales no se mantendrá siempre al mismo nivel. La clave es hacer ajustes bien pensados con el fin de impulsar el rendimiento durante más tiempo.

Explore las siguientes ideas para ajustar los indicadores predictivos según sus necesidades.

- **Subir el listón.** Si el equipo tiene un indicador predictivo de rendimiento del 90 %, subirlo al 95 % puede representar un reto interesante. Muchas veces, pequeños incrementos producen resultados significativos y hacen que el equipo busque llegar más alto.
- **Aumentar la calidad.** Si un equipo cumple con el estándar de rendimiento de su indicador predictivo, por ejemplo, diez ventas cruzadas por persona, céntrese en aumentar la calidad de dichas ventas. Escriba un guion según las mejores prácticas y haga que los miembros del equipo lo ensayen durante la sesión. También puede reconocer a los miembros cuya calidad sea incomparable e invitarlos a asesorar a los demás.
- **Crear un vínculo.** Si un equipo adopta por completo un indicador predictivo, puede generar resultados adicionales si crea un vínculo con un comportamiento distinto pero relacionado. En el mundo de las ventas, esto puede significar crear un vínculo entre el hábito de saludar a todos los clientes en los primeros diez segundos y dirigirlos a los productos que buscan. Esta sutil ampliación de un comportamiento puede producir resultados sorprendentes y es mucho menos invasivo que crear y aplicar un nuevo indicador predictivo.

¿Qué hacer cuando un líder se va de vacaciones? ¿Es necesario cancelar la sesión de POEs o el encuentro de POEs?

No. La constancia y la rendición de cuentas son los catalizadores del rendimiento. Interrumpir la cadencia de las sesiones de POEs hará que el equipo pierda impulso. El rendimiento del equipo debe ser continuo, sin importar que el líder no esté presente. En su ausencia:

1. **Elija a una persona para dirigir la reunión;** por ejemplo, un supervisor o un miembro con cierto nivel del equipo. Algunos equipos rotan el papel de líder semana a semana.
2. **Prepare a los miembros del equipo para ejecutar a pesar de su ausencia.** Tómese el tiempo de comunicar la importancia de esta responsabilidad y revise con ellos la agenda de las sesiones de POEs.
3. **Al volver, solicite un informe.** Pida al líder sustituto que presente un resumen de las sesiones tan pronto como esté de regreso. No olvide agradecer y felicitar a los miembros por haber cumplido con esta responsabilidad fundamental.

¿Es buena idea tener más de un coach?

Por supuesto. Dos o más coaches pueden compartir la carga de supervisar a los directivos y, en caso de que alguno de ellos sea asignado a otras áreas o responsabilidades, se contará con un sustituto.

Si introduce a un segundo coach, asegúrese de retener al primero, pues así sus métodos y consejos serán coherentes.

Equipos de fábrica

¿Es posible utilizar las 4DX para apoyar metodologías como las de fabricación *lean* y Six Sigma?

Sí. Una de las fábricas de alfombras más grandes del mundo aplicó una versión modificada de las 4DX a sus proyectos de cinturón verde y cinturón negro de Six Sigma. Los equipos redujeron a la mitad el tiempo que tardaban en completar un proyecto.

Notaron que los retrasos se debían a la falta de participación de los miembros que estaban absorbidos por su torbellino. Las tareas de Six Sigma se dejaban en manos de los cinturones negros y los proyectos se estancaban. Cuando empezaron a aplicar las 4DX en sus proyectos Six Sigma, a través de cuadros de mando visibles y sesiones de POEs, con el fin de «comerse al elefante a pedacitos», no solo redujeron el tiempo a la mitad, sino que los miembros del equipo se divirtieron mientras ganaban el partido.

Las 4DX pueden ser útiles para adoptar los cambios de un nuevo proceso como resultado de un proyecto Six Sigma. En este caso, las 4DX se utilizaron para impulsar un cambio de comportamiento, que es algo para lo que están diseñadas.

Equipos de ciencia y tecnología

¿Existen lecciones o consejos para liderar un equipo de especialistas en tecnología (pues suelen ser escépticos) a través de las 4DX?
La mayoría de los expertos en ciencia y tecnología han sido preparados para evaluar riesgos, identificar carencias e innovar con el fin de crear soluciones viables. Se encuentran bajo la presión constante de entregar el trabajo a tiempo y dentro del presupuesto, superar las expectativas y los requisitos cambiantes de sus clientes, además de anticipar sus necesidades futuras. Todo esto bajo la amenaza de la externalización. Disfrutan con los retos y desarrollan sus carreras a partir de analizar problemas y encontrar respuestas creativas a los mismos.

Si intenta imponer las 4DX sin tenerlos en cuenta, las rechazarán tajantemente. A diferencia de la mayoría de los grupos, la Disciplina 1 les lleva mucho tiempo, pues tienden a cuestionar más sus decisiones. La idea de establecer límites —un POE y sus indicadores— les parece frustrante, ya que son capaces de anticipar todo lo que puede salir mal. Hemos descubierto que tener paciencia y dejar que el equipo discuta las posibilidades, recordándoles que hay un panorama más amplio, permite que logren su cometido.

La buena noticia es que, después de la Disciplina 1, sus resultados en las Disciplinas 2 y 3 serán extraordinarios. Para ellos las 4DX son como un rompecabezas, y una de sus virtudes es saber cómo montarlo.

¿Cómo aplicar las 4DX en procesos creativos o intuitivos como los de investigación y desarrollo?

Hemos presenciado muchas implantaciones de las 4DX en equipos de este tipo, desde grupos de investigación y desarrollo en farmacéuticas, hasta en equipos de periodistas. Siempre hay dudas al principio: «Lo que hacemos no puede gestionarse con algo como un indicador predictivo». Sin embargo, nunca hemos visto que esto sea cierto. El proceso de las 4DX pone su creatividad a prueba y plantea retos como determinar qué hay en su trabajo que sea a la vez predictivo y se pueda influir sobre ello. Es imposible imponer un indicador predictivo a un grupo de creativos, pero se sorprendería ante sus propuestas.

¿Qué tipo de indicadores predictivos producen mejores resultados en estos grupos?

Por experiencia sabemos que, dentro de un ambiente técnico o creativo, muchos indicadores predictivos eficaces surgen de los puntos de contacto o interfases con otras áreas. Por ejemplo:

- Aumentar el nivel de interacción y comunicación en las etapas tempranas del desarrollo.
- Compartir conocimiento.
- Revisiones durante el proceso.
- Discusiones con accionistas clave para evaluar requerimientos cambiantes durante la etapa de desarrollo.

Equipos de ventas

¿Las 4DX pueden ayudar a ejecutar nuevos procesos de ventas?

Las 4DX son muy eficaces para ayudar a las personas a adoptar un nuevo proceso de ventas, pues les permite concentrarse en aspectos específicos de alto impacto, integrándolos antes de pasar a otra cosa. Los diagramas de la página 191 son un buen ejemplo de ello.

Para la mayoría de los profesionales de las ventas, estas son un proceso tan intuitivo que imponer uno nuevo suele resultarles incómodo. Si la primera vez no funciona, es común que lo abandonen y regresen a lo que ellos creen que les encaja mejor. El problema es que, muchas veces, están intentando comerse al elefante de un solo bocado. Las 4DX no solo facilitan un vehículo para el asesoramiento y la rendición de cuentas, sino que ayudan a los agentes comerciales a aplicar el proceso poco a poco.

¿Cómo lograr que un equipo de ventas se comprometa a una sesión semanal?

Los integrantes de rendimiento medio en un equipo de ventas nunca querrán llegar más alto a menos que todos se responsabilicen de rendir cuentas de manera constante. Los comerciales se benefician particularmente de la estructura de las 4DX. Este proceso hace que el equipo comparta su conocimiento para determinar qué métodos funcionan, lo cual es esencial en una profesión en la que todos creen que ya lo hacen todo bien.

¿Es cierto que la mayoría de los equipos de ventas ya cuentan con una especie de indicador predictivo?

De acuerdo con nuestra experiencia, aunque muchos equipos de ventas miden ciertos aspectos de su forma de trabajar, los indicadores existentes no son viables porque el equipo no puede influir de manera directa en ellos.

Con frecuencia, los directivos de ventas se concentran en indicadores que los ayudarán a hacer pronósticos más precisos (predictivos), pero el equipo de ventas no tiene el control sobre ellos. Un indicador predictivo, pero no influenciable, no proporciona la palanca que un equipo de ventas necesita.

De entre todos los directivos, los de ventas son los que se concentran con más intensidad en los indicadores históricos: volumen trimestral, reservas semanales e ingresos anuales. Muchas veces, su idea de gestionar es llamar a los miembros del equipo y pedirles las cifras. Por ello, este colectivo es el que más necesita indicadores predictivos eficaces. Una vez que los hayan implantado, los directivos de ventas serán capaces de marcar una auténtica diferencia: podrán asesorar, capacitar y supervisar a sus empleados sobre los comportamientos que generan resultados.

Equipos estatales y militares

¿Las 4DX pueden funcionar en una tradición militar que ya está basada en un alto grado de disciplina y ejecución?

El ejército ya marcó la pauta en el arte de la ejecución; sin embargo, esta se enfoca en el combate. Sabe cómo ganar batallas y mantener una concentración extraordinaria a pesar del caos de la guerra (el torbellino). No obstante, las fuerzas armadas han sido invadidas por reglas burocráticas, restricción de recursos y demandas familiares. Son empujadas a cumplir con docenas de tareas urgentes y, por ello, abandonan objetivos muy importantes, como la disposición del equipo y el desarrollo personal. Muchos de nuestros clientes militares dicen: «Es irónico que, durante el combate, una unidad pueda hacer milagros y que, en tiempos de paz, el equipo pierda compromiso».

Las 4DX son un sistema eficaz para reforzar el compromiso militar. Se trata de personas que quieren servir a su país y que piensan en términos de misiones. El concepto de Principal Objetivo Estratégico les da energía, y la rendición de cuentas es parte de su naturaleza.

¿Cómo establecer POEs en una organización estatal que debe lidiar con muchas partes interesadas en distintos objetivos?

Las operaciones del gobierno parecen no haber sido diseñadas para maximizar resultados. En cada esquina existe la tendencia a evitar riesgos. Uno de nuestros clientes comentó recientemente: «Nuestro gobierno fue diseñado para obstaculizar el cambio y para premiar aquellos comportamientos que podrían definirse como "suficientemente buenos para ser del gobierno"». Muchas veces, los múltiples intereses en juego hacen que formular un POE parezca casi imposible. Algunos directivos visionarios pueden tener planes estratégicos y hasta anunciarlos a sus superiores, pero es difícil lograr un cambio de comportamiento permanente cuando los empleados regresan a su trabajo diario y se enfrentan con el torbellino.

Los directivos en puestos públicos deben dedicar mucho tiempo a promover el POE con todas las partes interesadas, en particular con los empleados. Involucrarlos en la selección de los POEs ayuda a comprometerlos en cuerpo y alma una vez que se hayan definido. Una vez que los empleados se hayan comprometido y tenido la oportunidad de afinar y validar la iniciativa del líder, los POEs deben ser presentados ante el público al que se presta el servicio. Esto implica mucho más trabajo y existe el riesgo de parecer lanzados, pero se trata de una fórmula que produce resultados extraordinarios, tal como lo ejemplifica B.J. Walker con su experiencia en el estado de Georgia.

¿Qué hacer para que las 4DX aumenten el compromiso del equipo?

Las 4DX no solo son un sistema para alcanzar grandes objetivos; también sirven para aumentar el nivel de compromiso y satisfacción de los empleados.

Por lo general, el compromiso de los empleados se evalúa mediante encuestas sobre el trabajo, el liderazgo y el clima laboral. Veamos cómo los principios de las 4DX afectan a estos indicadores típicos del compromiso:

CATEGORÍA DE LA ENCUESTA	ASUNTO	PRINCIPIO 4DX
Objetivos cuantificables	Conozco las expectativas que se tienen sobre mí.	Los POEs y los indicadores predictivos crean expectativas claras de resultados cuantificables.
	Entiendo cómo mis esfuerzos contribuyen al éxito general.	Los compromisos semanales conectan de manera clara los esfuerzos individuales con los objetivos de la organización.
Coaching y orientación	La organización incentiva mi carrera y desarrollo personal.	La rendición de cuentas en las sesiones de POEs proporciona un feedback constante y frecuente sobre el rendimiento.
	Recibo un feedback constructivo y oportuno.	
Comunicación	Los directivos se comunican y explican las decisiones clave.	Los directivos discuten y aclaran qué es lo más importante para la organización durante el proceso para seleccionar y comunicar los POEs.
	La organización valora mi opinión.	A través de la participación del equipo para establecer los POEs y la Cadencia de Rendición de Cuentas, cada miembro del equipo es escuchado con regularidad.
	Estoy al tanto de lo que ocurre dentro de la organización porque los directivos me mantienen informado.	Llevar a cabo sesiones de POEs y cumbres comunica y celebra el rendimiento del equipo.

CATEGORÍA DE LA ENCUESTA	ASUNTO	PRINCIPIO 4DX
Ambiente laboral positivo	Disfruto mi trabajo.	Pertenecer a un equipo con mentalidad ganadora y una cultura de rendición de cuentas incrementa la moral y el disfrute del trabajo.
	Con frecuencia recibo reconocimiento y felicitaciones por mi trabajo.	Las sesiones de POEs y los informes ofrecen oportunidades para reconocer el rendimiento, tanto individual como de equipo.
	El trato dentro del ambiente laboral es justo.	Cada individuo puede ver que todos deben rendir cuentas sobre sus compromisos justa y equitativamente.
Rendición de cuentas individual y de equipo	Los integrantes del equipo deben hacerse responsables de sus resultados.	Todos están obligados a la rendición de cuentas sobre los compromisos establecidos en las sesiones de POEs.
	Los líderes cumplen sus promesas.	Los líderes comienzan las sesiones de POEs y presentan el resultado de sus propios compromisos con buena disposición. Al igual que todos, los líderes deben rendir cuentas.

CATEGORÍA DE LA ENCUESTA	ASUNTO	PRINCIPIO 4DX
Oportunidad y progreso	Cuento con los recursos para hacer el mejor trabajo posible.	Cada semana, en las sesiones de POEs, los integrantes del equipo pueden pedir al líder o a sus compañeros que eliminen un obstáculo o despejen el camino. De esta forma, se aseguran de que cada uno será capaz de alcanzar el éxito.
	En vista de que el equipo está comprometido con un POE, los indicadores predictivos y la rendición de cuentas compartida, el nivel de cooperación y la sinergia se maximizan.	
Confianza	Confío en los directivos de la organización.	Compartir la rendición de cuentas y los compromisos, así como mantener vías de comunicación abiertas, genera un ambiente de confianza.

Llevar las 4DX a casa

Cambiar es difícil.

Si alguna vez usted ha intentado bajar de peso, mejorar su matrimonio, dejar de fumar o beber, empezar una relación, desarrollar un pasatiempo u obtener el título por el que ha luchado ocho años, sabe a qué nos referimos.

En este capítulo queremos enseñarle brevemente que los principios de la ejecución en equipo también pueden ser utilizados para ayudar a cambiar la vida de las personas y alcanzar objetivos personales y familiares.

Sucede todo el tiempo: muchos se acercan a nosotros después de una sesión de trabajo sobre las 4DX, se aseguran de que nadie los oye y susurran: «¿Las 4DX funcionarían para mejorar mi vida personal?».

¿Qué respondemos? ¡Por supuesto! Aunque nuestro propósito no era encontrar la mejor manera de alcanzar objetivos personales, hemos descubierto que las 4DX son una metodología para alcanzar cualquier tipo de objetivo, ya sea en el trabajo o en casa. No resulta tan sorprendente, pues los principios de enfoque, palanca, compromiso y rendición de cuentas, la base de cada disciplina, funcionan en todos los ámbitos: organizacional, de equipo e individual.

Considere el caso de Jeffrey Downs, uno de nuestros compañeros. Después de ayudar a un sinfín de organizaciones con las 4DX, Jeffrey no pudo resistir la tentación de compartir con su esposa Jami el conocimiento que había adquirido. Según sus propias palabras, Jami decidió aplicar el sistema para resolver un asunto muy personal.

Cuando Jeff, mi esposo, me enseñó las 4 Disciplinas de la Ejecución, supe que podría utilizar estos principios en mi vida personal. Mi vida ya era bastante compleja, pero ahora que estaba embarazada de nuestro séptimo hijo sabía que todo se intensificaría. Si quería mantener el ritmo y estar en forma, tenía que comenzar a actuar diferente.

Tuve que reflexionar mucho antes de decidir mi Principal Objetivo Estratégico, le dediqué una gran cantidad de energía, aunque ahora me parezca tan simple. Establecí el POE de «no engordar más de 16 kilos para el 9 de octubre».

Por supuesto, sabía que había dos formas de alcanzar dicho objetivo: dieta y ejercicio. El primer factor no me preocupaba demasiado, ya que los hábitos alimentarios de nuestra familia por lo general son sanos. Entonces decidí concentrarme en el ejercicio para elegir mi indicador predictivo: «Caminar 10.000 pasos al día». Claro, pude haberme enfocado en muchas otras cosas, pero con el torbellino de seis niños y un esposo de viaje tres días a la semana, consideré que esta medida sería un reto alcanzable para lograr mi POE.

Los siguientes nueve meses fueron extraordinarios. Dejé de concentrarme en mi peso. Simplemente me enfoqué en caminar; aparcaba lejos de mi destino, paseaba hasta la escuela de mis hijos, me levantaba temprano para caminar con mis amigos o con mi esposo. Aprovechaba todas las oportunidades que se me presentaban para andar.

Crear un cuadro de mando simple implicó un reto mayor de lo que creí. Al principio intenté anotar mi progreso en una gráfica, pero no funcionó. Así que lo probé con una hoja de cálculo, pero era difícil encontrar el tiempo para usar el ordenador de manera regular. Después de varios intentos, decidí colgar el cuadro de mando en el espejo del baño. Tenía cuatro columnas: el día, el número de pasos que debía dar, el número real caminado y el total agregado. De un vistazo podía comparar la posición real con la deseada y saber si estaba ganando o perdiendo.

La clave de mi cuadro de mando no era marcar dónde estaba, sino dónde debería estar. Este fue el factor que lo separó de todos los demás cuadros de mando. Antes solo realizaba el seguimiento de mi posición real; ahora tenía un punto de comparación. Así fue como lo convertí en un juego.

Toda la familia se involucró. Mis hijos me preguntaban si había dado los 10.000 pasos. Mi hija mayor caminaba conmigo cuando sabía que estaba demasiado cansada. Mi esposo ejerció como mi pareja de rendición de cuentas. Juntos revisábamos el cuadro de mando y yo establecía compromisos sobre qué haría la semana siguiente para seguir caminando.

Durante este proceso sucedió algo totalmente inesperado. Cuando me enteré de que estaba embarazada de nuestro séptimo hijo, una de mis mayores preocupaciones era que no tendría tiempo para estar con los demás. Reflexioné mucho al respecto, pero no sabía cómo resolver este problema. Sin embargo, gracias a la simple tarea de caminar, actividad de la que todos estaban enterados y en la cual podían participar, fortalecí la relación con mi esposo y mis hijos. Niños y adolescentes, todos podían caminar conmigo y, como consecuencia, forjé una relación más cercana con cada uno.

Por ejemplo, caminé y hablé mucho con mi hija mayor. Comentábamos los problemas con sus amigos, a qué universidad quería ir y la relación con su novio. Me enteré de las alegrías y preocupaciones de mis hijos, qué pensaban de pertenecer a una familia grande y cómo se sentían respecto al bebé que estaba en camino. Establecí un vínculo muy estrecho con el más pequeño, el cual atesoro hoy en día.

Cuando hablaba con mi esposo sobre las 4 Disciplinas, con frecuencia se refería a los beneficios secundarios, pero nunca hubiera imaginado el impacto que tuvo en mi vida. Al final, logré el Principal Objetivo Estratégico de no aumentar más de 16 kilos. Durante el proceso, caminé 1.751.250 pasos. Pero lo más importante: fortalecí la relación con mi familia, y el 4 de octubre di a luz a un niño saludable.

Esperamos que al leer esta historia haya extraído las mismas conclusiones que nosotros.

Primero, Jami fue inteligente al reducir su enfoque a una sola medida. Sabía que dieta y ejercicio serían los factores que influirían en su POE de no engordar más de 16 kilos. Sin embargo, en vista de que su dieta ya era saludable, cambiar sus hábitos alimentarios no sería necesario. En este sentido, ¿para qué iba a medirlo? Solo serviría para hacer más complicado el proceso. En vez de esto, decidió concentrarse en un comportamiento nuevo que generaría resultados:

caminar 10.000 pasos al día. Aquí hay una buena lección. En ciertos casos, en vez de concentrarse en muchos factores, lo mejor es hacerlo en un comportamiento único (un indicador predictivo) que debe modificar para marcar la diferencia.

Ahora recuerde el ingrediente clave de su Cuadro de Mando de Resultados: la columna que marca la posición deseada. Si no sabe dónde debería estar en cada momento del proceso, es difícil calcular lo cerca que está de ganar o perder. Indicar siempre «dónde está» en relación con «dónde debería estar» es uno de los elementos fundamentales de un cuadro de mando convincente. Jami también aprendió que encontrar el cuadro de mando adecuado, uno motivador, simple y fácil de actualizar, no es sencillo. Según nuestra experiencia, este es el momento en el que la mayoría de las personas se estanca. Puede ser que encuentren un buen POE, que definan un indicador predictivo o dos, pero quizá nunca logren establecer el cuadro de mando adecuado. Entonces todo se derrumba. No permita que eso le suceda.

Por último, considere el poder de rendir cuentas públicamente. El esposo de Jami ejerció como la pareja de rendición de cuentas oficial, pero sus hijos tuvieron un papel de igual importancia. Cada vez que usted establece un objetivo personal, la posibilidad de éxito aumenta si hay terceros que estén al tanto y, en consecuencia, le empujan a rendir cuentas.

Uno de nuestros clientes refiere la tierna historia de su hijo de cinco años, que no podía dejar de mojar la cama. La familia había intentado muchas cosas, pero no conseguía solucionarlo. Relata el padre:

> Mi hijo se despertaba en la mitad de la noche con la urgencia, pero no lograba llegar al baño. Después de la capacitación de las 4DX tuve una idea brillante. Esa noche durante la cena hablé con él sobre cómo iba a ayudarle a pasar la noche sin que mojara la cama. Haríamos un calendario con todos los días de la semana que abarcara un mes entero. Lo pusimos en el frigorífico para que su madre y sus hermanos pudieran ver los resultados.
>
> Después de esto cada mañana, durante el desayuno, mi hijo informaba de si había o no había mojado la cama. Teníamos un rotulador

verde y uno rojo, y con ellos dibujaba una cara feliz o una triste, respectivamente, dependiendo de lo sucedido durante la noche. Por supuesto, la primera vez que dibujó una carita verde toda la familia lo felicitó. Después de una semana de caritas verdes, hicimos una celebración especial y comimos helado. Al cabo de treinta días, había conseguido dormir sin mojar la cama ni una sola vez.

Parece muy simple, pero el hecho de que mi hijo colocara un cuadro de mando e informara de su estado a la familia cada mañana, según una Cadencia de Rendición de Cuentas, le dio tal importancia al caso que empezó a tomárselo en serio.

A continuación verá un cuadro de mando divertido creado por uno de nuestros clientes, quien quería perder 36 kilos en un período de seis meses, antes de la graduación de su hijo, con los siguientes indicadores predictivos:

- Caminar 8 kilómetros al día.
- No comer después de las ocho de la tarde.
- Limitar el consumo de calorías a 2.500 por día.

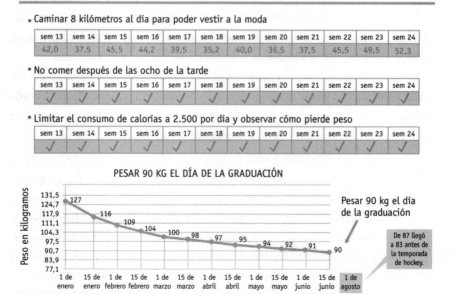

Caminar 8 kilómetros al día para poder vestir a la moda

sem 13	sem 14	sem 15	sem 16	sem 17	sem 18	sem 19	sem 20	sem 21	sem 22	sem 23	sem 24
42,0	37,5	45,5	44,2	39,5	35,2	40,0	36,5	37,5	45,5	49,5	52,3

No comer después de las ocho de la tarde

sem 13	sem 14	sem 15	sem 16	sem 17	sem 18	sem 19	sem 20	sem 21	sem 22	sem 23	sem 24
✓	✓	✓	✓	✓	✓	✓	✓	✓	✓	✓	✓

Limitar el consumo de calorías a 2.500 por día y observar cómo pierde peso

sem 13	sem 14	sem 15	sem 16	sem 17	sem 18	sem 19	sem 20	sem 21	sem 22	sem 23	sem 24
✓	✓	✓	✓	✓	✓	✓	✓	✓	✓	✓	✓

PESAR 90 KG EL DÍA DE LA GRADUACIÓN

Peso en kilogramos

127 — 116 — 109 — 104 — 100 — 98 — 97 — 95 — 94 — 92 — 91 — 90

Pesar 90 kg el día de la graduación

De 87 llegó a 83 antes de la temporada de hockey.

1 de enero, 15 de enero, 1 de febrero, 15 de febrero, 1 de marzo, 15 de marzo, 1 de abril, 15 de abril, 1 de mayo, 15 de mayo, 1 de junio, 15 de junio, 1 de agosto

Peso por fecha

Después de alcanzar su objetivo, se propuso el POE de bajar 7 kilos más antes de la temporada de hockey para poder salir a jugar con sus hijos.

Por supuesto, las 4DX son más que una forma de sortear una situación difícil. También se trata de lograr los objetivos y aspiraciones más anhelados.

Uno de nuestros compañeros estableció tres POEs al principio del año: uno profesional, uno familiar y uno personal. Identificó con cuidado sus indicadores predictivos, dio seguimiento a su cuadro de mando y dedicó 30 minutos semanales a evaluar el progreso de sus compromisos anteriores y a definir los de la semana siguiente. Gracias a esta práctica fue capaz de mantener el equilibrio y alcanzar grandes objetivos.

Conocemos a algunas personas que han utilizado las 4DX para alcanzar todo tipo de objetivos: correr un maratón, obtener un título, practicar un deporte e incluso para unir a dos familias. Algunos de los POEs que hemos escuchado son profundamente personales.

Otro compañero tiene varios nietos pequeños. Su POE, muy cercano a su corazón, es el de que estén seguros de que los quiere mucho y que pueden recurrir a él cuando le necesiten. Por supuesto, el indicador histórico es difícil de definir. Cuando le preguntamos, nos dijo: «Sé que estoy ganando cuando corren hacia mí en vez de huir».

Sin embargo, su indicador predictivo es muy claro: «Establecí una política personal muy estricta de pasar tiempo con cada uno de ellos una vez a la semana». Cada fin de semana podríamos encontrarlo en algún museo de dinosaurios, en el parque o en las gradas de un estadio viéndolos jugar. Cada año los lleva a comprar calabazas para Halloween, y en el verano los invita a parques de atracciones y a ferias al aire libre. Nunca se pierde las fiestas de cumpleaños, y a veces llega sin avisar para leerles un cuento antes de dormir.

Su apuesta estratégica es que concentrarse en este indicador predictivo cosechará beneficios para siempre. «El indicador histórico ya ha cambiado, ¡no cabe duda! Cada vez que me ven se emocionan, ríen y se lanzan a mis brazos. ¿Acaso hay algo en el mundo más importante para mí que eso?»

Otro amigo nuestro, casado y con hijos, relata cómo trabajó durante un año en el POE personal de mejorar su ambiente familiar. Sin embargo, sintió que tenía poco éxito. Tenía varios indicadores predictivos, pero ninguno parecía funcionar. En un momento de claridad, se dio cuenta de que la mejor manera de lograrlo era fomentar el amor de sus hijos por su madre. En otras palabras, necesitaba demostrar aún más cuánto adoraba a su esposa a través de actos amables y bondadosos, y brindándole su ayuda. Se concentró en esta única medida y marcó una gran diferencia de inmediato. «Ver el amor que sentíamos entre nosotros, como madre y padre, generó una corriente afectiva hacia nuestros hijos y nuestro hogar en general. Así logramos resolver los múltiples retos que nuestra familia afrontaba todos los días.»

A lo largo de nuestra vida, muchas cosas que son el Principal Objetivo Estratégico nunca reciben la atención que merecen por no ser urgentes. Cuidar nuestra salud, ayudar a nuestros hijos, aprender algo nuevo, fortalecer nuestro matrimonio; todas estas cosas se dejan en segundo lugar porque el torbellino no espera y requiere nuestra atención inmediata.

De acuerdo con el doctor Ray Levey, fundador de Global Medical Forum, el 80 % del presupuesto de atención médica en EE.UU. se destina a paliar las consecuencias de cinco factores de riesgo: fumar, beber, comer demasiado, el estrés y la falta de ejercicio. La causa de la mayoría de las enfermedades es conocida, así como los comportamientos asociados a ellas. Cambiar estos cinco comportamientos terminaría con la crisis del sistema de sanidad.

Por lo general, las personas no cambian su comportamiento, incluso después de advertencias tan serias como los infartos y los derrames. «[Esto se ha] estudiado de mane-

Lector de código de Android
iPhone-Red Laser

http://www.4dxbook.com/qr/GoalSetting

Escanee la imagen superior para ver un vídeo sobre las 4DX y cómo establecer objetivos personales.

ra continua. Hay algo que no entendemos. Incluso cuando sabemos que sufrimos una enfermedad muy grave y deberíamos cambiar de estilo de vida, por alguna razón no lo logramos».[1]

¿El eslabón perdido podría ser un sistema para cambiar el comportamiento humano, uno como las 4DX?

¿Creemos que las 4DX pueden aplicarse a su vida personal? Nuestra respuesta es un sí rotundo. De hecho, creemos que los principios de este libro le pueden ayudar a alcanzar cualquier propósito que tenga en mente.

¿Y ahora qué?

Es posible que, ahora que ha terminado de leer *Las 4 Disciplinas de la Ejecución*, su cabeza esté dando vueltas. Si usted es como la mayoría de las personas, buena parte del sistema operativo de las 4DX no está en su ADN. Para mucha gente, administrar las cosas de esta manera atenta contra su intuición. Para algunos parece muy simple; para otros, muy complejo.

Al mismo tiempo, creemos que al experimentar con las 4DX obtendrá beneficios sustanciales. De hecho, en nuestra opinión, una vez que las entienda, nunca volverá a dirigir a un equipo sin ellas. Años de ensayo y error nos han convencido de que el arte de la ejecución se reduce a un puñado de principios y prácticas presentes en este libro.

De hecho, esperamos que su cabeza esté dando vueltas, pero ante todas las posibilidades que se le presentan.

La pregunta es: «¿Y ahora qué?».

Le invitamos a realizar los siguientes ejercicios mentales. Son sencillos y no le llevarán mucho tiempo:

Disciplina 1: Centrarse en lo Estratégicamente Importante

Si no lo ha hecho, trate de bosquejar un Principal Objetivo Estratégico y un indicador histórico para su equipo de trabajo. Pregúntese lo siguiente: «¿Qué significaría alcanzar este POE para mi equipo, para la organización y para mí?».

Disciplina 2: Actuar sobre Indicadores Predictivos

Intente bosquejar indicadores predictivos que impulsarían su POE. Pregúntese: «Entender este nuevo concepto de indicadores predictivos cambiaría nuestra forma de operar, pero ¿cómo?».

Disciplina 3: Mantener un Cuadro de Mando Convincente

Dibuje un cuadro de mando que incluya el POE, el indicador histórico y los predictivos. Pregúntese: «¿Qué diferencia habría si enfocáramos nuestro esfuerzo en mover los números de ese cuadro de mando? ¿Cómo impactaría en el equipo y en los resultados finales?».

Disciplina 4: Crear una Cadencia de Rendición de Cuentas

Imagine que lleva a cabo una sesión de POEs con su equipo alrededor del cuadro de mando. Pregúntese: «¿Cómo hacer sesiones de POEs con regularidad y frecuencia cambiaría la forma en la que operamos? ¿Mejoraría nuestro enfoque y compromiso?».

Por último…

Imagine el día en que comunica a sus superiores que su equipo ha alcanzado su Principal Objetivo Estratégico. ¿Cómo sería ese día para el equipo? ¿Y para usted?

Ahora imagine que ese día nunca llega. Imagine que olvida todo lo que ha leído en este libro. Considere cómo sería pasar el resto de sus días a merced del torbellino, donde todo es urgente y las prioridades realmente importantes se posponen para siempre.

El gran científico de la gestión, Peter Drucker, dijo: «Conozco a muchas personas excelentes para lograr cosas sin importancia. Tienen un récord impresionante de triunfos en asuntos triviales».[1]

Usted no quiere ser excelente en las trivialidades, ¿o sí? Quiere marcar una verdadera diferencia. Las 4 Disciplinas de la Ejecución le pueden llevar a ese punto.

Si podemos ayudarlo en algo, estamos listos.

Pero recuerde, conseguir su Principal Objetivo Estratégico no es nuestro objetivo. Las 4DX le proporcionan el conocimiento y las habilidades para conseguir algo mucho más importante a largo plazo: recuperar la pasión de su equipo, darle enfoque y disciplina a sus esfuerzos y, finalmente, ayudar a sus miembros a ver que son ganadores.

Podría tratarse del mejor legado en su carrera. Infundir una mentalidad ganadora en las personas con las que trabaja no solo las llevará a un nivel más alto de rendimiento en su organización, sino que también les proporcionará las habilidades y la confianza que necesitan para ganar en todos los aspectos de su vida, como trabajadores, como padres y madres, como directivos de su comunidad. Es un legado que no se puede igualar.

Conclusiones

Si este libro le ha transmitido nuestro entusiasmo con lo que hemos desarrollado en los últimos diez años en nuestra «Práctica de ejecución», habrá sido una lectura emocionante. Crear con su equipo la capacidad de convertir en realidad sus objetivos y compromisos es, además de una inusual ventaja competitiva, algo que los fortalecerá como personas.

Hemos compartido con usted una metodología que recoge el 20 % de concentración que traerá el 80 % de resultados en relación con convertir en realidad los Principales Objetivos Estratégicos de su equipo y su organización.

En las páginas de este libro hemos mostrado ejemplos de organizaciones que han potenciado sus resultados, el compromiso de sus colaboradores y sus capacidades al poner en práctica las 4 Disciplinas de la Ejecución. Para nosotros ha sido un privilegio acompañar a estas organizaciones en su recorrido y agradecemos su generosidad al compartir sus historias.

Las 4 Disciplinas de la Ejecución pondrán a prueba su liderazgo; también le harán crecer y convertirse en un líder excepcional. No solo alcanzará resultados sobresalientes, lo hará con la energía de un equipo comprometido y ganador. Los miembros de su equipo se darán cuenta de que habrán logrado resultados importantes y meritorios, pero adicionalmente sabrán que lo han hecho a conciencia. En otras palabras, contarán con la metodología para repetirlo una y otra vez.

La capacidad de ejecutar con excelencia lo que nos proponemos, y hacerlo de forma sostenible, es una virtud competitiva que hace destacar a cualquier organización. Ejecutar con excelencia conlleva la coherencia que surge de hacer coincidir lo que decimos que vamos a hacer y lo que hacemos. Genera prosperidad económica y forja un sólido espíritu de equipo.

Lo hemos visto una y otra vez. Las 4 Disciplinas de la Ejecución funcionan para cualquier organización, equipo o líder que se comprometa a invertir el esfuerzo que requieren; pero los resultados lo validan de sobra. Le hemos presentado la fórmula, la decisión está en sus manos.

Glosario

4DX: abreviatura de las 4 Disciplinas de la Ejecución.

4 Disciplinas de la Ejecución: patrón ordenado de comportamiento que ayuda a alcanzar objetivos organizativos con excelencia. Las 4 Disciplinas están basadas en un profundo trabajo de campo e investigación, así como en los principios fundamentales del comportamiento humano. Son propiedad de FranklinCovey Co.

Apuesta estratégica: la hipótesis de que ciertas actividades de alto impacto impulsarán la consecución del objetivo. Esta hipótesis se debe probar a través de la ejecución (*véase* indicador predictivo).

Batalla: en el contexto de las 4 Disciplinas, es un POE de apoyo a los equipos en la línea operativa. Debe funcionar de acuerdo con el principio de identificar el menor número de batallas necesarias para ganar la guerra.

Brecha o gap de ejecución: la que separa el establecimiento de una estrategia u objetivo de su logro. Se expresa en términos de «De X a Y para Cuándo» (*véase* indicador histórico).

Cadencia de Rendición de Cuentas: ciclo recurrente de planificación y rendición de cuentas sobre los resultados. La ejecución disciplinada de los POEs necesita una cadencia, un ritmo de planificación, cumplimiento e informes. Este ciclo toma la forma de sesiones de POEs que deberán llevarse a cabo por lo menos una vez a la semana.

Certificación de directivos: proceso en el que los directivos adquieren destrezas contrastadas para dirigir un equipo hacia la consecución del POE por medio de la implantación de las 4 Disciplinas de la Ejecución.

Champion: asesor organizativo del proceso de 4DX.

Coach: persona habilitada en las 4 Disciplinas que actúa como recurso para los directivos encargados de implantar las 4DX en su equipo.

Compromiso: dentro del contexto de las 4 Disciplinas, la contribución semanal de cada miembro del equipo para alcanzar un POE.

Cuadro de mando: herramienta para realizar el seguimiento de los indicadores históricos y predictivos asociados a un POE. Debe ser visible para el equipo y se debe actualizar constante y frecuentemente. Un cuadro de mando es convincente si indica de inmediato y con claridad si el equipo está o no está ganando. De esta forma, el cuadro de mando motiva a la acción.

Cumbre: información periódica ante los directivos ejecutivos sobre el progreso de los POEs. Representa una oportunidad para que el equipo sea reconocido y para celebrar su éxito.

«De X a Y para Cuándo»: fórmula para expresar indicadores históricos. Expresa el movimiento de la posición actual «X» a la posición deseada «Y» dentro de un margen de tiempo. Esta fórmula es esencial para entender qué significa «ganar» en relación con un POE.

«Despejar el camino»: hacerse responsable de resolver un problema o eliminar un obstáculo para alcanzar el POE; ayudar a un miembro del equipo a llegar a dicho objetivo. Uno de los propósitos de las sesiones de POEs es establecer cómo se «despejará el camino» hacia la ejecución.

Disciplina: régimen que conduce a la libertad de acción. Sin una disciplina constante, el equipo pierde la habilidad de alcanzar el POE con precisión y excelencia. En consecuencia, se pierde la influencia y la capacidad de actuación.

Disciplina 1: Centrarse en lo Estratégicamente Importante: la práctica de definir objetivos clave y de concentrar el enfoque del equipo en ellos. Los equipos de trabajo que practican la Disciplina 1 tienen claros uno o dos POE y los indicadores históricos (*véase*) asociados a cada POE.

Disciplina 2: Actuar sobre Indicadores Predictivos: la práctica de llevar a cabo y realizar un seguimiento constante de los resultados de las actividades de alto impacto o capacidad de influir en la consecución de los POEs. Los equipos de trabajo que practican la Disciplina 2 tienen claros los indicadores predictivos (*véase*) para lograr sus objetivos y seguirlos de cerca.

Disciplina 3: Mantener un Cuadro de Mando Convincente: la práctica de realizar un seguimiento visible de los indicadores clave para el éxito de un objetivo. Los equipos que practican la Disciplina 3 trabajan constantemente para mover los indicadores del cuadro de mando.

Disciplina 4: Crear una Cadencia de Rendición de Cuentas: la práctica de planificación e informe periódico de los avances de las actividades diseñadas para mover los indicadores en el cuadro de mando del POE. Los equipos de trabajo que practican la Disciplina 4 establecen compromisos individuales y colectivos, y rinden cuentas sobre ellos cada semana durante la sesión de POEs.

Ejecución: la disciplina de cumplir con las tareas tal como se definen: a tiempo, dentro del presupuesto y con cierto estándar de calidad. ¡Para eso están los ejecutivos!

Equipo: grupo de personas específicamente designadas para cumplir con un POE. Un equipo puede estar o no establecido de acuerdo con un organigrama formal.

Estrategia: plan o método para alcanzar la misión de la organización o del equipo. Un POE es un objetivo clave para llevar a cabo la estrategia de la organización.

Estrategia basada en el cambio de comportamiento: estrategia que depende de que las personas, a veces muchas, hagan cosas nuevas y de manera distinta. En vista de que cambiar el comportamiento humano es algo muy complejo, este tipo de estrategias suele ser más difícil de ejecutar que una estrategia tipo «poder de la firma» (*véase*).

Estrategia basada en «el poder de la firma»: estrategia que los directivos ejecutan con una simple orden o autorización y que por lo general no requiere un cambio en el comportamiento de las personas. Esto contrasta con las estrategias de cambio de comportamiento, pues estas dependen de que las personas realicen actividades nuevas y de manera distinta.

«Ganar a la cabra»: punto en el cuadro de mando que señala que un indicador predictivo está «donde debería estar». Por ejemplo, la posición esperada de acuerdo con el plan. El origen de la expresión es el cuadro de mando de uno de los primeros equipos que implantaron las 4DX. En él, la cabra simbolizaba un indicador predictivo.

Guerra: dentro del contexto de las 4 Disciplinas, sinónimo del POE general de la organización. Comparar con batalla (*véase*). También se puede llamar «POE prioritario».

Indicador histórico: permite medir el logro del objetivo o POE. Por ejemplo, un indicador histórico de rendimiento puede ser: ingresos al final de año, ratio de calidad, índice de satisfacción del cliente. Los indicadores históricos son fáciles de medir, pero resulta difícil influir sobre estos directamente. Un indicador histórico siempre se expresa bajo la fórmula «De X a Y para Cuándo».

Indicador predictivo: la medida de una acción planificada e implantada con el fin de alcanzar un POE. A diferencia de los indicadores históricos, el equipo puede influir sobre los indicadores predictivos, que predicen el cumplimiento del objetivo. Son buenos indicadores aquellos ligados a las actividades de mayor impacto que un equipo puede emprender para asegurar el cumplimiento del objetivo; por ello el equipo realiza un cuidadoso seguimiento de sus indicadores predictivos mediante el cuadro de mando. Los indicadores predictivos constituyen la apuesta estratégica del equipo, que consiste en que, si ejecutan las actividades escogidas, conseguirán el objetivo con excelencia; de ahí que un imperativo del proceso de ejecución sea verificar, lo antes posible, si los indicadores predictivos escogidos son los correctos.

Línea de visión: la relación entre los objetivos en cada nivel de la organización. Por ejemplo, la conexión entre las tareas diarias de un trabajador en la línea operativa y la estrategia general de la organización. Los equipos que ejecutan adecuadamente disponen de una línea de visión clara en todos los niveles de la organización.

Misión: el propósito o justificación de la existencia de una organización o equipo. Por lo general existe un POE prioritario para cumplir con la misión o estrategia (*véase*) de la organización.

my4dx.com: aplicación en línea para: 1) gestionar el seguimiento de las 4 Disciplinas a través de la organización, y 2) alcanzar los POEs de equipo y globales.

Objetivo: meta expresada en términos de indicadores históricos (*véase*). Representa una mejora en el rendimiento de la organización.

Objetivo importante: un objetivo con consecuencias valiosas y significativas para la organización. Compárese con Principal Objetivo Estratégico (*véase*).

Panel de ejecución: conjunto de Cuadros de Mando de Resultados a partir del cual los directivos pueden evaluar el progreso sobre los indicadores clave de la organización, así como el seguimiento de las 4 Disciplinas. Un ejemplo de esto es el portal my4dx.com (*véase*).

POE: abreviatura de Principal Objetivo Estratégico (*véase*).

Principal Objetivo Estratégico (POE): objetivo esencial para cumplir la misión o estrategia de una organización. Es el objetivo que marca la diferencia. No conseguirlo hace que otros logros alcanzados queden en segundo plano. Compárese con objetivo importante (*véase*).

Proyecto: tarea planificada que involucra pasos, fases y actividades definidas. Se puede llevar a cabo un proyecto para alcanzar un POE, pero el proyecto en sí no puede ser un POE.

Rendición de cuentas: habilidad para informar sobre el progreso o el estancamiento del equipo, de forma numérica.

Sesión de POEs: reunión de equipo que se lleva a cabo al menos una vez a la semana para rendir cuentas sobre los compromisos, revisar los cuadros de mando de los POEs y establecer maneras de mejorar los resultados. Una sesión de POEs periódica es esencial para mantener la Cadencia de Rendición de Cuentas, la cual es clave para ejecutar un POE.

Sesión de trabajo: reunión en la que se desarrollan los POEs, los indicadores y los cuadros de mando para llevar a cabo las estrategias fundamentales de la organización.

Sesión de trabajo en equipo: aquella en que los equipos terminan de definir su POE y sus indicadores. En ella se comprometen a mantener una Cadencia de Rendición de Cuentas sobre sus objetivos.

Sesión de trabajo para directivos: aquella en que los directivos reciben orientación sobre las 4 Disciplinas de la Ejecución y definen el POE e indicadores para los equipos que dirigen.

Torbellino: metáfora para referirse a la enorme cantidad de tiempo y energía requeridos para mantener el nivel normal de rendimiento en la organización. El torbellino es la mayor amenaza para la ejecución de los POEs. Por ello, una de las tareas recurrentes del equipo de trabajo es definir cómo despejar el camino en relación con las exigencias del torbellino sobre el tiempo de los demás.

Notas

El verdadero problema de la ejecución

1. Patrick Litre, Alan Bird, Gib Carey y Paul Meehan, «Results Delivery: Busting Three Common Myths of Change Management», *Insights*, Bain and Company, 12 de enero de 2011, <http://www.bain.com/publications/articles/results-delivery-busting-3-common-change-management-myths.aspx>.
2. Véase Rafael Aguayo, *El método Deming*, Buenos Aires, Javier Vergara, 1993, pp. 57-63.
3. Tim Harford, «Trial Error and the Gut Complex», TED.com, 20 de julio de 2011, <http://www.ted.com/talks/tim_harford>.

Disciplina 1: Centrarse en lo Estratégicamente Importante

1. Citado en John Naish, «Is Multitasking Bad for Your Brain?», *Mail Online*, 11 de agosto de 2009, <http://www.dailymail.co.uk/health/article-1205669/Is-multi-tasking-bad-brain-Experts-reveal-hidden-perils-juggling-jobs.html>.
2. Citado en Don Tapscott, *Grown Up Digital*, Nueva York, McGraw-Hill, 2009, pp. 108-109. [Hay trad. cast.: *Capital Digital*, Barcelona, Taurus, 2001.]
3. «Brand of the Decade: Apple», *AdWeek Media*, 2010, <http://www.bestofthe2000s.com/brand-of-the-decade.html>; «Marketer of the Decade: Apple», *Advertising Age*, 18 de octubre de 2010; Adam Lashinsky, «The Decade of Steve», *Fortune*, 23 de noviembre de 2009, <http://money.cnn.com/magazines/fortune/fortune_archive/2009/11/23/toc.html>.

4. Dan Frommer, «Apple COO Tim Cook», *Business Insider*, 23 de febrero de 2010, <http://www.businessinsider.com/live-apple-coo-tim-cook-at-the-goldman-tech-conference-2010-2>.

5. Citado en Steven J. Dick, «Why We Explore», <http://www.nasa.gov/exploration/whyweexplore/Why_We_29.html>.

6. «Text of President John F. Kennedy's Rice Moon Speech», 12 de septiembre de 1962, <http://er.jsc.nasa.gov/seh/ricetalk.htm>.

7. Citado en «Steve Jobs' Magic Kingdom», *Bloomberg Businessweek*, 6 de febrero de 2006, <http://www.businessweek.com/magazine/content/06_06/b3970001.htm>.

DISCIPLINA 2: ACTUAR SOBRE INDICADORES PREDICTIVOS

1. Citado en Aguayo, *Dr. Deming*, p. 18.

2. Richard Cogg, *The 80/20 Principle: The Secret to Achieving More with Less*, Nueva York, Crown Bussiness, 1999, p. 94.

3. Keith H. Hammonds, «How to Play Beane Ball», *Fast Company*, 19 de diciembre de 2007, <http://www.fastcompany.com/magazine/70/beane.html>; Michael Lewis, *Moneyball: The Art of Winning an Unfair Game*, Nueva York, W. W. Norton, 2004, pp. 62-63, 119-137.

4. John Schamel, «How The Pilot's Checklist Came About», 31 de enero de 2011, <http://www.atchistory.org/History/checklist.htm>.

DISCIPLINA 3: MANTENER UN CUADRO DE MANDO CONVINCENTE

1. Teresa M. Amabile y Steven J. Kramer, «The Power of Small Winds», *Harvard Bussiness Review*, mayo de 2011.

DISCIPLINA 4: CREAR UNA CADENCIA DE RENDICIÓN DE CUENTAS

1. Véase Jon Krakauer, *Into Thin Air: A Personal Account of the Mt. Everest Disaster*, Nueva York, Anchor Books, 1998, pp. 333-344. [Hay trad. cast.: *Mal de altura. Crónica de una tragedia en el Everest*, Barcelona, Ediciones B, 1999.]

2. Véase «Everest», vídeo de FranklinCovey, 2008.

3. Jack Welch y Suzy Welch, *Winning*, Nueva York, Harper Collins, 2005, p. 67.

4. Tomado de Atul Gawande, *Better: A Surgeon's Notes on Performan-ce*, Nueva York, Metropolitan Books, 2007. [Hay trad. cast.: *Señales: indicios para hacer satisfactorio cualquier trabajo*, Barcelona, Empresa Activa, 2008.]

5. Patrick Lensioni, *The Three Signs of a Miserable Job*, San Francisco, Jossey-Bass, 2007, pp. 136-137. [Hay trad. cast.: *Mejor: notas de un cirujano sobre cómo rendir mejor*, Barcelona, Antoni Bosch, 2009.]

6. Edward M. Hallowell, *Crazy Busy*, Nueva York, Random House Digital, 2007, p. 183.

7. Suzanne Robins, «Efectiveness of Weight Watchers Diet», Lives trong.com, 23 de diciembre de 2010, <http://www.livestrong.com/article/341703/effectiveness-of-wight-watchers-diet/>.

¿Qué puede esperar?

1. M. C. Vos *et al.*, «5 years of experience implementing a methicillin-resistant Staphylococcus aureus search and destroy policy at the largest university medical center in the Netherlands», *Infection Control and Hospital Epidemioligy*, 30 de octubre de 2009, <http://www.ncbi.nlm.nih.gov/pubmed/19712031>.

Aplicando la Disciplina 1: Centrarse en lo Estratégicamente Importante

1. Citado en Clayton M. Christensen, «What Customers Want From Your Products», *Working Knowledge*, Harvard Business School, 16 de enero de 2006, <http://hbswk.hbs.edu/item/5170.html>.

Aplicando la Disciplina 2: Actuar sobre Indicadores Predictivos

1. Jim Collins, «Turning Goals into Results: The Power of Catalytic Mechanisms», *Harvard Business Review*, julio-agosto de 1999, p. 73.

APLICANDO LA DISCIPLINA 4: CREAR UNA CADENCIA DE RENDICIÓN
DE CUENTAS

1. John Case, «Keeping Score», *Inc. Magazine*, 1 de junio de 1998, <http://www.inc.com/magazine/19980601/945.html>.
2. Eric Matson, «The Discipline of High-Tech Leaders», *Fast Company*, 1997.

DESPLEGANDO LAS 4DX EN SU ORGANIZACIÓN

1. Atul Gawande, *The Checklist Manifesto: How to Get Things Right*, Nueva York, Metropolitan Books, 2009, p. 183. [Hay trad. cast.: *El efecto checklist: cómo una simple lista de comprobación elimina errores y salva vidas*, Barcelona, Antoni Bosch Editor, 2011.]

LLEVAR LAS 4DX A CASA

1. Citado en Alan Deutschman, «Change or Die», *Fast Company*, mayo de 2005, p. 53.

¿Y AHORA QUÉ?

1. Citado en Rich Karlgaard, «Peter Drucker on Leadership», *Forbes*, 19 de noviembre de 2004, <http://www.forbes.com/2004/11/19/cz_rk_1119drucker.html>.

Agradecimientos

Este libro es producto de las contribuciones de docenas y docenas de personas de la organización de FranklinCovey. Nuestros nombres están en este libro, pero reconocemos que hay muchos otros que también merecen ser mencionados. Este es un esfuerzo que implicó a la empresa en su totalidad y representa todo lo que enseñamos sobre sinergia, donde el todo es más grande que la suma de sus partes. Muchas personas han contribuido de muy diversas maneras. Algunas participaron en el diseño y desarrollo del contenido de las 4 Disciplinas. Otras afinaron la metodología a través de su aplicación continuada con los clientes. Algunas más aportaron una idea o una nueva manera de ver un viejo problema. A veces parecía que, cada vez que nos faltaba una pieza en el rompecabezas de la ejecución, se presentaba alguien con la respuesta. Pasamos la batuta una y otra vez, y diferentes personas dirigieron sus esfuerzos a comercializar y llevar el negocio de la ejecución a distintas partes del mundo. Expresamos nuestra sincera gratitud a todos aquellos que contribuyeron a este éxito y, en particular, a:

Jim Stuart, por tu extraordinaria contribución en FranklinCovey durante tantos años como consultor sénior y por compartir los principios de la ejecución con nosotros. Sin ti, las 4 Disciplinas no existirían. Gracias por tus excelentes frases y por inventar los términos «Principal Objetivo Estratégico», «aterrizar un avión a la vez», y «Cuadro de Mando de Resultados convincente», entre otros. Estaremos en deuda contigo siempre.

Bob Whitman, nuestro consejero delegado, quien hace muchos años reconoció que la ejecución era una gran idea y nos empujó en esa dirección. Tu huella, lenguaje, ideas e influencia están presentes a lo largo de este libro. Apreciamos tu liderazgo visionario y tu apoyo.

El equipo original de diseño y desarrollo (formado por **Andy Cindrich, Don Tanner, Jim Stuart** y **Scott Larson**), que concibió y desarrolló el contenido original de las 4 Disciplinas desde cero. También queremos dar las gracias a los siguientes equipos de desarrollo, donde estuvieron **Todd Davis, Breck England, Catherine Nelson, Blaine Lee** y **Lynne Snead**.

Mark Josie, por forjar la primera práctica de la ejecución, ayudar a resolver el enigma de la implantación y crear la visión y la estrategia del software my4dx.com. Reconocemos tu enorme influencia sobre el contenido y apreciamos tus esfuerzos pioneros en el despegue de esta solución.

Breck England, nuestro director ejecutivo de redacción, por contribuir en gran medida al desarrollo del contenido de las 4 Disciplinas y por tu talento extraordinario para ayudar a los autores a escribir y editar este libro. Tu participación llevó esta obra al siguiente nivel.

Andy Cindrich, miembro clave del equipo original de diseño y desarrollo, por tu contribución al contenido de este libro y por el excelente trabajo que has hecho y seguirás haciendo con tus clientes en la ejecución.

Scott Thele, por tu ayuda en el capítulo «Dirigir la organización hacia los Principales Objetivos Estratégicos» y tu aportación a la práctica de la ejecución.

Doug Puzey, por ayudarnos a resolver el enigma de la implantación y crear el primer consultorio de las 4DX.

Jeff Wadsworth, por tu mentalidad de liderazgo y la creación de contenidos.

Michael Simpson, por tu contribución al aplicar las 4DX en la gestión de proyectos y manufactura.

Michele Condon, por tu apoyo directivo constante y tu estímulo apasionado, y por ayudar a todos a mantener la cordura.

Catherine Nelson, por liderar el camino en las primeras versiones de las 4DX, incluyendo el desarrollo de la certificación de gerentes.

Todd Davis, por liderar la versión 2.0 del equipo de desarrollo y por señalar que «las personas juegan de manera diferente cuando llevan un marcador».

Sam Bracken, director general de libros y materiales de Franklin-Covey, por restablecer nuestra relación con Simon & Schuster y negociar los derechos de este libro. Gracias por tu apoyo continuo a lo largo del ciclo de vida de la obra.

Gracias al equipo editorial de Simon & Schuster, **Carolyn Reidy**, **Martha Levin** y nuestro editor **Dominick Anfuso**, por vuestro entusiasmo y por creer en este trabajo. También agradecemos vuestro esfuerzo continuo para sacarlo al mercado y llevarlo a todo el mundo.

Jody Karr, Cassidy Back y el **equipo de Servicios Creativos** de FranklinCovey, por ayudar con los numerosos gráficos del libro.

Don Tanner, miembro original del equipo de diseño y uno de nuestros mejores consultores. Gracias por tus contribuciones tempranas al contenido.

Richard Garrison, por tu trabajo en las asesorías de las 4DX y por hacer crecer el proceso de implantación. Agradecemos tu excelente trabajo como consultor y todo lo que has hecho por nuestros clientes.

Rebecca Hession, por tu liderazgo con los clientes y tu motivación extraordinaria.

David Covey, por tu apoyo excepcional y tu compromiso con nuestro equipo durante tantos años.

Shawn Moon, por tu liderazgo y por ser un guía en la práctica de la ejecución.

Scott Larson, por tu excelente trabajo como líder de proyecto del primer equipo de desarrollo.

Bill Bennett, expresidente de la división, por plantearnos el reto en un principio de «crear la mejor solución en el mundo al problema de la ejecución: "No me importa si la compran o la construyen, solo háganla"».

Doug Faber, por tu ayuda para extender la práctica y por todas tus contribuciones innovadoras.

Tom Watson, **Jeff Downs**, **Rick Wooden** y **Lance Hilton**, por vuestro liderazgo en la práctica de la ejecución.

Paul Walker, **Marianne Phillips** y **Elise Roma**, por vuestro apoyo organizacional durante muchos años.

Stephen M. R. Covey, por ayudar, en las etapas tempranas, a identificar que la ejecución era el gran problema de nuestra era, y a **Greg Link,** quien ofreció su sabia asesoría para lanzar este libro al mercado.

Scott Miller y **Curtis Morley**, por vuestra orientación y apoyo para desarrollar y ejecutar un plan de lanzamiento magnífico para este libro.

Debra Lund, por darnos ánimos y por tu amistad, por la manera increíble en la que, una vez más, reuniste patrocinadores de muchas fuentes distintas.

Les Kaschner, **James Western**, **Chris Parker**, **Harvey Young**, **De'Verl Austin**, **Coral Rice**, **Wayne Harrison**, **Kelly Smith**, **Craig Wennerholm**, **Garry Jewkes**, **Rick Spencer**, **Bryan Ritchie** y **Pepe Miralles**, por vuestra innovación y dedicación a los resultados de nuestros clientes.